王朝风云之

大秦王朝

DAQIN
WANGCHAO

李 楠 编著

历史度尽劫波
文明生生不息

中国文史出版社

图书在版编目（ＣＩＰ）数据

　　大秦王朝 / 李楠编著 . -- 北京 : 中国文史出版社，
2021.1

　　（王朝风云；3）

　　ISBN 978-7-5205-2257-1

　　Ⅰ . ①大… Ⅱ . ①李… Ⅲ . ①中国历史—秦代—通俗
读物 Ⅳ . ① K233.09

中国版本图书馆 CIP 数据核字 (2020) 第 174213 号

责任编辑：詹红旗　　戴小璇

出版发行：中国文史出版社

社　　　址：北京市海淀区西八里庄 69 号院　邮编：100142

电　　　话：010- 81136606　81136602　81136603(发行部)

传　　　真：010-81136655

印　　　装：廊坊市海涛印刷有限公司

经　　　销：全国新华书店

开　　　本：1/16

印　　　张：22

字　　　数：338 千字

版　　　次：2021 年 3 月北京第 1 版

印　　　次：2021 年 3 月第 1 次印刷

定　　　价：66.00 元

"凤凰台上凤凰游，凤去台空江自流。吴宫花草埋幽径，晋代衣冠成古丘。"李白一首《登金陵凤凰台》，可生动反映中国历代王朝的没落与沧桑。

中国是一个拥有5000年悠久历史的文明古国，王朝众多，更迭频繁。其间上演过无数令人感慨的悲喜剧，也创造了举世瞩目的中华文明。

这套《王朝风云》丛书，旨在全景展现中华民族从原始社会、奴隶社会到封建社会的历史跨越，以真实丰富的史料，鲜活生动的叙述，让一个个风格迥异的王朝如戏剧般轮番登场，上演从夏商周到晚清近代历史的荣光与波折。使读者从王朝演变的故事中深刻地体味历史的魅力，领悟中华文明博大精深的文化内涵。

丛书着重讲历史脉络，以历代政权更迭及政治、军事斗争为主，努力把中国历史中最精彩、最生动的内容奉献给广大读者。同时，为增强系统性，一定程度地反映历朝历代的掌故、习俗、科技、文化等内容。

《王朝风云》丛书共15部，此为第三部《大秦王朝》，主要讲的是秦国自蛮荒之地崛起，到公元前221年秦始皇统一天下，再到公元前206年秦王子婴献国殒身这几百年间里围绕秦国以至秦朝发生的那些丰富多彩的故事。

秦朝是我国历史上第一个封建王朝，秦始皇是我国历史上第一位封建皇帝。扑朔迷离的身世，曲折惊险的帝王历程，锻造了他横扫六合、气吞八荒的气势。但秦始皇"二世三世至于万世"的梦想却埋葬于根基不稳的沙丘之上，荒淫无道且无能的秦二世打碎了这个美丽的梦想……

秦朝的兴衰史可以说是一段激荡的洪流，上承春秋战国的兼并和厮杀，下启汉唐的繁华和兴盛。

从历史的发展进程来看，秦朝是中国历史上第一个真正意义上统一集权的帝国。这是它的缔造者——秦始皇嬴政在中国几千年的历史长河中留下的最为浓重的一笔。古往今来，多少帝王以一人之霸气，集众人之力量，金戈铁马，翻山越海，终将江山尽收眼底，秦始皇便是其中的佼佼者。其傲视天下的气魄和叱咤风云的力量也足以令后人赞叹千年而不止。

秦国的崛起不是个人的崛起，而是一个民族的崛起，是一个民族从奴隶到贵族的成长过程。在这里，我们可以看到春秋战国各诸侯国之间的较量，也可以看到整个华夏民族的生活群像。在这段跌宕起伏的历史中，无论是骨肉相残之痛，还是权宦迭起之恨，抑或是流寇殃民之伤，都让人心潮澎湃。在这里，我们可以看到君主间的心术权谋，说客间的连珠妙语，武将间的斗智斗勇。在这幅浩瀚的画卷中，无论是王侯将相，还是谋臣游士，抑或是市井小民，都会因为自己独特的姿态而得以名留青史。

随着陈胜吴广在大泽乡打响了农民起义的第一枪之后，各地造反的人纷纷揭竿而起，造就了一个风云际会、英雄辈出的乱世格局。后世两个最著名的人项羽和刘邦，也在起义后不久，踏上了一段从战友到仇敌的争雄路程。

了解历史，反思历史，是为了更好地借鉴历史、把握未来。

目 录

第 四 章 功臣名将

第 五 章 野史传说

第二编　始皇建制，千古一帝

第 一 章　封建集权

第 二 章　巩固统治

第 三 章　南征北战

第一编

强秦之路，横扫六合

　　任何一个王朝的建立必然经历腥风血雨，秦王朝就是这样，经历磨难，在历代君王的不懈努力下确立了霸主地位，奠定了一统中原的基础。

　　春秋战国的乱世局面持续了 500 余年，最终秦国以横扫六合之势，灭掉了诸多国家，统一天下，当然这不是一个偶然，自从秦孝公起就以灭六国为目标，后世的子孙更是为之而努力奋斗。

　　当然，秦始皇能一统天下，也不完全是靠祖上留下来的强大基业，他自己也作出了巨大的贡献，才能建立一个实力强大的大秦帝国。

第一章　先祖奠基

一、崛起西陲蛮荒地，赤胆雄心入中原

从玄鸟部落到"西陲大夫"，从诸侯霸主到"天下共主"，秦人自东西迁，立足关中后又转而自西东进，直至策马中原，独步天下。

1. 玄鸟陨卵生大业

秦，嬴姓，秦氏。嬴秦族群是众多嬴姓族群的一支。嬴姓族群声称其始祖是"帝颛顼之苗裔"，同出于黄帝一脉。嬴姓族群也有一个英雄始祖的神奇传说。据《史记·秦本纪》载，颛顼孙女名女修，"女修织，玄鸟陨卵，女修吞之，生子大业"。大业之子大费（即伯益）因曾经辅佐大禹治水有功，又曾为帝舜主管畜禽，因而被帝舜"赐姓嬴氏"。这是见于史籍的秦人祖先嬴姓及古代东方其他嬴姓的由来。

相传颛顼之孙大禹临死前按禅让

伯　益

惯例，原是将王位传给伯益，可惜被禹的儿子启所篡夺。伯益子孙沦为夏朝臣属，"或在中国，或在夷狄"。这些嬴姓子孙按照各自封邑采用不同的姓氏，据《史记·秦本纪》记载，有徐氏、剡氏、终黎氏、运奄氏、菟裘氏、将梁氏、黄氏、江氏、修鱼氏、白冥氏、蜚廉氏、秦氏等。

2. "汧渭之会"邑之秦

伯益生有二子：长子大廉，次子若木。夏商之际，若木的玄孙费昌"去夏归商，为汤御"，帮助商汤在鸣条之战中大败夏桀。也许因为出自相同的玄鸟崇拜，自此以后秦人世世佐商，受到商王的重用与礼遇。商王太戊时期，大廉玄孙中衍还与商族联姻，秦人也因此得到更大发展，"嬴姓多显，遂为诸侯"（《史记》）。中衍玄孙中潏"在西戎，保西陲"，拱卫商室。商朝末年，暴纣无道，诸侯反叛，周人勃兴，但秦人仍誓死效力殷商。中潏之子名叫蜚廉（一说飞廉），蜚廉之子名叫恶来，相传"恶来有力，蜚廉善走"，父子忠心侍奉纣王。武王伐纣，恶来战死，蜚廉殉商。

西周建立后，殷人部属包括秦人先祖，都变成了周王朝的氏族奴隶，一部分嬴姓氏族被迁往周朝西部边陲。蜚廉另有一子叫恶来革，其子名叫女防，是秦人的直系祖先。蜚廉的四世孙造父，因善于御车而颇得周穆王

造父封赵壁画

宠幸，曾为穆天子驾车西巡，尔后又日驰千里迅速东归，及时平定周室徐偃王之乱。本支嬴姓族人"以造父之宠，皆蒙赵城，赐赵姓"，因此，秦、赵共祖，同出自嬴姓蜚廉一脉。

女防三世孙非子居于犬丘（今甘肃东南与陕西西南交界处），因擅长饲养牲畜，被犬丘之民推荐给周孝王。孝王赏识他的才干，召他主持"汧渭之会"（指汧水和渭水交汇处，今陕西宝鸡一带）的马政，并"分土为附庸"，令其"邑之秦，使复续嬴氏祀，号曰秦嬴"。从此，历史上才正式有了"秦"的名称，嬴姓秦氏一族由此而形成。"汧渭之会"也就成了嬴秦族属的政治发祥地。秦地肥沃，宜于农耕，秦人在那里安居乐业，很快就发展强大起来。因长期与西戎杂处，秦人常与西戎通婚且多能和睦相处，但也时有冲突和战争发生。

非子玄孙秦仲之时，周厉王昏庸无道，内部国人暴动，外部西戎叛周，留居犬丘的秦人大骆一族被西戎所灭。周厉王死后，周宣王即位，"乃以秦仲为大夫"，讨伐西戎。大夫虽比不上卿和诸侯，但比起附庸还是强得多。秦仲受爵后，更是励精图治，率部族与西戎厮杀20余年，最终血染疆场。秦仲有5子，长子庄公继立。庄公兄弟5人凭借宣王拨调给他们的7000士卒，大败西戎，夺回犬丘故地。宣王将包括大骆犬丘之地的大片土地赏赐给他们，并封庄公为"西陲大夫"。庄公死后，襄公代立。秦襄公一方面将其妹缪嬴嫁给西戎丰王为妻，另一方面迁都汧邑，并节节东进。秦的地位迅速上升，逐步登上历史舞台，引起了东方诸侯的关注。

3. "尊王攘夷"开疆土

西周末年，王道衰微，内忧外患频仍，终被犬戎所灭。平王东迁以后，王室困守一隅，天子权威一落千丈。与此相应，社会正进入大分裂、大动荡、大变革的重要时期。周王朝的权力不断下移，礼乐征伐再也不是自天子出，而是逐渐蜕变为自诸侯、世卿出，甚至于"陪臣执政，大夫世禄"。周朝衰落为嬴秦崛起提供了难得的历史机遇。

秦人或许从善御的祖先那里受到启迪，他们更加娴熟地驾驭时局，操控政治。两周变局之际，秦襄公应对得体，积累了雄厚的政治资本。周幽王重用奸佞，荒淫无道，宠幸褒姒，废嫡立庶，烽火戏诸侯，千金博一笑，终于酿成亡国灭身之祸。此时,诸侯对周王室多不理会,秦襄公却起而勤王、率兵救周，捍卫王室，拥立废太子宜臼（即周平王），后又亲率大兵护送平王东迁，功勋卓著。平王封襄公位列诸侯，"赐之岐以西之地"。襄公封爵赐土，嬴秦不仅斩获了重要的政治名分，还奠定了"王业之基"，从此打着天子封赐、"尊王攘夷"的旗号合法吞疆并土，在春秋战国时期的大国角逐中叱咤风云。

立国之初，秦便东越陇阪，沿渭水而下迅速东进。秦襄公为了稳固岐西之地，"伐戎而至岐"，揭开东进序幕。由于长年征战劳累，秦襄公出师未捷身先死，怀着满腹遗憾长眠岐山。直到公元前 763 年，秦文公才完全占领岐山。他把岐东之地献给周天子，埋头经营岐西，收编西周遗民，发展农耕，逐步在关中西部站稳了脚跟。

秦自建国以来，一直处于戎狄势力的包围之中。自从秦德公迁雍（今陕西凤翔县）以后，秦宣公、秦成公在位的十五六年间，秦对四周戎狄势力的斗争并没有取得重大的进展。秦穆公任好即位后，锐意改革图强，广招天下贤才，"西取由余于戎，东得百里奚于宛，迎蹇叔于宋，来邳豹、公孙支于晋……并国二十，遂霸西戎"。经过几代人的苦心经营，秦坐拥关中，东向结成"秦晋之好"，进而四服强晋，横扫三戎，荡平关内诸侯，直至饮马黄河。"秦中自古帝王州"，关中地区沃野千里，形势险峻，人文荟萃。这时，秦国的社会经济也有了迅速的发展，成为名副其实的西方强国。这不仅使其跻身五霸之列，更实现了秦人驱逐、降服戎狄的梦想。穆公时代虽繁盛不已，但仍抱残守缺。他一世英明，临死时竟以包括贵族子弟在内的 177 人殉葬，引发国人对奴隶旧制的抵制和不满。此后秦国长期停滞，失去东征锋芒，甚至被强晋阻拒函谷关外，勉强维持大国地位。

4. 变法图强进中原

秦国虽自襄公起就位列诸侯，但因立国较晚，僻处关中，杂居戎狄，无论在政治经济还是文化习俗等方面都落后于东方各国，屡屡遭受东方诸侯歧视，"夷狄遇之"，不与会盟。正当春秋战国之交东方各国忙于变法图强之际，秦国内部政局动荡，国君如走马灯似的频繁更换。

当历史进入战国时代后，秦的西方强国地位一度面临着严重的挑战。战国初年，魏文侯在魏国实行社会改革，使魏国成为战国初年最为强盛的国家。

战国初年，同魏国形势恰成对照的是，秦国自厉共公（公元前476年即位）历经躁公、怀公、灵公、简公、惠公、出子（公元前385年被杀）的90年间，庶长专权，废立国君，内乱不已，国势渐衰，在对外战争中屡屡兵败于魏，丢城失地。

公元前413年，魏攻秦，败秦于郑（今陕西华县）；公元前412年，魏攻占秦国的繁庞（今陕西韩城东南）；公元前409年，魏文侯任命吴起为将，两年之中陆续攻取秦国的临晋（今陕西大荔东南）、元里（今陕西澄城县南）、洛阴（今陕西大荔西南）、郃阳（今陕西合阳东南）。

魏在攻占秦国这些地区后，设立西河郡（辖境相当于现今陕西华阴以北、黄龙以南、洛河以东、黄河以西地区），任命吴起为西河郡郡守。这种形势，对于秦国来说是十分严峻的。

公元前385年，秦献公（公子连）即位，在秦国实行社会改革。秦献公改革收到了富国强兵的显著成效，于公元前366年至362年对韩、魏联军的三次战争中大获全胜，初步扭转了对外战争中被动挨打的不利局面。

秦献公即位第一年便废除了人殉制，并把都城迁往栎阳，把军事指挥一线搬到了前沿阵地，以示对收复失地的决心。

迁都之后，秦献公励精图治，锐意改革。秦国的军力和国力逐渐增强，在洛阴、石门先后大败魏军，扼制住了魏军咄咄逼人的态势。

经过这两次胜利，各诸侯国对于重新崛起的秦国也刮目相看。魏军不再进攻，只是盘踞在秦被占领的土地上，构筑城防。而秦此时也无力收回失地。

公元前 362 年，秦献公死。第二年，其子渠梁即位，是为秦孝公。秦孝公痛定思痛，决心变法图强。

就是秦孝公在秦国的危

秦铜量

亡之秋适时的出现，并以自己的力量推动秦国变法图强，为以后秦的宏图霸业夯实了基础。

秦孝公即位后便深刻认识到了秦国制度上的落后，奴隶制秦国在此刻的众诸侯眼中，就相当于戎狄一样的存在。所以，必须改变这种落后的体制和政治面貌。

改革需要人才，于是孝公发布了求贤令，许诺无论是谁，不管他什么身份地位，只要能使秦国强盛，就能得到高官厚禄。

秦孝公不拘一格的召令，果然吸引了不少人前来投效，虽然其中不少人是浑水摸鱼，但也不乏才智之辈，其中就有卫国的没落贵族公孙鞅，即著名的商鞅。

商鞅在卫国得不到重用，投奔魏国又碰了壁，于是便跑到秦国来碰碰运气。这次运气还不赖，真让他得到了秦孝公的接见。

商鞅学富五车，才高八斗，心中自有丘壑。第一次面试就把自己的才华展现了出来。

商鞅知道秦孝公最关心改革之事，却苦于无从着手，于是就对孝公说，一个国家要想富强，必须注重基础农业；要想军队战斗力强，就必须奖励将士，赏罚分明；要想治理好国家，吏制就必须清明无私，这样朝廷才有威信，新的制度才容易推行。

商鞅的一席话，深深触动了秦孝公，孝公不仅完全同意商鞅的主张，

对他的才能也是深信不疑，当即就决定任用商鞅来进行变法。

但任何一次改革，附带的都会侵害到保守势力的利益，这次也不例外。秦孝公的决定遭到了众多贵族和大臣的竭力反对。

秦孝公即位不久，众怒难犯，只得把改革的事暂时搁置下来。

这一等就是两年，当秦孝公觉得自己的实力已经足够，便以强硬姿态正式起用了商鞅，拜他为左庶长，将改革制度的重任完全交托与他，给了他绝对的行使权力。

商鞅见孝公如此信任他，觉得自己这两年隐忍没有白费。因此在推行新法之前，商鞅就做了一件树立信誉的事情，这就是著名的"南门立木"。

商鞅叫人在秦都城南门竖立了一根三丈高的木头，然后在旁边贴上告示，谁能把这根木头扛到北门去，就赏10两金子。消息传出，南门口顿时聚集了很多看热闹的人，大家议论纷纷，就是没有一个人愿意上去试试。

老百姓们都觉得区区一根木头谁都拿得动，根本用不着赏金10两，所以谁也不信。但商鞅相信重赏之下必有勇夫，干脆又把赏金提高到50两。

这下，人群顿时炸了锅，随即就跑出来一个人，把木头扛到了北门。商鞅大喜，当着众人的面，将许诺的50两黄金赏给这个敢于第一个吃螃蟹的人。

这件事很快就成为了最炙手可热的消息，被那些或后悔不迭或艳羡的人传了开去，一下子轰动了秦国，为商鞅树立了莫大的信誉。这下可以颁布新法令了。

商鞅的第一条法令就是奖励军功，废除旧日奴隶主贵族的世袭制。并制定秦国20级爵位，号召凡参军立功者，均按功劳大小赏赐。

例如，凡杀敌一人，赏爵一级，赐田百亩，当俸禄50石的官。

这样在秦国想要获得官爵，便得和军功结合起来。再富有的人如果没有军功，也就没有了社会地位。

其次，商鞅大力提倡百姓从事农耕、纺织等生产活动。还规定凡是努力从事农业生产，使粮食和布帛的产量提高者，可以免除劳役和赋税。这就使那些不安心务农或游手好闲的人，因贫穷而沦为奴仆。

这样，在秦国若要得到富贵，除了耕战两条路，就没有第三条路可走了。

商鞅变法不仅是一场巨大的经济制度改革，也是一场政治改革。对于秦国奴隶主和贵族们来说，这无疑是一场可怕的灾难，那些老祖宗传下来的高官厚爵、富贵荣华在这场风暴中一下子被扫荡一空。但是，没有人甘心引颈受戮，因此不断起来反抗。

这些保守派中的代表人物，便是秦孝公儿子嬴驷的两个老师，公子虔和公孙贾。在他们两人的号召下，上千旧贵族旗帜鲜明地反对新法，诋毁商鞅。

为了贯彻变法令，商鞅抵住重重压力，坚决按律法办事。不仅把公子虔判处了劓刑（割鼻子），还把公孙贾处以黥刑（脸上刺字），并在渭河河畔一口气处死700多名反抗新法的积极分子，将渭水河都染成了红色。

在商鞅这种毫无情面的铁血手段下，再也没人敢以身试法。

不过，在这场浩大的改革中，我们还应注意到秦孝公起到的重要作用。秦孝公用人不疑，大胆放权。不仅让商鞅放手改革，在变法的20年间，更不加怀疑和干涉。能做到这种程度，不仅有相当胆魄，还可以说如果不是秦孝公这位慧眼识才的伯乐，无论商鞅这匹千里马多么有才华，恐怕也得不到施展的机会。

秦国经过变法图新，变得越来越富强。

公元前330年，秦国终于破茧重生，从此以后被动挨打的局面被彻底扭转过来，拥有了攻打魏国的实力。

于是秦主动出击，在雕阴大胜魏军，俘虏魏国大将龙贾，杀敌4.5万人，迫使魏国将河西之地献出，终于实现了几代秦王收复失地的夙愿。

至此，秦国傲踞诸侯之上，独霸天下的雄心逐渐显露出来。

二、任人唯贤"不唯秦"，连横破敌惠文王

公元前338年，秦孝公死，太子嬴驷立，是为秦惠文王。

1. 车裂商鞅

这时受商鞅新法"迫害"而被剥夺政治特权的旧贵族一起发难，发起针对商鞅的反攻倒算。嬴驷为太子时，一度触犯了禁条。当时正值有人反对新法，法令行不通。商鞅说："法令行不通在于王公贵族的干扰。国君果真要实行法治，就要先从太子开始。太子不能受墨刑，就用墨刑处罚他的师傅。"这样一来，法令便畅行无阻，秦国越治越好，但却得罪了太子。等到秦孝公去世，太子登位，一想起当年受罚之事就很不高兴。加之这时商鞅威望极高，家家户户都知道商君之法，惠文王对商鞅有所顾忌，公子虔等一帮人就乘机捏造谣言说商鞅造反，于是，惠文王便借此将对秦国有功的商鞅车裂而死，并族灭其家。秦惠文王在除掉商鞅后，以商鞅造反查无实证，公子虔和公孙贾纯属陷害为由，顺手除掉了二人及其大量党羽，进一步巩固了自己的权利和地位。

商鞅虽死，但"秦法未亡"，秦惠文王继续奉行商鞅变法以来的国策，对外发展。

2. 东进攻魏

嬴驷在巩固权力之后，继承孝公遗志，东进攻魏。秦惠文王八年（公元前330年），秦国大良造公孙衍破魏军于雕阴（今陕西甘泉县南），魏以河西地予秦。秦惠文王九年（公元前329年），秦军攻魏，取河东的汾阳（今山西万荣县西南）、皮氏（今山西河津市）及焦（今河南三门峡市西南）、曲沃（今河南三门峡市西南）。次年秦军乘胜攻魏，取魏蒲阳（今山西隰县）。魏国在秦军数次强大攻势之下，又被迫割让上郡15县（今陕西东北部地区）给秦。从此，秦国不仅把魏国黄河以西的地盘全部吞并，而且在黄河的东

岸建立了东进的前进阵地。

3. 灭蜀败楚

秦惠文王十四年（公元前 324 年），嬴驷仿山东六国做法，亦自称为王，改元为更元元年。秦惠文王更元八年（公元前 317 年），魏、赵、韩、燕、楚五国联合攻秦，秦惠文王派庶长樗里疾破魏、赵、韩三国军于修鱼，斩首 8 万。暂时抵挡住东方联军的进攻。但西方的义渠又发兵袭破秦军于李帛。在东西夹攻之下，秦惠文王及时改变战略，于秦惠文王更元十年（公元前 315 年），用司马错之策攻蜀，破蜀军于葭萌关，伐灭蜀国。秦惠文王更元十三年（公元前 312 年），遣张仪自秦赴楚，阴行反间，诱使楚国绝齐。然后又设计激怒楚怀王，诱使楚国冒险出兵攻秦，使秦军在丹阳（指今陕西、河南二省间丹江以北地区）大败楚军，得楚地汉中。解除了楚国对秦国本土和巴国、蜀国的威胁。楚国从此一蹶不振。这样，秦国的关中、汉中、巴蜀连成一片，秦国对六国形成了居高临下的压迫形势。秦惠文王不仅在军事上取得了胜利扩大了疆域，而且针对犀首并相六国，发动东方诸国合纵攻秦的形势，采用了张仪的连横之策，实行分化瓦解、各个击破的策略，打退了六国的进攻，取得了政治外交上的胜利，为后来秦王嬴政扫灭六国创造了有利条件。

4. 伐取义渠

义渠是匈奴的一个分支，是当时秦国在西北部最强大的一个少数民族政权。义渠占有今天的陕西北部、甘肃中北部和宁夏等地。义渠凭借骑兵特有的机动性对秦国的边境进行劫掠，甚至曾经侵入到秦国的洛河流域。正是义

秦国铜匜

渠的巨大危害性和破坏性，才使公孙衍能够说动秦惠文王暂停攻魏而转为攻义渠。秦国对付义渠这些游牧民族的办法主要是烧荒，很有效果。游牧民族不敢靠近牧草被烧光的秦国边境，以避免大批马牛羊被饿死。秦惠文王七年（公元前331年），义渠发生内乱，秦派庶长操趁其自相残杀，平定了义渠。义渠的力量遭到了很大的削弱。秦惠王十一年(公元前327年)，秦国在义渠设县，义渠称臣。秦惠文王更元十年（公元前315年），秦伐取义渠25座城池。秦国在西北地区占有了大片的优良牧场。

5. 任贤用能

慧眼识珠、任贤用能、甄拔人才，这是嬴驷取得重大政绩的关键。他不仅重用嬴华、异母弟公子疾等秦人，也重用了大量的外籍能臣。诸如公孙衍、张仪、魏章、司马错等魏人都能为嬴驷重用。

秦惠文王重用张仪连横破合纵，是他一生中最大的亮点。对张仪，惠文王是求之、试之、任之、信之，在秦与列国间复杂的邦交斗争中，多次逆转危势，击溃五国灭秦之兵。继孝公用商鞅之后谱写了又一页君臣合璧的华彩篇章。自此，直到秦始皇统一中国，秦国用士"不唯秦人"成为不变的路线。用张仪，又不唯采张仪之策。当张仪与司马错对是否平蜀发生激烈辩论时，嬴驷毅然委任司马错领军平蜀，展现了嬴驷审时度势、高屋建瓴的王者风范。

秦惠文王更元十四年（公元前311年），秦惠文王去世。时年46岁，葬于咸阳北原。

三、秦武王任勇亡身，宣太后垂帘听政

1. 孔武好战的秦武王

秦武王嬴荡（公元前329—公元前307年），是秦惠文王与惠文后所生之子。秦惠文王死后，嬴荡即位，是为秦武王。

秦武王是个很有抱负的人。在政治上，设置丞相，驱逐张仪，结盟魏国，联越制楚；军事上，攻拔宜阳，设置三川，平定蜀乱；经济上，修改封疆，

更修田律，疏通河道，筑堤修桥。

秦武王有问鼎中原之志，即位不久，就意欲攻打韩国。韩国军事重镇宜阳，是周国与韩国阻挡秦国东进最为重要的屏障，秦军若想兵出函谷关，首先必须掌控此地，才可以保证物资与兵员的输通顺畅。

秦武王借一机会请教左右丞相甘茂和樗里疾，对他意欲灭掉周王室、得到应有威望的想法有何见解，实则是询问攻打韩国夺取宜阳之计。

伐韩一事，樗里疾表示反对，因为到韩国的路途遥远，劳师费财，还不一定能有收获，万一赵、魏二国再从背后偷袭后果不堪设想。而甘茂则认为："伐宜阳，定三川"是秦国挺进中原、成就帝业的关键所在。伐韩宜阳，必先破韩魏联盟，只要魏国助秦，赵国就不能越魏而援韩，韩一旦被孤立，宜阳虽然城池坚固，兵精粮足，但也有可能被秦军攻破。甘茂自请入魏，声言将使魏王不但不偷袭秦军，而且还会出兵助秦。武王大喜，赐予甘茂很多财物，令其出使魏国。

秦武王三年（公元前308年）秋，甘茂出使魏国，以"共享伐韩之利"为诱饵，争取魏王，并施以政治军事压力，与其建立了秦魏联盟，魏国答应出兵助秦，共伐韩国。甘茂返回秦国后，与秦武王订立息壤之盟，秦武王表示将全力支持甘茂，派其与庶长封率军攻打宜阳。

甘茂攻打宜阳五个月还未能攻下，秦国大臣樗里疾和公孙奭提出反对意见。秦武王想召甘茂回国，打算退兵。甘茂说："息壤之盟就在那里，大王您可不要忘记。"秦武王于是增兵5万，派乌获前往协助甘茂。甘茂亦散私财以赏部下，秦军果然士气大振，击退韩国援兵。

秦武王四年（公元前307年），秦军攻克宜阳孤城，斩首6万。秦军乘胜渡过黄河，夺取武遂（今山西垣曲东南）并筑城，韩襄王被迫派公仲侈到秦国谢罪，同秦国议和。

秦武王身高体壮，孔武好战。他天生有神力，从小就喜欢与勇士们做有关力气方面的游戏。乌获、任鄙二将在秦惠文王时期就因为作战英勇而倍受宠爱，秦武王即位后，对二人更是宠爱有加。

齐国有个名叫孟贲的人，凭借力大的缘故而闻名于乡里。他听说秦武王正在招募天下间的勇士，认为自己终于有用武之地了，于是就前往秦国投奔秦武王。秦武王经过测试，知道他也是个名不虚传的人物，于是也拜为大官，与乌获、任鄙一起受宠。

秦武王四年（公元前307年）八月，秦武王与孟说比赛举"龙文赤鼎"，结果两眼出血，胫骨折断，到了晚上，气绝而亡，年仅23岁。秦武王无子，群臣迎立秦武王异母弟、在燕国作人质的公子稷回国继位，是为秦昭襄王。

2. 一个不简单的女人

芈八子（？—公元前265年），出生地楚国丹阳（在今湖北省），秦宣太后，战国时期秦国王太后，秦惠文王之姜，秦昭襄王之母。秦昭襄王即位之初，宣太后以太后之位主政，执政期间，攻灭义渠国，一举灭亡了秦国的西部大患。死后葬于芷阳骊山。

芈八子，拥有四重身份：秦孝公的儿媳妇，秦惠文王的后妃，秦昭襄王的母亲，秦始皇的高祖母。这就是先秦历史上著名的秦宣太后。

她对权力的欲望几乎与她的政治手腕一样强。长期于宫闱明争暗斗中的她，无疑对政治的黑暗了然于心。然而她还是积极地一头扎进这个旋涡，并且做得非常出色。

在她成为太后之前她有个称呼叫作"芈八子"。芈是楚国的国姓，由此推想，她是楚王姐妹群中的一个。八子，并不是她的名字，也不是因为她生育了八个儿子，而是她嫁给丈夫秦惠文王后得到的封号。一个外藩女人成为秦王的姬妾，这应该是一桩政治婚姻。

楚宣王末年，芈八子出生在一个楚国贵族家庭，之后，母亲又生下一子名芈戎，就是后来的秦国"四贵"之一的华阳君。几年后，芈八子父亲去世，母亲改嫁，又生一子，就是后来的秦国"四贵"之一的魏冉，也就是在秦先后5次为相计25年的穰侯。

秦孝公二十四年（公元前338年），秦孝公去世，其子惠文王继位，时年 17 岁。他杀商鞅，任用公孙衍为大良造，攻魏。到秦惠文王八年（公元前 330 年），公孙衍在雕阴（今陕西鄜县北）大败魏军。次年，张仪来到秦国，靠他的三寸不烂之舌取代公孙衍，公孙衍被逼去魏。张仪来秦的第二年，继续攻魏，魏将上郡及河西地尽献秦国。当年，张仪被任命为秦国历史上第一位"相"。秦惠文王十四年（公元前 324 年），秦惠文君觉得自己的江山稳固了，改称为王。楚怀王在一种

秦孝公

特殊历史背景下与秦国缔结姻亲，便将十分美貌的花季少女芈八子送到秦国，成了秦惠文王的妃子。跟着一起来的还有芈八子两个弟弟芈戎和魏冉，更有意思的是，她母亲有个亲戚的小孩向寿也跟了来。

芈八子与秦惠文王新婚不久就怀孕了。秦惠文王更元元年（公元前 324 年），芈八子就产下一大胖小子，取名为则，就是后来的秦昭襄王。

直到芈八子再次诞下二子——芾和悝，这时这个有着楚国贵族血统的女人才被封，称为"八子"。"八子"这个封号位次不高，秦国后宫分八级：皇后、夫人、美人、良人、八子、七子、长使、少使，这套制度后来一直沿用到汉朝。在待遇上"八子"之封大致可比照于男性官员中的"中更"一级，比五大夫还高两级，等于侯爵。而这仅仅是物质上的，地位只是一个象征，并不能因此而去行使男人"中更"一级的权力。

到了秦惠文王更元十四年（公元前 311 年），秦惠文王去世，享年 46 岁。由于芈八子是楚人，又不是皇后，所生三个大有作为的儿子都不能接父亲

秦惠文王

的班，由惠文后的儿子荡即位，是为秦武王。

此时，秦、楚关系已是十分恶化。秦惠文王一死，公孙衍回来了，与樗里疾、甘茂、公孙奭等人一起，把受宠的张仪挤兑出走。张仪是秦、楚关系走向破裂的始作俑者，张仪一走，秦、楚两国关系立即有了缓和。

秦武王重武好战，在位期间，平蜀乱，设丞相，拔宜阳，置三川，更修田律，修改封疆，疏通河道，筑堤修桥。秦武王身高体壮，喜好跟人比角力，大力士任鄙、乌获、孟说等人都因此做了大官。秦武王四年（公元前307年），武王与孟说比赛举"龙文赤鼎"，结果大鼎脱手，砸断胫骨，到了晚上，气绝而亡，年仅23岁。这真是一个笑话，当然这也是一个政治问题，因此惠文后将孟说一家满门抄斩。

3. 宣太后的政治集团

武王年轻夭折，无子即位，芈八子她迅速抓住了这个稍纵即逝的机会，让弟弟魏冉立即去燕国把在那里做人质的长子公子稷接回来，再经过一番艰苦的内部政治斗争，公子稷被立为秦王，即秦昭襄王，芈八子称宣太后。由芈八子亲自辅佐刚满18岁的秦昭襄王，即史家所言的"宣太后自治"。这女人带着自信的微笑，走进了秦国政治中心的旋涡，其弟魏冉控制朝政。不久又以秦昭襄王的名义任命魏冉为将军，镇守于咸阳；昭襄王元年（公元前306年），向寿便被派往镇守宜阳重镇，旋即被任为左相；昭襄王八年（公元前299年），芈戎回楚，由楚再还秦，也将其任以将军要职；他们又拉拢朝中重臣樗里疾，重新任命为相。同时，芈八子的另外两个儿子，嬴芾被封为泾阳君，后改封于宛地；嬴悝被封为高陵君，后改封于邓地。两地均为京畿要地，用以拱卫王室。同时实行秦楚二国联姻，让秦昭襄王迎娶楚国的公主为后。至此，芈八子的宣太后政治集团宣告成立，并全面把控着整个秦国的军政大权。其他如公子壮、惠文王后，以及其他的惠文王的王子们，最后都被魏冉杀尽了，甚至连秦武王的嫡后也被赶去了魏国。

秦武王四年（公元前 307 年），楚怀王派兵包围韩国的雍氏，长达五个月不能攻克。韩襄王多次派使者向秦国求援，但秦国军队一直不出崤山，按兵不动。韩襄王又派尚靳出使秦国，尚靳以唇亡齿寒的道理劝说秦国尽快派兵救援。而宣太后因为自己的故乡是楚国，不同意派兵救援，她召见尚靳对他说："当年我服侍秦惠文王时，大王把大腿压在我的身上，我感到身体疲倦不能承受。而他把整个身体都压在我身上时，我却并不感觉到重，这是因为这样对我比较舒服。秦国要帮助韩国，如果兵力不足，粮草不济，就无法解救韩国。解救韩国的危难，每天要耗费数以千计的财物，这对我和秦国又有什么好处？"韩襄王于是又派张翠出使秦国。甘茂认为韩国一旦投靠楚国，楚、韩两国就会挟持魏国来危害秦国，他主张秦昭襄王立即出兵救援韩国。秦昭襄王于是下令出兵，楚国闻讯后撤军。

秦昭襄王二十年（公元前 287 年），齐、赵、韩、魏、楚五国合纵攻秦未能成功，诸侯在成皋（今河南省荥阳市西）停战。秦昭襄王想让韩国公子成阳君兼任韩、魏两国的国相，韩、魏两国不同意。宣太后通过穰侯魏冉对秦昭襄王建议不要任用成阳君。因为成阳君曾因秦昭襄王的缘故困居于齐国，在他穷困的时候，秦昭襄王没有任用他，而成阳君受宠，秦昭襄王又要任用他，不会使他满意；秦昭襄王任用成阳君而韩、魏两国不同意，会有损于秦国与这两国的关系。秦昭襄王听后打消了这个念头。

义渠是东周时期活跃于泾水北部至河套地区的一支古代民族，长期与秦国发生战争。秦惠文王七年（公元前 331 年），义渠国内发生内乱，秦惠文王派庶长操平定内乱。秦惠文王十一年（公元前327年），秦惠文王在义渠设县，义渠王向秦国称臣。惠文王更元六年（公元前319年），秦国攻打义渠，夺取了郁郅（今甘肃省庆阳市东）。作为报复，次年义渠参与了公孙衍合纵楚、韩、赵、魏、燕的五国攻秦之战。义渠趁秦军主力与五国交战之机，大败秦军于李帛（今甘肃省天水市东）。秦惠文王更元十一年（公元前314年），秦惠文王再次派兵攻打义渠，攻取了徒泾（位于今山西、陕西两省间黄河南段以西地区境内）等25座城池，义渠国力大损，但仍保留一定实力。秦昭襄王继位时，义渠王前来朝贺，宣太后与义渠王私通，生下两子。后秦昭襄王与宣太后日夜密谋攻灭义渠之策，秦昭襄王三十五年（公元前272年），宣太后引诱义渠王入秦，杀之于甘泉宫。秦国趁机发兵攻灭义渠，在义渠的故地设立陇西、北地、上郡三郡。

宣太后主政时任用弟弟魏冉、芈戎以及儿子公子悝、公子芾等四贵主政。宣太后及四贵的专权极大限制了秦昭襄王的权力，造成了秦国国内只知有太后和四贵、不知有秦王的局面。魏国人范雎逃亡至秦国后，受到秦昭襄王的重用。范雎向秦昭襄王建议收回五人的权力，以免造成淖齿、李兑那样弑君篡国的祸乱。秦昭襄王采纳范雎的建议，废宣太后，将魏冉、芈戎、公子悝、公子芾等四贵驱逐出首都咸阳。

秦昭襄王四十二年（公元前265年）十月，宣太后去世，葬于芷阳骊山（今陕西西安临潼区骊山）。

宣太后塑像

四、攻城略地灭周室，奠定霸业昭襄王

在战国后期，秦昭襄王无疑是最有作为的一任国君，无论是在秦国还是在其他国家。赵武灵王只能闭门发展国力，而秦昭襄王却能向外进兵，将六国打得抱头鼠窜，即使是赵国，也没有免遭厄运。

秦昭襄王年少时，宣太后掌权，但是一些大事他还是参与的，并且占了主导权，对于楚国的攻打和对楚怀王的扣押，都是秦昭襄王的主意，当然这也要得到穰侯和宣太后的同意。宣太后与穰侯都不是为了权力而放弃国家利益的人，他们只是不希望秦昭襄王走错路，将大好江山拱手让人，只要是对秦国有利，他们也会毫不犹豫地赞成。

秦昭襄王看准了楚怀王昏庸无能，刚即位不久便对楚国进行打压，连续几次攻打楚国，皆大获全胜，不仅夺得了许多土地，更是让楚国俯首称臣，不敢对秦国不敬。

自从张仪把魏国弄得人心惶惶后，魏国也不敢与秦国敌对，不过在换了君王后，魏国又与其他国家联合起来，一起抗击秦国。秦国的士兵作战骁勇，挡住了各国的进攻。这个勇，来源于法，也是因为之前作战都是大胜，士气高涨。

在白起被任命为大将后，先是对韩、魏联军攻打，这一仗，斩杀了24万士兵，并俘虏了魏国大将公孙喜，这对韩、魏来说是不小的打击，24万士兵就在一场战役当中死去，国家已没有了更多的士兵，只能向秦国求和。

秦昭襄王不会放弃这个机会，在稳住了赵国和齐国后，连连对韩、魏进兵，攻取数座城池，令两国民不聊生，军队的士气也十分低落。

在这以后，秦昭襄王认为秦国已经足够强大，可以不将其他诸侯放在眼里，于是就派出使者到齐国，想要与齐国共同称"帝"。当时的诸侯都各自称为"王"，但是没有人称帝，这一称帝，就是在告诉大家他高人一等，这如何能让人受得了。

齐湣王本想称帝，但是在臣子的劝说下，还是打消了这个念头，秦昭

襄王只好自己称帝。树大招风，称帝这样的大事，这些诸侯是无论如何也不能坐视不理的。于是六国联合起来，准备攻打秦国，逼迫秦昭襄王取消帝号，秦国再强大，也不能以一敌六，秦昭襄王无奈，只好取消了帝号。

纵观秦昭襄王这个人，他对于外国的诸侯是很少会讲信用的，在攻败楚国后，他令秦国与楚国联姻，但是却又在楚国没有防备的时候出手，占领楚国的城池，并且骗楚怀王入秦，将他扣押起来。

在赵武灵王入秦时，在得知是赵武灵王后，竟然派人去追，这时两国还没有交战，两国交战还不斩来使，更何况是一国之君呢！关于孟尝君，想必他那一次入秦是这一生永远的噩梦吧，他本认为秦国强大，国君很有作为，希望能到秦国有一番作为。但是秦昭襄王却听信谗言，将他扣押起来，并决定问斩，后来孟尝君被放了，秦昭襄王又反悔派人捉拿。还好孟尝君的门客众多，解决了这一次的危机。

关于赵国，这事就更多了。先是和氏璧一事，秦昭襄王用15座城池的诱饵来换和氏璧，可是却不肯给出去，想想也知道真假，15座城池是个什么概念，哪能就因为一块玉璧而拱手送人呢！然后与赵国会盟，又

秦昭襄王

是欺负赵王，又是派大兵跟进。如果不是赵国准备充分，赵王也会步楚怀王后尘。

不过这些都是基于秦国的实力雄厚，秦昭襄王才敢如此，他虽然不守信用，但是却能将国力大大发展起来，让六国都不敢为敌。他起用白起，将韩、赵、魏、楚打得落花流水，长平之战更是将赵国的40万军队坑杀，让赵国损失惨重。

在范雎入秦后，昭襄王重用范雎，并独自掌管大权，施行范雎的

远交近攻的策略，对附近的国家进行猛攻，让对方毫无还手之力。

智者千虑，必有一失，秦昭襄王急于求成，想趁机攻下赵国邯郸，结果秦军大败而归。但是随后，秦昭襄王就下令攻打韩国，韩国虽顽强抵抗，最终还是没有幸免于难，10多万士兵被秦军斩杀。

这一次的举动，震惊了周赧王，他秘密联合燕、楚等国，要与秦国一决雌雄。不过这事还是走漏了风声，当秦昭襄王得知后，暗下决心，决定灭掉周室。

这时的周室已经沦落为小国，就连当初的宋国也要比它强大，秦昭襄王早就想灭掉周室，但是苦于没有机会，这一次秦昭襄王就可以借题发挥了。

不过昭襄王还是没有太过分。秦昭襄王五十一年（公元前256年），他派兵将周赧王掳到秦国，随后又放了他。此时的周赧王年老体衰，已没必要杀他了。秦军也顺势夺取了周室的土地，周朝名存实亡。周赧王在回到周室后一年就死去了，周朝也随之灭亡。秦昭襄王五十二年（公元前255年），秦昭襄王答应范雎辞了丞相。蔡泽继任为相国，几个月后被免职了。

此时的秦国空前强大，凭借着有利的地势，即使六国一起攻打过来，也不会讨到好处。秦昭襄王五十六年（公元前251年），在位56年的秦昭襄王嬴稷去世，时年75岁。子嬴柱嗣位，是为孝文王。

纵观秦昭襄王这一生，做了很多大事，将秦国的国力提升了好几截。后来秦始皇能顺利统一天下，很大的功劳都要归于秦昭襄王这个人。

第二章 祖龙出世

一、秦异人替父为质，安国君三日君命

战国时期，主要是秦、赵、魏、韩、楚、燕、齐七个大国相互征伐兼并的历史时期，这七个国家被称为"战国七雄"。秦昭襄王是秦国的霸君。他在位期间，秦国兼并的领土已经大于其他六国的总和，在七雄的争斗中占据着主动地位，已没有敢与他争雄的了。当时诸侯在秦国的攻势面前，为了能保存下来，往往联合起来，互相支援，共同抗击秦的进攻，这在当时叫作"合纵"。秦为了打破六国的合纵，分离它们相互间的支援联合，则采取"连横"策略，即与某一国建立盟约，停止战争，而攻取别国。为了让连横之国放心或相信，秦王则把自己的儿子或孙子派到那个国家去做人质。秦始皇之父公子异人就是在秦实施的这个策略下，被派到赵国做质子的。时间大约是在秦昭襄王四十年至四十二年（公元前267—公元前265年）。

大约就在阏与之战之后一二年间，秦昭襄王先是将其次子安国君派到赵国去做质子。然而安国君在赵做质子时间不长，因为秦昭襄王在魏做质子的太子悼于秦昭襄王四十年（公元前267年）死在魏国，秦需更立储君，按次序安国君当为太子。于是就把公子异人即秦始皇之父派往赵国，去替换安国君回秦，以子替父去做质子了。

作为人质，在本国虽然贵为王子、王孙，可是到了异国之后，命运便不得而知：假如派出国一旦违约，人质便立刻"身为粪土"，惨遭厄运。当秦昭襄王做出派异人到赵国充当人质的决定后，异人没有选择的余地，必须在限期内备驾前往。看来异人只得听天由命了。

公元前265年，在由咸阳通往邯郸的漫长旅途之中，异人独自坐在车中，心情忧郁，沉默无语，无心欣赏一路上车帘外的春光和美景。异人心里清楚，秦军虽然失利于邯郸城下，然而迟早会再次派大军进攻赵国。到那个时刻，自己只能客死他乡，难以回到秦国。思前想后，异人感到来日归国的希望十分渺茫。

无论异人是如何感到旅途的漫长，可是车轮毕竟是驶向东方。一天下午，异人的车队进入邯郸城中。城中的市民百姓闻知秦王派来的人质来到赵国，无不欢呼雀跃，前来围观。市民百姓们深知：两年前如果是秦军攻入邯郸，有谁能保全住性命，活至今日。然而，秦兵败走了，今日遣派人质前来，又怎能不令市民欢呼。

照理公子异人是秦太子的儿子，他到赵国做质子应该是有分量的。但由于他并不是安国君的宠子，在安国君的二十几个儿子当中排行居中，其母夏姬又不受安国君宠爱，所以他在秦国并不为人看重。因而当他做质子到赵国后，也就指望不上秦国内当权的人能对他有什么特别的关照。况且由于秦在列国之间专讲兼并攻取，挟诈不守信义，各国都吃过秦国的大亏，对秦怀有戒心，因而对秦派来的质子也都不抱有好感，当然也不会给予特别理会或特殊照顾了。

本来秦对赵是比较小心用事，不敢轻易用兵的。但是偏偏在公子异人到赵做质子时，赵惠文王死，赵孝成王新立，其母赵太后主事。秦国认为有机可乘了，也不管在赵的质子会怎样，就趁赵丧君立君太后主事之机，于秦昭襄王四十二年，发兵攻赵，夺取了三座城池。逼得赵太后在触龙的劝说下，把自己最疼爱的小儿子长安君送到齐国做人质，争取到齐国发兵支援，秦才停止了对赵的攻击。在这种情况下，作为质子的公子异人的处

境可想而知。不仅要忍受赵人对秦的愤怒情绪，而且还由于没有内援，财用缺乏，生活困窘，甚至连日常供给都不充裕。这一切都使得这位秦国少年公子郁郁寡欢，对自己的前途感到渺茫——继承王位是难得指望，能不能回到秦国也由不得他。只好在别人的冷漠相待下，默默地煎熬时日。

秦孝文王元年（公元前 250 年）十月己亥日，秦孝文王服丧期满，正式即位。秦孝文王即位后，追尊已故的母亲唐八子为唐太后，与秦昭襄王合葬。但是他在位仅有三天。在这期间，秦孝文王下令大赦罪人，按功表彰先王功臣，优待宗族亲属。

秦孝文王死时 53 岁，在当时已是高龄，再加上他在做太子时纵欲过度，又为秦昭襄王服丧一年，导致病亡。安国君生有 20 多个儿子。安国君成为太子后，便将他非常宠爱的一位妃子立为正夫人，号称华阳夫人。华阳夫人一直没有子嗣。安国君有一位排行中间的儿子名叫异人，异人因生母夏姬不受安国君宠爱，所以被送往赵国作人质。后在吕不韦的活动下，华阳夫人成功说服安国君立异人作为继承人，随后二人命吕不韦担任异人的老师，又委托他带给异人很多礼物。在此之后，异人在诸侯中的名声日益增大。后在吕不韦的帮助下，异人成功返回秦国，成为安国君嗣子，并且改名子楚。孝文王即位后，立正妻华阳夫人为王后，立子楚为太子。

二、吕不韦政治投机，秦异人奇货可居

就在异人最不得意的时候，他万万没想到有人瞄上他，在打他的主意。这个人就是阳翟大贾吕不韦。

吕不韦原是卫国濮阳（今河南濮阳西南）人，后来到韩国经商，"往来贩贱卖贵，家累千金"，是韩国有名的大商人。此人经商有道，但不以经商致富为满足。他在致富之后，所羡慕崇拜的人物是春秋末年的子贡。子贡作为孔子的高足弟子，不仅在经商上发了大财，而且在政治上交结王侯，当上了鲁、卫两国的宰相，在春秋末的政治风云中大展奇才，即所谓"子贡一出，存鲁、乱齐、破吴、强晋而霸越；子贡一使，使势相破。十年之

中，五国各有变……常相鲁、卫，家累千金"。

吕不韦这次是由阳翟（今河南禹县）前来邯郸，在街头见到了秦国的王孙异人。异人深知自己是一个"落难王孙"，他讨厌邯郸市民的欢呼雀跃，又对自己的境地无可奈何，其神态可想而知。见到这种情况，吕不韦颇有感慨，动了几分哀怜之心。转念间，深通"人弃我取，人取我予"经商之道的吕不韦，猛然想到：十年河东，十年河西，难道面前这

吕不韦

位落难王孙，就永远不会有困龙得水飞黄腾达之日吗？莫非说自己成为当年的子贡，或许会系在这位王孙的命运之上……想到这里，"此奇货可居"的心声不禁脱口而出，决定进行一次政治赌博。

于是吕不韦就去见异人游说："我可以光大你的门庭。"异人回答说："你还是先光大你自己的门庭，然后再来光大我的门庭吧！"吕不韦说："你是不知道的，我的门庭是要等到你的门庭光大之后才能光大。"异人明白吕不韦说话的含意，就引吕不韦与他坐谈，谈的内容非常深入，两人达成了政治同盟，异人许诺如果计划成功，将以分国作为答谢。

吕不韦于是拿出 500 金送给异人，作为日常生活和结交宾客之用；又拿出 500 金买珍奇玩物，自己带着西去秦国游说，先拜见华阳夫人的弟弟阳泉君和姐姐，把带来的东西统统献给华阳夫人。顺便谈及异人聪明贤能，所结交的诸侯宾客，遍及天下，常常说"我异人把夫人看成亲母一般，日夜哭泣思念太子和夫人"。

华阳夫人非常高兴。吕不韦乘机又让华阳夫人的姐姐劝说华阳夫人认

异人为养子。华阳夫人就趁安国君方便的时候，委婉地谈到在赵国做人质的异人非常有才能，来往的人都称赞他。接着就哭着说："我有幸能填充后宫，但非常遗憾的是没有儿子，我希望能立异人为继承人，以便我日后有个依靠。"安国君答应了，就和夫人刻下玉符，决定立异人为继承人，安国君和华阳夫人赐送厚礼给异人，并请吕不韦当他的老师，因此异人的名声在诸侯中越来越大。

秦昭襄王五十年，秦国派大将王齕率师围攻赵国都城邯郸，作为报复，赵孝成王想杀死异人泄愤。异人与吕不韦密谋，拿出 600 斤金贿赂守城官吏逃出赵国，通过出征的秦军返回秦国。因为华阳夫人是楚国人，吕不韦事先叫回国后的异人穿楚国服装面见夫人。华阳夫人果然大为感动，正式收异人为义子，并改名子楚。

赵国又想杀子楚的妻子和儿子，因为子楚的夫人是赵国富豪人家的女儿，被隐藏起来，母子二人得以活命。

秦昭襄王五十六年(公元前 251 年)，昭襄王去世，太子安国君继位为王，是为秦孝文王，华阳夫人为王后，子楚为太子，赵国也护送子楚的夫人和儿子嬴政回到秦国。

秦孝文王元年（公元前 250 年），孝文王正式即位三天后突然暴薨，子楚即位，是为秦庄襄王。

秦庄襄王继位后，下令大赦天下，按功表彰先王功臣，优待宗族亲属，布施于民。并尊生母夏姬为夏太后，养母华阳夫人为华阳太后，任命吕不韦为相邦，封文信侯。

秦庄襄王元年（公元前 249 年），东周文公与诸侯密谋攻打秦国，秦庄襄王获悉，命吕不韦率军攻灭东周国，迁东周公于阳人聚（今河南省临汝县西），不绝其祀，以阳人地赐周君，奉其祭祀。至此，周王朝最后残余的势力被铲除。接着，秦军继续蚕食三晋，又攻占大片土地。

秦庄襄王二年（公元前 248 年）和三年（公元前 247 年），庄襄王连续命令蒙骜攻打赵国，夺取了太原（今山西省太原市）、榆次（今山西省晋中市榆次区）、新城（今山西省朔州市朔城区西南）、狼孟（今山西省阳曲县东北）等37座城池。同年三月，蒙骜又攻取了魏国的高都（今山西省晋城市东北）和汲（今河南省卫辉市西南）。

秦庄襄王三年三月和四月，庄襄王还命令蒙骜攻取了魏国的高都和汲，王龁攻打上党郡，设立太原郡。魏公子信陵君合纵燕、赵、韩、魏、楚五国联军在黄河以南击败秦军，蒙骜败退。联军乘胜追击至函谷关，秦军闭关不出，此战过后，信陵君名震天下。而秦庄襄王怒于此战的失利，想要囚禁在秦国为质子的魏太子增，经人劝说后秦庄襄王才打消此念头。

秦庄襄王三年（公元前247年）五月，庄襄王薨，享年35岁。其子嬴政继位。秦王政灭六国称皇帝尊号后，追封秦庄襄王为太上皇。

三、少嬴政初登大位，吕不韦辅政专权

嬴政，于秦昭襄王四十八年（公元前259年）正月出生于赵国的邯郸廓城（大北城），是秦庄襄王的中子。

孝文王即位不到一年就去世，子楚继位，是谓庄襄王。嬴政被立为太子，时年约10岁。为了培养少年太子有承国之才，身为秦相，号称"仲父"的吕不韦，自当对他悉心教诲。

是命运的安排，还是人为所致？继孝文王短命之后，庄襄王享国也仅有3年。13岁的嬴政继立为秦王，吕不韦由丞相尊为相国。因秦王年少，国家大事表面上由太后和吕不韦共同主持，实际上军政大权皆由吕不韦操纵。面对秦国统治集团中强大的嬴氏宗族，吕不韦以"仲父"的身份，驾驭年少的秦王。这不仅符合他与嬴政原有关系，也可表明他能够像管仲辅佐齐桓公那样，辅助秦王政称霸中原，实现先主的未完成的功业。

"仲父"本来是春秋时期齐桓公尊崇管仲时用的称呼。管仲名叫管夷吾，因为排行第二，故其字为仲父。古人对人尊重称字而不称名，可是国君地位尊贵，对臣下是要直呼其名的。由于管仲辅佐齐桓公治理齐国，称霸诸侯，立下了卓越功勋，所以齐桓公对管仲优礼相待，以其字"仲父"

为管仲的专称。吕不韦号称"仲父"说明秦廷以齐桓公待管仲之礼来礼待吕不韦。

当时情况是处于主少国疑之时，吕不韦号称仲父，这意味着他担负起了稳定局势、巩固秦国和秦王政王位的重任。《史记·秦始皇本纪》说："庄襄王死，政代立为秦王。"又说："王年少，初即位，委国事大臣。"这个大臣指的就是吕不韦。所以《资治通鉴》明说："国事皆决于文信侯，号称仲父。"即明确地点出了当时决定秦国大事的人是吕不韦，这真正是说到点子上了。如《史记·甘茂列传》先说"秦始皇帝使纲成君蔡泽于燕"，又说"秦使张唐往相燕"，而下文则记道："文信侯曰：'吾令纲成君蔡泽事燕三年，燕太子丹已入质矣。吾自请张卿相燕而不肯行。'"可知所谓"秦始皇帝使""秦使"，都是吕不韦使，而不是他人。所以，自秦王政初即位到秦王政八年（公元前239年），这期间秦国的政事都是出自吕不韦而行事的。

当时秦国的形势并不乐观。庄襄王死时，秦刚刚受到信陵君挫抑，接着又有晋阳（即太原郡）反叛。吕不韦内辅少主，外定反郡，不仅让嬴政顺利地继承了王位，而且也于秦王政元年（公元前246年）派将军蒙骜平定了晋阳，迅速地稳定了时局。

战国·鸡骨白兽首双龙令牌

照理辅少主并不是容易的事，然而这却是吕不韦梦寐以求的事。他当初破家结交异人就是为了能有今日，如今他的目的全然实现了，当然是要鞠躬尽瘁了。而今他在秦国是政治家了，是秦的相国，王的仲父，这种地位使他踌躇满志，慨然以天下为己任。所以司马迁在《史记·秦始皇本纪》中对他的记载是："招致宾客游士，欲以并天下。"《吕不韦列传》中说："当是时，魏有信陵君，楚有春申君，赵有平原君，皆下士喜宾客以相倾。吕不韦以秦之强，羞不如，亦招致士，厚遇之，至食客三千人。"接着又说："是时诸侯多辩士，如荀卿之徒，著书布天下。吕不韦乃使其客人人著所闻，集论以为八览、

《吕氏春秋》书影

六论、十二纪，二十余万言。以为备天地万物古今之事，号曰《吕氏春秋》。"

吕不韦辅佐秦王政，可谓是煞费苦心。他既要为嬴政兼取天下网罗人才，如人人皆知秦始皇定天下、建功业的得力助手李斯，就曾是吕不韦招致而来的门下舍人；又要为嬴政成为天下之主备好典要，这就是他费了八年时间而编纂成的《吕氏春秋》。正如《吕氏春秋》原序《序意篇》所说："维秦八年，岁在涒滩，秋甲子朔，朔之日，良人请问十二纪，文信侯曰：'尝得学黄帝之所以诲颛顼矣……'"用意就是借以教诲秦王政要建立怎样的天下。有人说吕不韦就是因这部书惹祸的，说他与秦始皇的政治观点对立。其实并非如此，秦王政后来走上极端专制是别有缘故，这时秦王政还是全心依靠吕不韦，而吕不韦也是真心诚意辅佐秦王政，并无冲突之情。

除此之外，他还要对秦王政加强文化培养和学识教育。本来吕不韦是商人出身，读书求学是其所短，在与异人逃出赵国归秦后，当孝文王考问异人学问时，茫然无措。这对吕不韦来说，不能不是个教训。如今他以仲父身份辅导秦王政，首先想到的就是这个问题。秦王政也许在这时也确实是用心于文化知识的学习上了，因此一直到他加冠成年之前，未见他有急于要做什么的举动。

秦王政所以能统一文字、法度、度量衡，这不能不说是吕不韦为他奠定的。

吕不韦秉政，除了在长远上用心辅导秦王政成长外，在国事上也是从

长远处着手。如修郑国渠，郑国是韩国的善于开渠治水的水工。秦地关中，少雨多旱，开渠引水，灌溉农田，应该说是国家的基本建设，不过这要投入人力和物力。而当时秦国正是多事之时，既要稳定人心，平定叛郡；又要与诸侯较量，斗智斗勇。所以采纳郑国建议，开渠治水，不具有长远目光的人是不会干的。

尽管吕不韦秉政之时，既是主少国疑，又要万事兴作，国之大事都压在他的肩上，可是他仍要与六国进行角斗，为统一天下做努力。在秦王政元年平定晋阳反叛之后二年（公元前245年），他就派麃公攻魏卷邑，斩首3万；三年（公元前244年），又派蒙骜攻韩，取13城；四年（公元前243年），蒙骜又攻魏，取氏篘、有诡；五年（公元前242年），蒙骜又伐魏，取酸枣、燕、虚、长平、雍丘、山阳等20城，并初次设置了东郡，从而打碎了六国偷安的迷梦。

东方六国的诸侯们，原以为秦受信陵君挫抑后，庄襄王又死，秦王政继位后主少国疑，可以偷安数年。因此他们设计谋：或策动秦新建置的郡县反叛，如晋阳反叛；或让秦拖累于内役兴作上，如派水工郑国到秦建议开渠，使秦将人力物力消耗于内而不能东伐。哪知吕不韦秉政，在伐国的运作上仍是游刃有余。所以，由楚国牵头，与赵、魏、韩、卫又组织了一次五国联军，于秦王政六年（公元前241年）伐秦，进军至函谷关（今河南灵宝东北）。秦出兵反击，五国之师都败逃而去，彻底粉碎了诸侯合纵重温抑秦的旧梦。

在击败诸侯联军之后，秦又乘胜攻取了魏的朝歌（今河南淇县）和卫都濮阳（今河南濮阳西南），逼迫卫君迁于野王（今河南沁阳），保守魏的河内地方；并威胁楚国，逼楚考烈王把都城由陈（今河南淮阳）南迁寿春（今安徽寿县）。秦王政七年（公元前240年），秦又伐魏取汲（今河南汲县西南）。从此六国分崩离析，诸侯间相互救援的联合行动被瓦解了，各个被秦灭亡只是时间上的问题了。

古人云："知难而退。"这对于吕不韦来说是不可能的，商人的习性使他只知道有进而不知所止。秦自商鞅变法以来，为相执政的人，专权能到吕不韦程度的，不仅范雎、穰侯达不到，也许连商鞅也未必能像他这八年如此得心应手，朝野皆服。

四、吕不韦金蝉脱壳，假阉人嫪毐入宫

庄襄王死，秦王政年仅13岁，这就出现了少主临朝的情况。在战国之时，遇有这种情况，通常都是母后主政，这在当时已是社会的惯例。如秦昭襄王即位时，是其母"宣太后自治"；齐王建即位时，是"国事皆决于君王后"；赵孝成王即位时，是其母"太后用事"；而韩国也是"以一女子奉一弱主"——这四个人被史家称为"战国四后"。所以，秦王政即王位时，其母太后赵姬也必然要出台主政。

赵姬主政，要依靠的人当然是吕不韦了。谋取秦国之政的事，是她在未跟庄襄王之前，吕不韦就着手设计和进行的事，她实际上也参与了。现在她一个妇道人家大政临身，不依靠吕不韦还能依靠谁呢。所以，尊吕不韦为相国，尊吕不韦为仲父，应该都是出自于她的情愿。她对吕不韦这样，秦王政对吕不韦怎能不好呢。所以吕不韦秉政之初，是一切顺当，得心应手。

吕不韦要做政治家，有赵姬在宫中内应，这使吕不韦随心所欲。可是由于吕不韦与赵姬有着私下的情缘瓜葛关系，这又给吕不韦做政治家的迷梦结局埋下了灭顶的灾难，使吕不韦不可能成为一个真正的政治家。

吕不韦秉政，使秦国安然无事，内外皆服。此时，赵姬的心里在想什么呢？庄襄王死，她也不过30左右的年岁，中年守寡，要安闲也难。如果国家多事，内忧外患，她也许无暇于思个人之欲。然而现在儿子秦王政即位为王，朝堂无事，她眼睁睁地看着原是她丈夫的吕不韦，天天在她面前承命于她，她能守持自己吗？她现在是太后了，宣召吕不韦也不难，因为儿子年纪小也无须顾忌。这一下可就难为吕不韦了。他斩断不了与赵姬的私人关系的情谊，可是秦廷不是赵城，如今的赵姬是太后，也不是当年的邯郸歌姬可以由他摆布。不应承太后之召不行，应承太后之召，他将无

法把握自己。如果吕不韦能按孔孟之道规范于己，以道义规劝于赵姬，纵然赵姬不满意，也不会有大故。况且赵姬也未必就不能从社会责任上接受规劝，从而使两个人都有好的结局。当然吕不韦是做不到的，他既不能像孔孟说的"逆取顺守"修己以齐人，也做不到"知难而退"洁身以自好，他只能与"太后时时窃私通"。

出身于商人的吕不韦，尽管有时也难免遇事有所疏忽，但毕竟是一位善于进行预测的人。否则，他怎能在经商时发了大财，成为远近闻名的阳翟大贾？他深深懂得"人无远虑，必有近忧"的至理名言，并以此规范自己的言行。与太后私通毕竟是见不得人的事情，暴露了是要身败名裂的，吕不韦对此心中是清楚的。何况他如今是作为秦廷的相国、少主的仲父站在人前，已不是出入邯郸的商人了，所以他不能贪恋赵姬这块温柔乡土，也耻于做这种偷鸡盗狗之事。他深知自己无论如何也难以满足太后，并且秦王嬴政又年岁日壮时，便决定当机立断，从困境、险境中立即拔出双脚，像以往经商捕捉时机时那样。他深知，秦王已不再是一位少年，太后又这样纠缠不休，一旦私情被秦王发觉，岂不大祸临头。当然，吕不韦并没有因为思念至此而浑身战栗，他是在寻求走出困境、险境的办法。在吕不韦看来，途径与办法总是会有的。这是他自经商和从政以来所形成的一种常常引以为得意的信念。

吕不韦似乎是不费思索便在脑海中形成方案：为着免祸，必须立即从太后那里拔出腿来；而步出险境，摆脱太后的纠缠，这就需要寻找一个壮年男子作为自己的"替身"，诈称施以腐刑，然后便可以"宦者"的身份在后宫中侍奉太后，自己不就可以从太后那里解脱了嘛。只是，太后的身份比不得寻常百姓人家。所以方案的实施自然要周全而谨慎，出不得半点差错。

一天，吕不韦到宾客们的书房察看编书的情况，在堂前闻听一阵笑声传了出来。

原来是一位门客正在叙说近日京郊发生的一段趣闻。他这时绘声绘色地讲给同事们，似乎一切都是他亲眼所见，并提到了"大阴人"嫪毐。

言者无心，听者有意。事后，吕不韦派心腹门客出城访求，将嫪毐召至府中，作为自己的侍从宾客。可是吕不韦的其他宾客，并不知晓这位新来的宾客便是故事中的"大阴人"。

一日，在吕不韦府中举行"倡乐"。吕不韦授意嫪毐表演他的"绝活儿"，观者无不捧腹大笑。吕不韦的目的，是想使太后闻知此事。几天以后，吕不韦有意留宿在太后宫中。私谈时，吕不韦得知太后对嫪毐很感兴趣，便笑着对太后说道：如此如此，便可以使嫪毐长久在宫中侍奉太后。

在把握了太后的真实意愿以后，吕不韦才好像是奉命一般，将嫪毐"进献"给太后。吕不韦和太后串通一气，重金贿赂了主持腐刑的官吏，将嫪毐假扮成受过腐刑的模样，使其混入宫中。

太后自得到嫪毐后，对他宠幸无比。不久，太后便怀有身孕。咸阳的宫中人来人往，太后担心事情被张扬出去，于是诈称请人占卜，年内将有灾祸降临，不宜居于咸阳的宫中，要到外地去避灾。太后的车驾便西行前往秦国的故都雍城（今陕西凤翔）居于雍城中的大郑宫内。太后到雍城，其实是为着避人耳目，生下腹中的胎儿。

太后到雍城"避难"，嫪毐作为太后的侍从少不了经常往来于咸阳与雍城之间，陪伴太后，太后给予很厚重的赏赐。太后暂居雍城的一段时间内（太后生下一男后，不久又怀有身孕，再度到雍城"避难"），咸阳城内太后宫中的大事小情以及有关国家政务的一些大事，都取决于嫪毐。嫪毐手中的权势日益膨胀，以至于"家僮数千人"。宾客中不少人见嫪毐权势日盛，争着做嫪毐"舍人"的，不下千余人。秦王政八年（公元前239年），嫪毐被封为长信侯，并赐给山阴地，让他居住，又把河西太原郡，作为嫪毐的封国。由于受到太后的宠幸，嫪毐在秦国的权势很快便发展成与吕不韦的势力不相上下，并最终引发了与秦王政的兵戎相见。

五、杀嫪毐秦王驱母，逐仲父嬴政揽权

秦王政是一位个性很强的人，"天性刚戾自用"。他年少即位，国家大权掌握在相国吕不韦手中，尊称吕不韦为"仲父"。年少的秦王知道身旁的相国是自己的恩人，父亲的被立为太子、贵为秦王，完全是得力于吕不韦。自己年少，不能亲政，因此嬴政把相国执掌国家大政视为理所当然。在吕不韦与秦王政的关系上，前者视后者犹如父之爱子，关怀备至；在秦王政的心目中，父亲早逝，相国不失长者风度，犹如自己的亲生父亲一般，因而秦王政由衷地称吕不韦为"仲父"。在即位的初年，仲父是他心目中倍受崇敬的人物。

1. 扑灭嫪毐叛乱

随着秦王政年龄的增长和亲政日期的临近，吕不韦、嫪毐专断国家大权的这一事实，使秦王政愈发觉得犹如芒刺在身，难以继续忍受下去。在吕、嫪二氏之间，最使秦王政无法容忍的是嫪毐。

嫪毐入宫前的身世，从入宫后他的所作所为来推断，原不过是市井中的无赖之徒，既不拥有产业，也没有受过什么教育，看不出有什么真实本事。吕不韦将他选入宫中，侍奉太后，不过是因他是一个壮年男子，使他扮演一个下贱的角色，满足太后的特殊需求，为自己脱身免祸。谁知嫪毐入宫后在太后的宠幸之下，权势竟膨胀那样之快，这倒是吕不韦所始料不及的。

一个无赖之徒在政治上骤然得势，乃至于窃取了国家大权，这是件很可怕的事。它不仅会给国家和人民带来灾难，并且对于嫪毐本人来说，他那空虚、狂妄的头脑，使他不知道该做些什么并规划未来。他的所作所为，纯属小人得志。他只能不择手段、不计后果无休止地继续攫取权势，或是用荒淫无耻的生活来麻醉自己，填补精神上的空虚。而后者，往往成为这类人物自取灭亡的导火线。

一次，嫪毐与秦王的侍中左右贵臣饮酒博戏，酒醉后彼此发生口角。嫪毐无理，自恃有权有势，破口大骂道："我是秦王的'假父'，你这小子凭什么竟敢与我对抗？"

秦王侍臣见嫪毐怒睁圆眼，高声斥骂，便忍气吞声地走开了。回到王宫，侍臣立刻把嫪毐所辱骂的恶言秽语一一向秦王政禀报，秦王政非常恼怒，决心待机收拾。

战国·四联鼎

秦王政九年（公元前238年），秦王政22岁，按照秦国的礼制应加冠亲政。在秦王举行加冠礼前夕，有人向秦王告发：长信侯并非宦者，经常与太后秽乱宫中，并生有两个儿子，都藏匿在民间；长信侯与太后曾有密谋：一旦大王驾崩，便立长信侯与太后所生的儿子为秦王。

秦王政密令有关官员立案调查，结果是所告皆属事实。因为加冠礼举行在即，秦王并没有立即下令逮捕嫪毐，而是采取"欲擒故纵"的计策，按预期前往雍城举行冠礼，待有所动作时，再一举扑灭。

嫪毐门下耳目甚多，秦王立案调查"宫闱秽事"的消息，很快便传入嫪毐耳中，这时才感到有些恐慌，急忙与太后在一起商议对策，密谋在秦王去雍城举行冠礼的时机发兵作乱。

秦国自商鞅变法时迁都于咸阳，然而先王的祖庙仍在故都雍城。秦王政从咸阳来到雍城祖庙举行加冠典礼，礼毕宿于蕲年宫。蕲年宫是雍城的一处郊祀祈年的斋宫，秦汉时帝王多在此祭祀后稷、五畤和先王。

当秦王政下榻于蕲年宫的时候，嫪毐一伙便按照事先的密谋，乘机矫借秦王御玺及太后玺发兵作乱，征发县卒、卫卒、宫骑以及门下舍人，向蕲年宫进发，企图一举推翻秦王政的政权，另立新君。

秦王政在前来雍城之前，对嫪毐一伙的密谋早有察觉和防范。当嫪毐一伙发兵举行叛乱时，秦王政便当机立断，立即派相国昌平君、昌文君率兵镇压叛乱，嫪毐兵败逃走，秦王政发兵追击，斩嫪毐于好（今陕西乾县东），

叛乱很快便被平息。

参与嫪毐叛乱的大臣有卫尉竭、内史肆、佐弋竭、中大夫令齐等20余人，被捕后一律枭首并车裂示众，灭其宗族。门下的舍人，轻者则罚为鬼薪，一律没收其家财，夺爵迁蜀者多达4000余家。

自秦王政加冠并向相国昌平君、昌文君下达平叛命令那一日起，秦王政事实上已在秦国亲临政事，成为集国家军政大权于一人手中的又一位秦国国王。

正当秦王政举行了加冠典礼，对即将亲政怀着美好憧憬的时候，发生了反乱，大动干戈，让宫廷丑闻张扬于内外。案情的结果不堪说道，一个市井无赖把秦宫搅得乌烟瘴气，臭不可闻，让他如何能沉得住气，稳得住情绪呢！平心而论，遇到这样的事，不仅秦王政难于承受，要引起思想性情向恶劣上转变；大概能理智地把握人生而不受影响的人，在历史上也难于找到太多。

这时的秦王政，恨由中生，不仅恼怒于母后的淫乱，更恼怒于母后私生二子，还打算立他们为王。私生子对秦王政来说是非常敏感的，以嫪毐子为王，更让秦王政深受刺激。这段时间母后的胡闹，给封侯，赐封邑，让俸食大郡，要决国事，归根结底是要其子为王。这哪有母子之情，这哪里是因为庄襄王痛心……盛怒之下，他命人入宫把太后所生二子装入口袋中扑杀，并将太后迁于雍城阳宫居住。

太后赵姬这时也冷静下来，她无颜面对儿子秦王政，自己胡闹闹过了头，一时竟糊涂到把御玺交给嫪毐去作乱，现在有什么话好说呢？只好离开咸阳，到雍城阳宫去闭门思过了。对儿子秦王政，她没有怨言，是她自己做得过分了。儿子这些年来对她没有说不过去的事情，反倒是她这做母亲的所作所为在儿子面前交代不了。

2. 贬斥仲父

秦王政杀弟迁母之后，怒气并不能平息。他痛定思痛，哪里会想到他所信赖的仲父，竟是乱事之根、罪魁祸首？仲父怎么会是这样的人？在母后与嫪毐胡闹的时候，他还以为仲父蒙受着无限的委屈，原来却是仲父的李代桃僵之计。既然此事与吕不韦有牵连，此时的秦王政真想把吕不韦也杀掉，让这个丑闻一了百了。可是当临朝时，朝中人则一再说情，讲述吕不韦的功劳……联想起这丨年临朝之情，仲父确实是一心扶持自己，尽心竭力，亲爱无比；王弟造反，是仲父坚决维护自己，嫪毐造反，又是仲父坚决保护自己；仲父不仅于己有恩，而且就是父王为王也是仲父的功劳……秦王政对此不能不动情，忍不下心来对吕不韦执法。应该说，这时的秦王政确实不知道对吕不韦该怎么处置。在此之前的历史上，也还找不到与吕不韦相类似的事件可供借鉴。杀之不忍，不问，又丑名太大，并且这个丑名又直接牵扯到秦王政头上。这些连想都想不出来的事情的突然出现，弄得秦王政方寸尽乱，举止失措——现在秦王政的暴心野性，还处于被激发的回荡之中，还处初爆未发之时，如果野性爆发开来，那吕不韦准保不住得掉脑袋。正是由于这样，吕不韦仅是被免掉了相国，不登朝堂而已。

吕不韦这回是"哑子吃黄连，有苦说不出"，所谓聪明反被聪明误，脚上的泡是自己走的，还有什么可说呢？其实吕不韦走到这步田地，早该自裁了结其生，根本不应该恋栈。秦王政是一时无措，哪能总这样呢？囊扑二弟，迁徙母后，已露出"虎狼心""轻食人"的端倪，最终能饶过他吕不韦吗？吕不韦也不想想，他是再不能同太后赵姬共存于一个世界了。

不久，秦王政就把吕不韦撵到河南的封邑去了。在吕不韦被逐至河南封地后的一年多时间里，他门下的宾客仍然接连不断地从河南前往咸阳，为吕不韦说情，企图使吕不韦回到咸阳重新执掌国政。为吕不韦说情的宾客穿梭般地往来于洛阳与咸阳，人数与次数之多，令人吃惊。

秦王政对这种反常现象颇为警觉，"恐其为变"，便正式赐书给吕不韦，作为对吕不韦宾客们说情的公开答复。吕不韦宾客们的说情，其实是得到吕不韦的默许和指使的，因而秦王政在赐书中直接质问吕不韦：

"君何功于秦，封君河南，食十万户？君何亲于秦，号称仲父？"

与此同时，秦王下令将吕不韦及其家属迁徙蜀地。

面对秦王政赐书中的质问和举家迁蜀的命令，吕不韦终于从抱有一丝幻想中省悟：自败亡以来，秦王政采取的是步步紧逼的策略，等待自己的只有一死。因而吕不韦拿定了主意，不愿意再经受秦王对自己的精神折磨与羞辱，与其被他人诛杀，不如自尽而死，便饮鸩酒与人世告别。

在战国末世的历史风云中，吕不韦本是韩国的一位大商人。在经商致富活动中，他预测屡中，是幸运者。在邯郸见到秦国人质异人，他决定从事政治上的投机。从他所策划的华阳立嗣、邯郸献女以及身为相国、号称仲父、受封河南乃至于献嫪毐于太后，步步都如愿以偿。可是他没有预料到的叛乱和败亡，导致了自己的被罢官；更没有预料到在相权与王权的斗争中，如不能取而代之，等待着他的只有饮鸩而死的命运。至于吕不韦在秦国执政期间秦国在对外战争中所取得的一系列胜利，那是人人有目共睹的事实；而他所主持编纂的《吕氏春秋》即他为未来秦帝国所设计的政治蓝图，即使至今仍不失为一部有学术价值的著作，但当时却随同他的自尽而未能被秦王采用。

吕不韦自杀而死后，他门下的宾客数千人私自将吕不韦葬于洛阳北芒山，参加送葬的人很多，场面很大。当秦王政闻知此事后非常气愤，认为这是借给死人送葬向自己示威，便下令对参加送葬的人分别进行如下的惩罚：

原是从三晋地区迁至秦国的人，一律驱逐出国；原为秦国人、俸禄在600石以上的免爵流放；500石以下者可不免爵，但临丧者也要迁走。

同时下令："自今以来，操国事不道如嫪毐、不韦者，籍其门，视此。"

吕不韦死后送葬者之多以及秦王政的严惩，说明秦王政与吕不韦之间的斗争是一场为争夺国家权力的严重的政治斗争。

秦王政除掉了吕不韦，同时也摈弃了吕不韦治国的政治蓝图；他是要按照自己的意志，在法家理论的指导下缔造一个空前统一的中央集权制大帝国。

第三章 统一之战

吕不韦死后，秦始皇的权力就是至高无上的，秦国再没有任何人敢对他指指点点，秦始皇终于可以一展拳脚。

自长平之战后，东方六国在强大的秦国面前处于绝对的劣势。秦王嬴政经过十年征战，陆续灭掉六国，就此成就了旷世伟业，建立起我国历史上第一个统一的中央集权国家——秦朝。

一、六国形势粗检点，各个击破细谋划

1. 秦统一六国前各国之形势

经过春秋和战国长期的兼并战乱，中国社会逐渐向全国统一的趋势发展。到公元前246年，也即秦始皇即位的初年，随着秦灭六国统一战争的开始，我国历史上第一个强大统一的封建大帝国——秦国，即将在刀光剑影中诞生。六国日渐没落、秦国蒸蒸日上已成不可逆转之势。

（1）齐国。

齐向为东方之强国，但到秦始皇初年，齐政权传至齐王建时，齐威王时期建立起来的霸业早已成为历史的陈迹，齐国实已徒具东方强国的虚名。它政治落后，经济发展缓慢，国无贤臣良将，军无奋进战斗之志，面对强秦即将发动的并灭六国的战争，竟毫无准备，坐以待毙。

（2）韩国。

韩本来就是三晋中最弱的一方。到韩桓惠王时，韩就已臣服于秦国。

战国·错金银兽首形辕饰

秦始皇初年，韩国的疆域更加缩小，只剩下都城阳翟与其周围10多个中小城邑，基本上已是名存实亡之国了。

（3）魏国。

魏虽然也曾经历过战国初期最强盛的时期，据有河东、河西、河内、河外广大地区，疆域之内山河纵横，形势险要，但由于它阻扼秦东出函谷之咽喉，多年均为秦之首要对手，特别是自魏惠王以来，不断被秦战败，疆域日渐缩小，秦始皇初年，正当魏安釐王晚期，国势更加衰弱。但信陵君窃符救赵，尤其是联合各诸侯国合纵抗秦，取得河外大捷，大大提高了魏的威望，本应乘胜恢复魏之疆域，然而安釐王昏聩无能，不但不借机复国，反而听信秦国离间挑拨，罢黜信陵君，失去了东山再起的可贵时机。

（4）赵国。

赵地处中原之北方，方圆2000里，也是北方之强国。在赵武灵王时，倡导胡服骑射，革新政治，富国强兵，国势为之一振。赵国北拒匈奴，南抗强秦，成为唯一可与秦相抗衡之国。但赵武灵王死后，赵屡被秦兵攻伐，对本国良将廉颇、李牧等不予任用，竟听信谗言妄加诛黜，赵王的这种昏庸无能，使赵终于为秦所破。

（5）燕国。

燕在春秋初期尚属极弱小之国，到燕昭襄王时，励精图治，疆域扩大，国力日强，曾北至辽东，西至上谷，南与齐、赵接壤。但到燕王喜当政时期，非但不与近邻赵、齐修好，且常常发动混战，劳民伤财，国力损耗巨大，成为六国之中略强于韩的弱小之国。

（6）楚国。

楚自春秋至战国始终未失其南方大国之地位，领有疆域 5000 里，带甲 100 万，地大物博，粟可支 10 年，为诸侯国中具有相当实力的大国。但自秦将白起攻陷楚都后，楚国势力大大减弱，国都被迫迁于陈地，以后又再迁于巨阳与寿春。都城多次被迫迁移，大大挫伤了楚国的士气。楚考烈王当政的前后，楚国实际上已徒具强楚之名，远远无法与秦相匹敌。

（7）秦国。

秦地处西陲，原为关中地区的一个戎狄小国，春秋时期远较中原地区各诸侯国落后，春秋各国称霸中原盟会争雄时，秦常被排斥于外。但自秦孝公起励精图治，任用商鞅变法革新，废除旧奴隶主贵族特权和世卿世禄制度，逐渐建立起中央集权的封建统治政权。对内实行"奖军功，教耕战"，对外则连横而战诸侯。司马错又南并汉中、巴蜀，北灭义渠、陇西，巴蜀广大地区先后为秦所有。后白起率军攻拔楚都郢，又击溃赵魏联军于华阳，歼灭赵军于长平，中原地区的大片河山几乎都在秦国的控制之下。

2. 秦灭六国的基本战略与策略

秦始皇统一六国的战争，经过了详细策划，基本的战略是以强大的政治外交攻势，拆散六国的"合纵"联盟，集中优势兵力，各个击破，逐一并灭六国。根据六国当时的强弱态势和山川地理形势，决定先由北路对赵进攻。赵国被攻灭后，再转向灭燕，继而攻灭韩、魏，最后再进攻齐、楚两国。秦国向六国进攻，占有重要的地理优势，几条战略通道均在秦国的控制之下，这些通道为：

（1）成皋道路——这条通道由成皋到函谷关，中原各国每次合纵攻秦或秦东出中原均多经由此线进军。秦灭六国的战争，首先控制了这条通道。

（2）夏路要道——这条通道经伏牛山脉、南阳盆地隘口，向东南可达下蔡、居巢，楚都由陈迁往寿春后，这条重要通道即为秦军控制。

（3）井陉、孟门通道——这条通道为通燕、赵、齐之要道，渐为秦所据有。

秦国占有了天时、地利、人和诸多方面的优势地位之后，即开始了消灭六国的战争。

二、"疲秦计"徒劳无功，首灭韩初战告捷

秦王政统一六国战争，首先从离秦最近、国力最弱的韩国开始。

韩国这个国家虽然比较弱小，但是善设计谋，也许是申不害在韩国为相时的所作所为，影响了后代韩国的统治者所形成的传统吧。当年昏庸无能的韩王为了对付强秦，就想用黄金去贿赂秦国。没有黄金，就出卖韩国的美女。美女的价钱昂贵，诸侯都买不起，唯独秦王能以3000金的高价买得韩国美女。然后韩国又用出卖美女所得的黄金去侍奉秦国。当时有人指出这种出卖美人以侍奉秦国的事情是一种"淫用"，应该停止。在众口一词的责难下，韩王才停止了这种不道德的"交易"。

韩王无计可施，又使出了新的计谋。在秦王政即位后，韩王对于秦军的强大攻势恐慌不安，他想利诱秦国兴修大型水利工程，将人力物力都消耗在水利工程上，这样劳民伤财，就无力攻伐和吞并六国了。他们把这个计谋称为"疲秦计"。韩王提出的"疲秦计"是有其一定根据的，因为秦国有兴修水利的传统。

早在秦昭襄王时，李冰父子曾在成都岷江修都江堰，使成都平原300多万亩农田得以灌溉，变成了肥沃良田，号称"天府之国"，所以对于兴修水利工程，秦国是颇为重视的。

韩王掌握了秦国喜欢修筑水渠的特点，就派水工郑国到秦国去劝说秦王修筑水渠。郑国到秦后即进行实地考察，认为关中虽无水害，但降雨量少，常有旱灾，于是向秦王政建议修一条引泾灌渠。首

郑国渠引水口遗址

起池阳瓠口（今陕西泾阳县境），横跨渭北高原，由西而东，绵延300余里，后入北洛河。渠修成后，可以灌溉关中东部400余万亩耕地。秦王政采纳了郑国的建议，并委托他负责工程设计。这是一项浩大的工程，秦国投入了大量的财力和人力。工程正在进行之际，郑国以修渠方式"疲秦"的阴谋被秦王发觉了。秦王政本来就是"少恩而虎狼心"，尤其是嫪毐、吕不韦事件后，有时对外国入秦的客卿不很信任，而韩国的"疲秦"计的败露，更加深了他对客卿的憎恨。他勃然大怒，欲下令杀掉郑国。在秦国宗室大臣的煽动下，秦王政下令"逐客"，李斯给秦王政上书，劝秦王政撤销"逐客令"。这时即将被杀的郑国也向秦王进言，说明韩国派自己来秦国大兴水利工程，虽然是为了达到"疲秦"的目的，但是，水渠修成之后，"亦秦之利也"。秦国调集力量修渠时，尽管减轻了秦国对东方各国的压力，"为韩延数岁之命"，让韩国苟延残喘了几年，但渠成后却"为秦建万代之功"。郑国的话，深深打动了秦王政，使他看到了这是富国强民的根本一着，于是他决定不杀郑国，而让郑国继续主持完成这项工程。韩王的"疲秦"之计也实际上走向了计谋者原先愿望的反面。

韩国的"疲秦"计阴谋破产后，已无力抗秦，也无计可施了。本来，范雎的"远交近攻"是包括这样三步曲的：开始"卑词重币以事之；不可，则割地而赂之；不可，因举兵而伐之"。此时，韩国已经相当的弱了，无须按先王所采取的三步曲进行了。公元前231年（秦始皇十六年），秦国再次伐韩，在数十万大军压境的形势下，韩国为了苟且偷生，不得不剜肉医疮，割地求和，把南阳全境献给秦国，这样一来，本来就弱小的韩国变得更弱了。秦国占领南阳后，即派内史腾做南阳假守。次年，秦王政又派内史腾率兵攻韩，弱小而又势单力孤的韩国根本无法抵御秦军的凶猛攻势，一战而溃，连昏庸无能的韩王安也被俘虏了。秦王政把所得韩地置为颍川郡。至此，韩已灭亡。

消灭韩国可以看成是统一战争中的初战告捷。这对其他山东五国是一种巨大的威慑，而对秦国军民是一个极大的鼓舞。

三、离间计大奏奇功，善谋断秦国灭赵

灭韩的第二年，秦王政又挥师东向了。

韩国是六国中最弱小的国家，而赵国则是其中兵力最强的国家。

韩国被灭之后，秦国马不停蹄地集中兵力向赵国大举进攻，秦军对赵国一直是采取强攻的战术。

秦王政是一个多谋善断的国君，他善于总结历史经验。在这次大举进攻赵国前，他就着重回顾了以前对赵战争强攻屡败的缘由。

当年在长平大战之后，秦国约定退兵的条件是："割韩垣雍、赵六城。"但是，秦国退兵以后，只有韩国献出垣雍，赵国则不愿割六城。这是什么原因？赵国大臣虞卿对赵王说："秦之攻赵也，倦而归乎？王以其力尚能进，爱王而不攻乎？……秦以其力攻其所不能取，倦而归。王又以其力之所不能攻以资之，是助秦自攻也。来年秦复攻王，王无以救矣。"其意是说，秦军攻打赵国，是因为筋疲力尽才退兵的。如今赵王又把秦国力所不能攻下的城送给秦国，这是帮助秦国攻打自己。以后秦军再来进攻赵国，赵国就没有什么自救的了。

果真，秦军又一次攻赵，邯郸被围，赵国多次向魏国求救，魏国派将军晋鄙带领 10 万人救赵。秦王派使者威胁魏王说："赵国都很快就会攻下，谁敢救赵，秦攻下赵以后就攻打谁。"魏王害怕了，命令晋鄙在邺（今河北临漳县）安营，不再前进，名义上是救赵，实际是看形势的变化。此时，魏王还派将辛垣衍潜入邯郸，通过平原君见到赵王。想说服赵王和魏共尊秦为帝，换取秦军从邯郸撤兵，平原君对此犹豫不决。这时，齐人鲁仲连游说在赵国，听说魏国想让赵国尊秦为帝，他对辛垣衍说："今天的秦国，不要礼义，一味崇尚军功、奖励杀伐，对他的士卒，玩弄欺诈的手腕，对他的民众，任意驱使。如果让秦放肆称帝，必然大有害于天下。"鲁仲连还讲了殷纣王把鬼侯剁成肉酱、把鄂侯切成肉条、把文王关进监狱的故事来说服辛垣衍，使他放弃了尊秦为帝的打算。

平原君三番五次派人向魏国请救兵，平原君的夫人是魏国信陵君的姐姐。平原君写信责怪信陵君说："我以为你有急人的高义，现在邯郸这样危急，魏国救兵又不来，你无动于衷。纵然你轻易地抛弃我，你就不可怜可怜你姐姐吗？"信陵君屡次去请魏王，门客也帮着说，魏王还是不答应。信陵君估计魏王再也不肯派兵救赵了，他决定带100多辆车骑去赵和秦军死拼。路过东门，遇见侯嬴。侯嬴对他冷淡。他走段路以后又回来见侯嬴。侯嬴笑着说：信陵君的行动好像是以肉去投喂饿虎。信陵君行再拜礼，侯嬴又悄悄告诉他如何弄到兵符调动晋鄙军队。晋鄙的兵符，常放在国王的卧房里，而如姬最得国王的宠爱，常出入国王的卧房，一定能够偷到它。信陵君照着侯嬴的办法，果然由魏王宠爱的如姬窃出兵符。信陵君带着兵符到邺，代晋鄙率兵救赵。秦军在魏军、楚军、赵军内外夹攻下大败，邯郸解围。这是有名的"窃符救赵"的故事。合纵显示出巨大的力量，它给秦国的兼并战争带来极大的困难，当年山东各国的力量比秦国大得多，"诸侯之地，五倍于秦，料诸侯之卒，十倍于秦"，所以秦国对于合纵，极力采取分化瓦解的政策。

到了秦王政亲理朝政时，他派王翦、杨端和、桓齮率兵分两路进攻赵国。当时赵国大将庞煖正率兵与燕国交战，秦军乘虚而入，占领了上党郡及河间地区。公元前233年，又派桓齮率兵攻取了赵国的赤丽、宜安，进逼邯郸。赵国在危急存亡之际，从北方调回正在防御匈奴的名将李牧，李牧与赵军将士决心与秦军决一死战，士气高涨，结果大败秦军。

蔺相如与廉颇雕像

公元前232年,秦国再次分兵两路进攻赵国,又被李牧击退。秦军连连失败,秦王政不能不考虑这样的问题:靠强攻是不行的。

靠强攻不行,那该怎么办呢?秦王政采用尉缭"离间其君臣"之计,派人用重金贿赂赵国权臣郭开。

公元前235年赵王迁登位,朝政操纵在宠臣郭开手中。郭开嫉贤妒能,压制人才,这样就大大削弱了赵国的战斗力。如老将廉颇曾为赵国屡立战功,后因被乐乘取代而不服,逃到魏国。但廉颇在魏国久不被重用,很想归赵,赵王也想起用廉颇,便派使者到魏国探视廉颇身体情况,廉颇在赵王使者面前"为之一饭斗半,肉十斤,被甲上马,以示尚可用"。廉颇以饭量大来表示他虽老犹壮,率兵作战没有问题。但是,郭开贿赂使者向赵王谎报情况说:"廉颇虽能吃饭,但坐一会儿就要大便三次。"赵王真的认为廉颇老而无用了,终于没有将他召回。后来廉颇被楚国接去,客死于楚。

秦始皇十八年(公元前229年),秦国灭韩之后,又派秦将王翦、杨端和分别率兵向赵国进攻。久经沙场的宿将李牧、司马尚率赵军拼命抵抗,两军对垒,苦苦相持一年之久。此时,秦王政又使用了尉缭"离间其君臣"之计,派人用重金贿赂赵王宠臣郭开。郭开接受了贿赂,向赵王诬告李牧、司马尚欲谋叛变,作战不力。赵王轻信了谗言,派赵葱及齐人颜聚去代替李牧、司马尚掌握兵权。在大敌当前的危难关头,李牧认为赵葱、颜聚皆非将才,根本对付不了秦国名将王翦,便抵抗王命,拒不让出兵权,赵王竟暗地派人逮捕李牧并处以死刑,司马尚也被免职。这实际上为秦灭赵扫清了道路。

李牧一死,赵军将士军心涣散,秦军如入无人之境。

赵国政治如此昏暗。使赵国国力大为削弱,同时祸不单行。当时赵国又发生大地震和旱灾等特大自然灾害,在天灾人祸面前,赵国人心浮动,从而谣言四起:"赵为号,秦为笑。以为不信,视地之生毛。"这一民谣实际上反映了赵国的百姓是拥护统一的。不到三个月,秦将王翦大破赵葱,俘虏了赵王迁。当年十月占领赵都邯郸,灭了赵国。邯郸是秦王政的出生地,

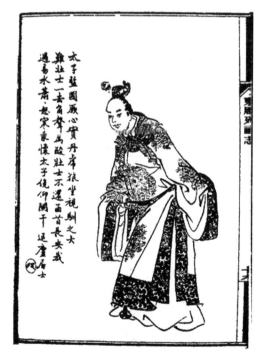

此时，秦王政也跟随秦军来到邯郸，把跟母家有"仇怨"的赵国权贵统统"坑杀"掉。

赵公子嘉率其宗族数百人逃到代郡，自立为代王。公元前222年，秦将王贲俘代王，赵亡。

四、图穷匕见终无计，难挽狂澜太子丹

灭赵以后，遵照秦王政的命令，秦军继续向北挺进，饮马易水；易水的彼岸，就是山势嵯峨、河川纵横的燕蓟大地了。

燕国有秦王政的一个旧相识——燕太子丹。20多年前，太子丹以年幼之身为质于赵，也住在邯郸，同与他身份相似年龄相近的嬴政结识，成为好朋友。大约自嬴政随母返秦后不久，太子丹也返回了燕国。及至两人再见面时，昔日的友情已不复存在。

事情是这样的：秦王政13岁即位，不久即下达了一项与燕国有关的命令，派纲成君蔡泽出使燕国。蔡泽本是燕人，是一个明于三土之事、五霸之业和世俗之变的雄俊弘辩之士。他曾凭着一副伶牙俐齿，把同样能言善辩的秦相范雎说得心服口服。不久，秦昭襄王即拜其为相，后因人际关系不佳，称病辞职。此时他以年老之身被重新起用，出使燕国，这大约是执掌朝政的吕不韦的意思，目的是利用燕、赵之间的矛盾，加强秦、燕之间的联系，谋求共同伐赵。

蔡泽不愧是外交场上的老

太子丹

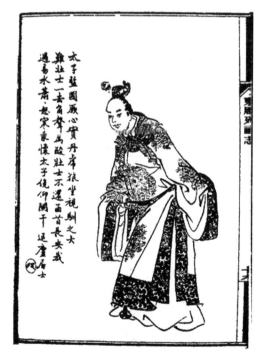

手，到达燕国之后，经过一番活动，逐渐使燕王君臣相信了秦结好燕的诚意，两国往来不断加强，燕王喜还派了太子丹到秦国为质。

秦王政三年（公元前244年），太子丹自燕入秦。此后秦应派人相燕，以求联燕伐赵，使秦在赵河间地区夺得更多的土地。这个任务落到了将军张唐的头上。张唐曾率兵重创赵军，赵王对他恨之入骨，悬重赏捉拿他。此番相燕，要经过赵国，张唐不敢去，相国吕不韦也不好勉强他。当时吕不韦门下有一个12岁的孩子甘罗，聪明绝顶，是名相甘茂之孙，以利害之辩说服了张唐。吕不韦请求，秦王批准甘罗使赵，秦王遂召见了甘罗，批准了他提出的由他先行至赵的建议。甘罗至赵，问赵王是否知道燕太子丹质秦和张唐相燕二事，赵王回答知道。甘罗于是大逞辩才：太子丹入秦，表明燕不欺秦；张唐相燕，表明秦不欺燕。两国相互信任的原因，就是想联合攻赵，扩展在河间的地盘。大王您不如割五城给我，以广秦河间之地，以此请求秦遣还燕太子，并同赵一起攻燕。赵王当即答应了甘罗的要求，割给秦五城，并攻燕，夺了30座城池，将其中的11座分给秦国，而"秦归燕太子"。

据此可知，太子丹在质于秦的当年即被送归燕国，并非如某些历史读物所说的，是一质秦国10余年方逃归本土。当时的太子丹仍是一个弱国的质子，同几年前质于赵时的身份相同，没有任何改变。就质子的实质而言，燕太子丹不过是燕王为求自保而设的一个筹码，质于秦本身即是各诸侯间明争暗斗弱肉强食的一个表现。一般来说，质子只象征着所谓信义和决心，不像使臣那样负有十分具体的使命，能够以自己快捷的反应能力、缜密的分析能力和准确的判断能力，而为人看重。故质子特别是弱国的质子，其地位是比较低的。与太子丹相反，嬴政已贵为秦王，其身份、地位发生了很大的变化，他的专制的帝王品格，在社会的塑造之下，也日益凸显在政治的舞台上。他更多考虑的是如何实现秦国的利益，如何完善自己的为君之道。对太子丹质秦以及其后而来的外交斗争，秦王显然更钟情于后者。吕不韦只请他批准甘罗使赵，而他却召见了甘罗，经过询问后方派其出使，可见他的兴趣所在。因此，尽管秦王此次与太子丹的重逢情形于史料无证，我们还是可以推测：太子丹受到的只是冷淡的接待。

秦王政十五年（公元前232年），太子丹第二次入秦为质，此时秦王早已亲政，正积极地策划和部署包括灭韩亡赵直捣燕蓟在内的一整套战略和战术行动，他已无心也根本不想去同儿时的朋友重叙旧情，距离既定的战略目标愈近，便愈是如此，愈有可能将太子丹视若草芥。秦王的这种态度，太子丹很快便感觉到了，《史记·荆轲传》说"秦王之遇太子丹不善"。这自然要引起太子丹愈来愈强烈的怨恨，终于在当年便逃离秦国，返回故土，所以《史记·燕世家》说在燕王喜二十三年（即秦王政十五年），"太子丹质于秦，亡归燕"。

这一次是太子丹永远地离开了秦国，他把他对秦王的仇恨一起带回了燕国。而当秦兵灭赵，兵临易水，亡燕之心已揭于天下之后，在私人的恩怨之上又添了几重更沉重的国仇，两个儿时亲密无间的好朋友，已经没有别的路可走，只能"图穷匕首见"了。

太子丹逃归燕国以后，秦国加快了统一六国的步伐，攻齐、楚，破三晋，燕国所受威胁也愈来愈大，燕之君臣皆为之惶恐不安。太子丹亦日夜谋划保国安邦，报复秦王，无奈国势衰败，力不能及。碰巧秦将樊於期因为得罪了秦王而逃亡至燕，太子丹收留了他。太傅鞠武反对太子丹这样做，认为他从秦国逃归已经得罪了秦王，现在再收容秦王的罪将，势必使秦王更加怀恨燕国，等于是把肉放在饿虎经过的路上，一定会被饿虎吃掉。这是无法挽救的灾祸，即便管仲、晏婴那样的大能人再生，对此也束手无策。鞠武向太子丹献策道：迅速将樊於期遣入匈奴，以除秦罪燕之口实，然后西约三晋，南连齐、楚，北与匈奴讲和，组成抗秦的联盟，如此才可能取得胜利。鞠武所言，无非要走合纵击秦的老路。在过去，合纵还不失为一条自保家园的通途，然而此际三晋灭亡有日，齐、楚亦只是苟延残喘，以燕国的影响和力量，已无足够时间供其南北奔走组织联合阵营了。忠心谋国的鞠武长期偏居燕蓟，对天下大势不甚了了，故其策迂腐有余，而可行

性不足，没有被比较了解形势的太子丹所采纳。于是，太傅又向太子丹推荐了所谓"处士"田光，说他智深而虑沉，可与之商讨"大计"。其实田光早已非骐骥盛壮之时，"大计"云云，更是一无所有。但他向太子丹推荐了一位慷慨激烈的壮士，由此才引出一段流传千古的绝唱。

壮士是卫人，本名庆轲，到燕国后被人尊称为荆卿；荆与庆同韵，谐音。

燕人尊敬他是有道理的。荆轲好读书，浏览古今，博闻强记；好击剑，持短入长，倏忽纵横。虽然如此，荆轲不屑于恃勇与人争斗。他游历路过榆次（今山西榆次区），与当地名流盖聂谈武论剑，盖聂对他很反感，向他怒目而视，他辞行出门，即远离榆次。还有一次在邯郸，一个叫鲁勾践的莽夫同他争道，并怒而斥之，他却默不作声，转身而去。

荆轲来到燕国以后，同一个擅长击筑的高渐离成为好朋友。他们每天都在市场上狂饮，高渐离击筑，荆轲便和着拍节放声高唱起来，一会儿哈哈大笑，一会儿又相对而泣，旁若无人。荆轲在各诸侯国都结识了不少贤豪长者，他在燕都也结识了田光。田光见其为人深沉好书，虽日沉湎于烈酒，却是一个非常之人，故待他很好。

田光向太子丹推荐荆轲之后，便找到荆轲，向他谈了推荐之事，希望他能去拜见太子，荆轲答应了。田光说："长者做事，应当使人放心。今天太子要求我不要把他所谈的救国大事泄露出去，这是对我不放心。"说完，便自刎而死，以此激励荆轲为太子、为燕国出力。

荆轲有感于田光的仁义和壮烈，立刻去拜见太子丹。太子丹得知田光的死讯以后，十分悲痛，并悔恨自己说错了话。他的表现引起荆轲对他的好感。太子丹向荆轲谈了他的计划：派一名勇士去活捉秦王，迫使他归还所夺去的各诸侯的土地；如果他不同意，便杀死他。然后再乘其国内乱上下相疑之机，使诸侯合纵，消灭秦国。如此一来，燕国就能保全了。太子丹恳请荆轲入秦去刺杀秦王，为他和燕国报仇雪恨。荆轲先是不答应，但经不住太子丹的再三恳请，终于允诺深入虎狼之秦，执行太子丹的计划。太子丹尊荆轲为上卿，请其住美宅，车骑美女任其所欲，还不时赠送一些珍奇异宝，并每天都去看望荆轲。

只身闯入秦国，单纯凭借个人的勇力擒杀令人闻名而丧胆的秦王，即便是荆轲这般智勇双全的壮士，也毫无把握。所以，在秦王政二十年（公元前227年），当干朝已经破赵，生俘了赵王，领兵饮马易水之时，荆轲还没有要行动的意思，他认为条件还远未成熟。太子丹眼见形势危急，十分恐慌，请求荆轲赶快出发。荆轲向他指出取信于秦王的条件不足，请求他将樊於期的头和燕督亢（今河北省涿州、固安、新城一带）地区的地图交给自己献与秦王，秦王高兴之下一定会召见自己，那时便可见机而动了。

然而太子丹不愿意伤害樊於期，认为那样做太自私，荆轲只好自己去找樊於期，对他说：秦王对待您可真够狠毒的了，您的父母宗族全被杀光。听说秦王悬赏金千斤、邑万家，以求将军项上之首，您打算怎么办呢？当樊於期向他表明了无计报此深仇的绝望和仇恨之情时，荆轲便将自己的计划和盘托出，指出如此方可"解燕国之患，报将军之仇"。樊於期当即表示"此臣之日夜切齿腐心"之愿，毅然决然地自杀了。太子丹闻讯，立刻驱车赶来，伏尸放声痛哭。遂盛樊於期首函封之"，采纳了荆轲的计划。

为确保万无一失，太子丹不惜花费重金，买到了一把锋利无比的匕首，它是由著名的赵国工匠徐夫人（工匠名夫人）锻造的。太子丹还不放心，命人以药水淬炼匕首，然后用活人做试验，只见刀锋上只沾有一丝血迹，被试者即立刻身亡。太子丹又命人去找燕国有名的勇士秦舞阳，让他给荆轲做助手。荆轲想等秦舞阳到后一起出发，太子丹嫌他迟迟不动，怀疑荆轲有了悔意。荆轲非常生气，斥太子丹道："今日往而不返者，竖子也！今提一匕首入不测之强秦，仆所以留者，待吾客与俱，今太子迟之，请辞决矣！"

太子丹及其宾客都穿戴上白色的衣冠去送荆轲。行至易水岸边，高渐离击起筑来，荆轲击节而歌，凄怆的乐声回旋在易水之上，送行者皆垂泪涕泣。荆轲复又唱道：

"风萧萧兮易水寒，壮士一去兮不复还！"

歌声高亢，悲壮，人们听后精神为之一振，"士皆瞋目，发尽上指冠"。

汉代·荆轲刺秦王画像石

　　一曲歌罢，荆轲乘车而去，入秦刺秦王。

　　荆轲以及秦舞阳到了秦国，按照预先制定的计划，先以重金贿赂秦王的宠臣中庶子蒙嘉，请他向秦王引见自己。蒙嘉遂向秦王报告说：燕王从心里恐惧大王的虎威，不敢兴兵阻挡大王的军族，愿意举国归附，做大王的内臣，给贡职如郡县，请求大王以此允许其奉守宗庙。燕王因为恐惧，不敢自陈，特献上樊於期之头和燕督亢地图，派使者来谒见大王，陈诉衷曲。请大王裁夺。秦王正准备麾师燕蓟，挺进北方，此时闻知燕国不战而下，还献上了两份他久欲得之的厚礼，不禁大喜，立刻下令在咸阳宫接见燕国的使者。

　　咸阳宫内，各种仪仗齐备，秦王身穿朝服，高高坐在殿上，文武群臣侍立于殿下两侧，宛然一副举行受降仪式的模样。荆轲捧着装有樊於期人头的盒子，秦舞阳捧着地图匣子，一前一后走进来。秦舞阳13岁就杀过人，十分凶狠，燕人都不敢正眼看他，是燕国有名的勇士。可是，当走到陛前时，他被秦王的高贵威严和宫里森严的守卫吓得变了脸色，身子也不由自主地哆嗦起来。秦王的臣下看到这种情形，都感到奇怪。机智的荆轲赶紧笑着为秦舞阳掩饰道："他是北方蛮夷之邦的村夫，从没见过大世面，所以才吓得发抖。希望大王能原谅他，允许我们完成使命。"

秦王没有发现什么破绽，遂命令荆轲：将你们带来的地图呈上来。荆轲即取地图呈上，秦王接过，慢慢地展开地图观看，他万万没有想到，展到最后，地图上突然出现一把明晃晃的匕首！说时迟，那时快，荆轲右手一把抢过匕首，左手死死地抓住了秦王的衣袖。秦王大惊失色，慌忙跳起，因为用的力气很大，将荆轲抓住的衣袖都挣断了。秦王急忙拔剑，可是剑太长，人又慌张，急切间拔不出来。荆轲手握匕首追过来，秦王只得绕着殿上的柱子躲避奔逃。

突如其来的凶险，把殿内的大臣们都吓得不知所措。秦国法律规定，群臣入宫谒见秦王时，不得携带任何武器；那些由郎中组成的卫队虽手执兵器列于殿下，但没有诏命也不准上殿。秦王被荆轲追得围着柱子乱跑，一时也忘了宣他们上殿擒敌，有些大臣只好同荆轲徒手搏斗，御医夏无且也把手中的药囊朝荆轲打去。秦王正惶急间，忽听左右呼喊道：大王快把剑推到背后！秦王赶紧推剑至背，拔出剑来，手起剑落，破断了荆轲的左腿；荆轲颓然而倒，但仍奋力将手中的匕首掷向秦王，可惜没有掷中，匕首扎到了柱子上。荆轲自知此生不保，倚着柱子，蹲坐在血泊中骂道·杀不成秦王，是因为我要活捉他做凭证，以回报燕太子！秦王左右一拥而上，杀死荆轲。

就秦王统一六国是顺应历史发展趋势的千载功业而言，荆轲刺秦王毫无进步意义。但是，在当时，秦王的军队攻城略地，不仅摧毁了诸侯割据势力，也使人民的生命财产受到惨重的损失。荆轲刺秦王的史实恰好说明了上述各方势力斗争的尖锐性和复杂性，在一定程度上体现了人民对暴秦统治的恐惧和憎恨之情。因此，不能将荆轲、太子丹等人简单地判定为逆历史潮流而动的"小丑"，而应当看到，作为反抗暴政的英雄，荆轲那慷慨悲壮的行为，那种"壮士一去不复还"的凄怆而决绝的心境，千百年来一直受到人民的肯定和赞颂。

不过，企图以匹夫之勇抗击强秦，保住燕国社稷实属下策。即使太子丹的计划完全实现了，六国夺回了失去的土地，又能如何呢？六国腐朽的

政治躯体已无再生新肌的活力，它们仍然要被虎狼之秦一个接一个地打倒，只是在时间上推迟几年而已。从这个点上说，太子丹的计划是愚蠢的，他最后遭到灭顶之灾是必然的。而田光之死则不足道；至于令人叹惋的樊於期，也和荆轲一样，成为太子丹孤注一掷的牺牲品。

荆轲被乱刃分身，秦王镇定下来，开始封赏和处罚那些救驾有功或不力的臣下。御医夏无且得到了200镒黄金的赏赐，秦王不无惊惧地表彰他说："无且爱我！"

顺我者昌，逆我者亡。对于那些反抗自己的人，秦王从来不手软，他立刻下令前线秦军大举进攻燕国。

秦王的复仇行动几乎是立竿见影。王翦和辛胜指挥的秦军于当年在易水之西大破燕、代联军。秦王政二十一年（公元前226年）十月，秦王增兵前线，命令王翦继续进攻。王翦的军队打败了太子丹所率领的燕军，很快占领了燕都蓟城（今北京市）。燕王喜和太子丹慌慌张张地退保辽东郡（郡治在今辽宁辽阳市），秦将军李信领兵紧追不舍。为摆脱困境，代王嘉建议燕王喜杀太子丹媚秦王，以退秦国之兵。燕王喜走投无路，只好派人杀死藏在衍水（在辽东郡）一带的太子丹，欲将其头献与秦王。然而秦军根本不予理睬，李信继续麾师猛攻。秦王政二十五年（公元前222年），秦王再令王贲领兵攻燕，在辽东生擒燕王喜。旋即回师攻代，将盘踞此地达六年之久的代王嘉俘虏。至此，燕、赵彻底灭亡。

在此之前，秦王在已占领的燕地重建和新设了渔阳（郡治在今北京密云区西南）、右北平（郡治在今天津蓟州区）、辽西（郡治在今辽宁义县西）、上谷（郡治在今河北怀来东南）和广阳（郡治在今北京城区西南）等五郡，此后又重建了代郡和辽东郡，对这一片广大地区行使有效的政治统治和行政管理。

然而，秦王的复仇行动还未彻底结束。刺秦王的卫人荆轲在燕国的时候，结识了一位擅长击筑（古代的一种乐器）的朋友高渐离。两人志趣相合，引为挚友。

荆轲行刺秦王失败后，秦王政就通缉荆轲过去的好友，高渐离被迫改名换姓，躲在一家酒铺做酒保。

一次，他听到附近一户人家厅堂上有人击筑，便想起以前的事情，驻足良久舍不得离开。以后每天高渐离都在门口听，有时不免评论一曲。这家主人知道这个酒保竟对音乐如此在行，便请他到堂前击一番。面对久违的乐器，高渐离不禁感伤，忘乎所以地演奏起来。一曲过后，满座皆惊。高渐离索性把自己的筑和衣服从行李匣子里拿了出来，恢复了以前生活。

这消息被秦始皇听到了，嬴政马上要召见他。始皇怜惜高渐离击筑的技艺，特别赦免了他的死罪，只熏瞎了他的眼睛。始皇也非常喜欢听高渐离击筑，常常传他进宫。高渐离渐渐能够更加接近秦始皇了。他便把铅灌进筑里，在一次入宫演奏时，他猛然举起筑向秦始皇砸去。可由于眼睛看不见，没有击中。始皇下令杀了高渐离。从此以后，嬴政再也不敢接近以前东方六国的人了。

和荆轲一样，高渐离也是作为反对暴政的先驱者而受到后人歌颂的。明顾炎武的《高渐离击筑》这样写道：

身留烈士后，迹混市儿中。

改服心弥苦，知音耳自通。

沉沦余技艺，慷慨本英雄。

五、割城献地难救国，黄河水灌大梁城

晋献公十六年（公元前661年），一个叫毕万的人立下了很大的军功，晋献公将魏地封赏给他，还任其为大夫。当时晋国的掌卜大夫郭偃即预言毕氏以后会兴旺发达，因为万为一个"满数"；魏，是一个"大名"。后来，毕氏的后裔便以封地之名做了自己的姓氏。晋昭公以后，随着封建制生产关系的发展，晋国公室弱而六卿强，共同执政。

其中就有魏氏的领袖、晋国大夫魏献子。到了魏桓子的时代，他联合韩、赵两家大夫一起伐灭了六卿中势力最强盛的智氏，三分其地，实力由此更

为壮大。魏文侯是毕万的一个最为杰出的后代，他同赵、韩一起瓜分了晋国。公元前403年，他被东周威烈王册封为诸侯，这就是魏国。

此时春秋时代早已结束，进入战国时期，奴隶制血缘宗法的统治已然崩塌，各诸侯国为适应生产关系的新变化，纷纷开始变法。魏文侯也任用著名的前期法家李悝进行改革，很快成为战国

孙膑

初期的首强。当时的魏军纵横天下，所向无敌；西取秦邑，南败大楚，北代中山，中夺大梁（今河南开封市）。魏惠王时，将都城从安邑（今山西夏县）迁到了大梁。魏的国运已经达到顶点。公元前341年，孙膑设下奇谋，指挥齐军在马陵（今山东范县西南）全歼魏军主力，魏主将庞涓自杀身亡。魏国遭到了空前的惨败，从此一蹶不振，很快成为强国皆欲吞并的一块肥肉。

到战国末期，魏国更成为强秦刀俎之上的鱼肉，只是当信陵君无忌自赵返国后，魏的政治、军事局面才有些起色。秦庄襄王3年（公元前247年），信陵君合五国之兵攻秦，在河外打败蒙骜，并乘胜追击至函谷关。此后，因秦数次行反间计，魏王疑心信陵君图谋篡位，遂罢其上将军之职，信陵君从此称病不朝。劲敌已去，秦军复持续不断地进攻魏国。秦王政二年，秦将军麃公领兵攻卷（在今河南原阳县西），斩魏兵3万。四年，蒙骜率兵又攻占了魏氏篸、有诡两邑。这一年，称病不朝好酒及色的信陵君死去。秦国得到消息，派兵加紧攻打魏国。秦王政五年，秦派蒙骜攻魏，得酸枣、燕、虚等20城，秦在其地建立了东郡。此后，秦军几乎是连年攻魏，秦王政十六年（公元前231年），在秦军的猛烈进攻下，魏国被迫献地于秦，

以换取暂时的平安。

但是，秦军的目标并非仅满足于夺取部分魏地。在统一大潮的推动之下，继灭掉燕、赵之后，秦王政二十二年（公元前225年），秦王命王贲率帅自燕地南下，直取魏都大梁，以黄河水灌城，三个月后，大梁城墙被汹涌的河水冲塌，魏王假投降，秦军遂尽占其地，并设置了砀郡（郡治在今安徽砀山县南）进行管理，战国初期曾威震诸侯的魏国至此灭亡。

大约100年以后，年轻的司马迁游历到大梁，听到当地人说因为魏王罢退信陵君，才使魏国势衰败导致灭亡，马司迁很不以为然。后来，他在《史记·魏世家》终卷处写下了这样两句话："天方令秦平海内，其业未成，魏虽得阿衡之佐，曷益乎？"

毕竟还是司马迁的见识高远，看清了历史发展的趋势，道破了问题的实质。

六、洞庭波兮木叶下，斩将俘王灭熊楚

楚国自其始便是一个与众不同的国家，它先是作为商的盟邦而存在，入周后又具有相当大的独立性，经常同周人兵戈相见。周成王之时，封熊绎于楚蛮，封以子男之田，姓毕氏，楚遂正式成为一方诸侯。周夷王当政，王政衰败，楚君熊渠乘机而起，兴兵伐庸、杨粤，将统治区域扩大到长江中游，并且自豪地以蛮夷自居，不与周之号谥，立子为王。春秋初期，立都于郢（今湖北江陵）。此后楚之国力更加壮大，不断地兼并周围小国，使疆域达千里之广，并北上争霸，庄王跃登霸主之位。到战国中期，楚国实力仍有增无减，楚怀王曾驱师破魏、攻齐、灭越，一度为纵长，组织山东诸国合纵攻秦，楚国的疆域由此又扩大到苏、浙一带。但是，秦国派张仪游说楚国，成功地离间了楚与齐的盟友关系，破坏了诸国的合纵，再加上楚国政治日益腐败，社会矛盾逐渐尖锐，楚国的实力迅速衰弱，秦军遂乘机大举攻楚，掠夺了大片土地，甚至将楚怀王也骗到秦国，扣住不放，以此威逼楚国割地予秦。楚国不予理睬，立顷襄王。秦昭襄王闻言大怒，

战国四公子雕像

于公元前 289 年发兵攻楚，大败楚军，斩首 5 万，并且夺占了楚国 15 座城池。

连年不断的兵燹战祸带来了巨大的灾难，使楚地满目疮痍，人民不得不背井离乡，四散逃亡，没有人能再发现和欣赏"袅袅兮秋风，洞庭波兮木叶下"的意境了，人们看到的只是——

民离散而相失兮，方仲春而东迁。去故乡而就远兮，遵江夏以流亡……

自此，楚国的有志之士便锲而不舍地为抵御强秦重振楚威而努力。

春秋战国之际，由于生产方式发生了巨大变革，使学术下移，导致士阶层逐渐活跃起来。各诸侯国为富国强兵，纷纷延揽人才，养士之风得以兴起。最著名的养士者，在战国中后期，有齐之孟尝君，赵之平原君，魏之信陵君和楚之春申君。

作为楚国的贵族，春申君黄歇从政的目标便是复兴楚国。初出茅庐，楚顷襄王派黄歇使秦。鉴于秦昭襄王欲联合韩、魏南下攻楚的形势，黄歇上书秦昭襄王，请求秦王仔细考虑秦、楚两虎相斗的严重后果。他指出，秦与韩、魏两国的关系远非亲密无间，而是有"累世之怨"，秦国在以往对韩、魏的攻夺，已经使两国"本国残，社稷坏，宗庙毁"，人民更是遭受了巨大的灾难："刳腹绝肠，折颈摺颐，首身分离，暴骸骨于草泽，头颅僵仆，相望于境，父子老弱系脰束手为群虏者相及于路。鬼神孤伤，无所血食。人民不聊生，族类离散，流亡为仆妾者，盈满海内"，两国之仇秦可谓入骨矣！黄歇警告秦昭襄王，秦借助两大仇国攻楚，是太过危险了。

黄歇又不厌其烦地指出秦军攻楚在地理上的不利因素：秦军南进势必借路韩、魏，如此，则有后顾之忧，唯恐这两个仇雠之国断其退路；若不借路两国，则秦军只能沿随水右岸攻楚，然当地山高林密，河川纵横，环境不利，即便占领了这些地方，也没有什么实际的用处，是所谓"有毁楚之名而无得地之实也"。

黄歇的上书的确揭到了秦国的痛处，秦昭襄王暂时放弃了预定的与韩、魏连横攻楚的计划，派使臣到楚国去，约为与国。但是，仅凭一纸上书，不可能给楚国带来长时期的和平，公元前279年，秦昭襄王令白起攻楚，白起领兵水淹了鄢城（今湖北宜城市东南），歼灭了楚防卫郢都的主力。第二年，白起便十分轻松地攻占了楚都郢，火烧了楚先王墓夷陵，楚王只好把国都迁到了陈（今河南省淮阳县）。

沉重的打击使得楚国军心涣散，民心不稳，重振国威云云，不啻梦幻。

黄歇的真正发达是在考烈王即位以后，他被任命为相、封为春申君，并得到了大片封地，从此他开始招致宾客，辅国持权，其兴楚之梦开始成为现实。几年间，他率兵解赵邯郸之围，北伐灭鲁，以荀卿为兰陵令。《史记》本传云："当是时，楚复强。"

然而，这个说法是不准确的。楚国的所谓"复强"，是在秦加紧了对三晋的进攻，放松了对楚国的攻伐才实现的，这一点，在秦昭襄王接受范雎远交近攻的建议后变得更为明显。在春申君相楚的25年中，楚国的政治仍然是传统而腐朽的贵族政治，他没有在内政方面进行过任何改革；他自己就是当时贵族政治的最大受益者，不仅其财富可敌国，甚至他的许多食客也都蹑以珠履，与人夸富争荣。这正是腐朽贵族侈靡生活的典型体现。因此，由这样的人长期主持国政，楚国的"复强"根本不可能实现。只有

这样理解，才能说明：当秦国再度攻楚之时，为什么楚国并不比其他诸侯国坚持得更久。所以，我们只能说，由于秦国暂时放弃了攻楚，使楚国得到了几十年的喘息时间，得以舔愈自己的疮口，但其躯体，却始终没有强壮起来，它只是一头大而乏力的弱兽而已。

秦王政二十一年（公元前226年），北方的秦军还未攻下燕都蓟城之时，另一支秦军即在王贲的率领下，奉秦王之命攻楚。这是自公元前276年，楚从秦军手中收复黔中15邑50年以来，秦军第一次南下攻楚（公元前235年，秦曾助魏伐楚）。王贲是名将王翦之子，为将不堕家风，指挥部下迅速出击，大败楚军，夺取了楚国10余城。

历史已经证明，此番进攻不过是秦王灭楚的一段序曲。第二年，秦王将王贲从前线调回，派他去攻魏，王贲不负使命，水灌大梁，灭掉了魏国。至此，三晋皆亡，南下攻楚的进军路线已完全畅通，秦军再无后顾之忧，秦王遂下达了灭楚的命令。

千里进军，最要者莫过于选将。是年秦王35岁，其统一事业开展得如日行中天，正是血气方刚、年轻气盛之时。当时被秦王列为候选攻楚主将的人有两个，其一为李信。李信年少壮勇，敢于孤军深入，曾提兵数千追击燕太子丹，大破燕军于衍水。秦王因此很喜欢他，认为李信德勇齐备，是个优秀的将才。秦王首先很客气地问李信：我想灭掉楚国，将军您看需要投入多少兵力？李信十分肯定地回答：20万人足够了。秦王又去请教老将王翦，王翦却认为攻楚非60万人不可，秦王很不以为然。他的结论是："王将军老矣，何怯也。李将军果势壮勇，其言是也。"秦王遂派李信、蒙恬（清人梁玉绳认为应为蒙武）为将，领兵20万伐楚。战役进行之初，李信、蒙恬打得十分顺手。李信攻平舆（今河南平舆县北），蒙恬攻寝（今安徽临泉县），大破楚军，随即又分别攻占了鄢（今湖北宜城市东南）、郢（今湖北江陵），然后两军会师于城父（在今河南襄城西）。

长途奔袭，缺乏后方的有力支援，最忌孤军深入或行动迟缓，所以李信在入楚之后兵分两路，以互为犄角之势去抵消不能依托后方的不利影响，且其行动迅速，如风如电，以避免敌方集中重兵形成围剿之势，应当说，李信的这些决策完全正确，没有错误。有人说这些行动表明了李信轻敌冒进，故而不久即大败亏输。这个说法也很有商榷之处，倘若李信果真"轻敌"，李信便不会采取上述行动，他应该当面锣对面鼓地同楚军干上一仗，毕其功于一役才对，这样做才更符合"轻敌"的逻辑。李信所犯的错误是：第一，他对楚国"百足之虫，死而不僵"的情形并不了解，知己而不知彼，等于先输了一半；第二，李信对攻楚战略的理解有误，将相机歼灭楚军有生力量的决战，变成了一场奔袭战，因此不注意去调动楚军，诱而歼之。显而易见，兵力的大小在这里是重要因素，但并不是决定性因素。由于李信的失策，在他同蒙恬会师城父以后，失去了犄角之势，被楚军集中优势兵力，一举打败秦军，攻入两壁，杀七都尉，李信、蒙恬领着残兵败将仓皇逃回了秦国。

秦王接到兵败的报告，十分恼火，他开始认识到是由于自己命将的失误，导致了伐楚的失败。此时王翦已经退休，在频阳（在今陕西富平县东北）老家养老。秦王亲自赶到频阳，先是很诚恳地向王翦承认了自己的失误，请他出山，重披征袍，他说：我因为不用将军之计，命将李信，果然使秦军失败受辱。现在楚军连日向西推进，将军虽然有病，难道忍心不帮我吗？王翦推辞道：老臣患病沉重，头脑也不好使了，唯愿大王再选良将率师出征。秦王毕竟是一国之君，不肯再容王翦说下去，立刻制止道：好了，将军不要再说了！王翦不得已，遂重提前议，非60万人不可。这一次，秦王痛痛快快地答应了。但是，王翦心里却还有一个隐忧。出师那天，秦王亲自到灞上送行，可见他对王翦的付托之深。王翦当面向秦王索要良田美宅，秦王不解他何以如此，王翦说是为子孙留些家当。秦王放声大笑。兵至函谷关，王翦又派人回咸阳请秦王赐田。部下也对他的举动感到不理解：将军如此乞求赏赐，有点过分了。王翦遂道出了自己的隐忧和乞赏的原因："秦王性情粗暴，不能用人不疑。如今倾全国之兵交我统领，如果我不多乞赐田宅留给子孙，以此消秦王之虑，秦王就会怀疑我有异志了。"

王翦免除了后顾之忧，得以专心指挥进兵。秦王政二十三年（公元前224年），楚国君臣闻报秦倾全国兵马南下，亦倾国中兵力以拒之。本来远离后方深入敌国作战，利在速战速决，然而王翦此番却一反常规，下令秦军筑壁坚守，不准出战；本应坚守以逸待劳的楚军反而沉不住气，多次向秦兵挑战，秦军不予理睬。王翦亲与士卒同食，鼓励士气，养精蓄锐，准备大战。在这种情况下，楚军沉不住气，犯了战略性错误，向东移动。王翦立刻抓住战机，提兵追杀，士气高昂的秦军大败楚军，夺取了陈以南到平舆间的大片土地。紧接着，秦军乘胜攻占了楚都寿春（今安徽寿县西南。公元前241年，楚王自陈迁都于此），生俘了楚王负刍。秦王亦亲临郢、陈指挥作战。

秦王政二十一年（公元前226年），曾协助秦王镇压叛乱的昌平君也发动了叛乱，失败后亡命楚国。秦军攻克寿春以后，楚将项燕率兵在淮南拥立昌平君为荆王，打起了反秦的旗号。秦王政二十四年（公元前223年），王翦、蒙武麾师至蕲（今安徽宿县东南）之南，与项燕指挥的楚军展开了决战，楚军大败，昌平君和项燕皆死于乱军之中。

秦王政二十五年（公元前222年），屡建奇勋的王氏父子在战略决战计划的南北两翼同时发起进攻。北翼王贲攻燕辽东，俘燕王喜，回师灭代，虏代王嘉；南翼王翦统得胜之师，进兵江南，很快平定了这片广大的楚地，并降服了臣服于楚的越君。至此，立国800年的楚国被灭亡。秦王于此前后在楚地设置了楚郡（治所在今河南淮阳县）、九江（郡治在今安徽寿县）、长沙（郡治在今湖南长沙市）和会稽（郡治在今江苏苏州市）等四个郡，楚地尽入秦之版图。

七、四十余年不受兵，兵不血刃俘齐王

临淄，战国时期东方最富庶的工商业城市，有居民七万户，"车毂击，人肩摩，连衽成帷，举袂成幕，挥汗成雨，家敦而富，志高而扬"，苏秦的这番话，形象地描述了临淄的繁华。

临淄还是当时著名的文化中心。齐威王、宣王时期，作为学术和教育中心，为百家争鸣的思想自由论争的大潮所推动，稷下学宫开始兴盛起来。临淄城南有稷山，南门名稷门，位于附近的学宫因名

稷下学宫

稷下。当时许多文学游说之士来此评述时事，谈辩学术，臧否人物，达数百千人之多。其中如孟子、邹衍、荀子、淳于髡、田骈、接予、慎到、环渊等皆是名扬天下的饱学之士，他们在田齐统治者开放而宽松的文化政策下，一扫心态的封闭，思维的僵化，为各派思想的发展、融合和统一做出了贡献，稷下学宫遂成为当时文化由多元趋向一元、由争鸣趋向一统的象征。

经济发达、文化繁荣的齐国，在政治军事方面是否也异常强大，代表了一统天下的趋势呢？

春秋五霸，齐桓为首。杰出政治家管仲辅佐齐桓公，九合诸侯，一匡天下，大有振臂一呼，应者云集的气势。经济上的"通商工之业，便鱼盐之利"；政治上的举贤尚功，不拘一格；文化上的广开言路，兼收并蓄，使齐国充满了活力，远胜于在其南面的死抱着"亲亲尊尊"不放手，因而越来越无生气的鲁国。

公元前386年，田氏代齐，新兴地主阶级彻底掌握了齐国政权。齐威王通过经济、政治等方面的改革，使齐国国力大增，睥睨群雄，"一览众山小"。所以后来秦昭襄王要称帝，也不得不拉拢齐王同加衮冕，成为战国中后期的两霸。

齐王其实是个很昏庸的君主。在当时合纵连横闹得纷纷乱乱的形势下，他根本看不清秦国已成为山东六国最凶险的敌人，因而不能坚决合纵抗秦。

齐王对秦、赵两大强国皆怀有深深的戒心，所以他时而联秦伐赵，时而联赵攻秦，还时常筹划着在龙虎相啖食的夹缝儿中，抽调兵力，去攻夺小国的土地。

公元前286年，在同秦国争夺霸主的过程中，齐王如愿以偿，出兵攻灭了宋国。于是，"齐南割楚之淮北，西侵三晋，欲以并周室，为天子，泗上诸侯邹鲁之君皆称臣，诸侯恐惧"。此时，只要齐王善结诸侯，打消他们对齐的恐惧心理，就会造成"诸侯皆欲背秦而服于齐"的大好局面，西向以同强秦争夺天下统一权。可惜的是，齐王只是一个政治庸人，不能在继承祖先功业的基础上有所发挥，他没有派使节出使邻国，与之结好；在内政方面也是治理无方，百姓不堪。秦国乘机联络三晋及燕，共同对付齐国。公元前284年，燕将乐毅率燕、秦、韩、赵、魏五国联军伐齐，在济西和秦周连败齐师。然后，乐毅独领燕军挺进，攻入齐都临淄，尽取齐之重宝藏器。半年之内，乐毅连克齐国70余城，几乎灭掉了齐国。可笑齐王出逃境外仍要摆大国之君的架子，被卫人赶跑，邹、鲁亦拒其入境，最后被楚国派来任相的淖齿杀死。

临淄失守后，齐全境只有莒（今山东莒县）和即墨（今山东平度市东南）两城坚守不下，指挥者是田齐王室的一个远亲——田单。乐毅引兵围即墨，城内军民拥立田单为将军，将挽狂澜于既倒，解救齐国危难的重任寄托在他身上。

作为杰出的军事家，田单十分重视分化和瓦解敌方。他借燕惠王新立与乐毅不和之机，行反间计，扬言乐毅欲王齐，使燕惠王撤掉了乐毅。为瓦解燕军斗志，田单先是派老弱女子守城，遣使向燕诈降，又令即墨富豪贿赂燕将，燕军斗志由此松懈。田单还很注意鼓励己方士气，他身操版插，与士卒同甘共苦，将妻妾尽编于行伍之中，并尽散饮食以飨士卒。他利用城中祭祀先祖时飞鸟尽下来啄食的机会，宣称"当有神人为我师"，并果真使一齐卒假扮"神师"，借"神师"之口，宣自己之命，于是齐卒军心大振，燕军闻之则疑惧不定。为激起士卒对燕军的仇恨，抱定死战到底的

决心，田单扬言说："齐军就怕燕军在攻城时，派割掉了鼻子的齐国战俘打前锋，若如此，即墨就完了。"燕军信以为真，将抓获的齐卒统统割掉鼻子，守城军民见了，都非常愤怒，誓与即墨共存亡。田单还秘密派人向燕军散布说：齐人害怕燕人掘毁城外的先人坟墓，惊忧不已。燕军果然在城外掘墓焚尸，即墨军民见此暴行，无不声泪俱下，怒发冲冠，纷纷请求开城，与燕军决一死战。

田 单

田单见破燕时机已然成熟，下令征集了1000余头牛，给牛穿上画有五彩龙文的绛缯之衣，把兵刃绑在牛角上，在牛尾上扎上浸透了油的芦苇，把它们分别驱赶进几十个新挖的城洞里。半夜时分，燕军还在熟睡，田单一声令下，牛尾上的芦苇全被点燃，牛群被烧得狂吼乱叫，瞪着铜铃般的牛眼，挺着牛角上明晃晃的尖刀，发疯般地冲出洞口，冲向燕军。睡梦中被惊醒的燕军见"牛尾火炬"光芒冲天，牛身上皆为五彩龙文，不知何方神圣，吓得四处奔跑，许多人死伤在牛角双刃和牛蹄之下。此时5000齐军精锐亦掩杀上来，即墨城中老弱人等皆击打铜器，声震天地。燕军大败亏输，狼狈逃往北方。田单指挥齐军随后追击，一直追到燕、齐边界，尽收曾陷于燕的70余城。

田单大摆火牛阵，出奇制胜，于生死存亡之际拯救了齐国。然而齐国遭此一场浩劫，兵燹遍及全国，城乡残破，百姓流亡，社会经济遭到沉重的打击。更为糟糕的是，齐国君臣胸无大志，目光短浅，唯图苟安，不思秣马厉兵，再图复兴。至此，齐国的衰败是无可挽回的了。

不过，此时齐国还有一个被司马迁称为贤人的君王后。

君王后本是齐之莒地太史敫的女儿。齐王被淖齿杀死后，其子法章改名换姓，若丧家之犬，漏网之鱼，跑到太史敫家做雇工，隐藏起来。太史敫之女见他相貌不同一般，很可怜他的落魄，常背着家里人给他添衣加食。法章见她待自己很好，把实情告诉了她，太史敫女便自觉自愿地同法章做了夫妻。及至法章被齐大臣找到，拥立为襄王，太史敫女也被立为王后，生子建，故称其为君王后。

齐襄王死后，君王后的儿子田建于公元前264年继承了王位。此后，君王后可能也在一定程度上参与了齐国大政的决策。司马迁在《田敬仲完世家》中说："始，君王后贤，事秦谨，与诸侯信，齐亦东边海上，秦日夜攻三晋、燕、楚，五国各自救于秦，以故王建立四十余年不受兵。"这是说，君王后采取的是使齐国苟安的策略，媚秦、与诸侯和好等等，都是执行这个策略的结果。甚至当秦攻赵，赵向齐借粮，齐亦拒绝。当政者根本听不进臣下联赵抗秦的正确意见，致使秦在长平坑杀了赵卒40万，齐痛失矗立在国界之西的为自己消灾挡祸的铁壁铜墙。看来，司马迁加在君王后头上的这个"贤"字，要打几分折扣才好。

秦王政11岁的时候，君王后死了，一个叫后胜的人做了齐相。从以后的历史发展来看，后胜的唯一使命仿佛就是加速齐国的灭亡。秦庄襄王和秦王政两朝曾多次派人到齐去贿赂后胜，后胜也多次派门客赴秦，秦亦多赠金钱。使臣和门客们都苦苦地劝他不要同其他诸侯国合纵抗秦，不要加强战备，应当同秦成为友邦。后胜果真不修攻战之备，听任秦军的战车碾碎了其他山东五国。使齐、秦两国由过去的远距千里，变成如今的山水相连。轰轰隆隆的秦军战车的奔驰声已经飞到了齐国上空。这就是司马迁所说的齐王建即位"四十余年不受兵"的结果。

秦王政二十六年（公元前221年），齐王建的"太平"已经到了头。秦王乘灭燕、赵、楚三国之威，命将军王贲率得胜之兵自燕国南部南下攻齐。在后胜的操纵下，齐王建此时仍未布置防务，仅仅派兵封锁了西部边界。长期的苟安，使齐军缺乏训练，人不思战，因此王贲一军攻齐非常顺利，兵不血刃，开到临淄城下。

临淄作为姜齐和田齐的国都已达 630 余年之久，其大、小城的总面积达 60 余平方华里。高大宏伟的城墙，总长度达 2 万余米。城墙上开有 11 座宽敞的城门，连接着城内外纵横交错的道路。齐王宫是一片雄伟瑰丽的建筑群，坐落在小城的北部，是战国时期中国建筑艺术的杰出代表。

秦军开进了临淄，俘虏了齐王建。在城内，秦军未遭到任何抵抗。秦王政下令将齐王建放逐到共（今河南辉县），并在齐地设置了齐（郡治在山东省淄博市东）和琅邪（郡治在今山东胶南市东南）两个郡。

秦军兵占临淄，标志着秦统一六国之战的胜利结束。至此，长期处于分裂割据之中的华夏大地归于一统。秦王政为统一之战的胜利，为大一统政治格局的开创立下了不朽的历史功勋，正如明代异端思想家李贽在《史纲评要》中所说的："始皇出世，李斯相之，天崩地坼，掀翻一个世界。"

八、大势所趋归一统，雄才大略制六合

在短短 10 年的时间里，秦王嬴政在尉缭、李斯、王翦等文臣武将的辅佐下，以迅雷不及掩耳之势，闪电般歼灭六国，完成了波澜壮阔的统一进程，揭开了中国古代历史崭新的一页。唐代大诗人李白曾写过这样一首颂扬秦始皇的诗："秦王扫六合，虎视何雄哉！挥剑击浮云，诸侯尽西来。"这首诗描绘了千古一帝秦始皇威震六国、一统天下的雄姿和气概。但实际上，秦国论地不过千里，且偏居一隅；论习近戎俗，远不比文明日久的中原诸国。然而，"吞二周而亡诸侯，履至尊而制六合"的盖世奇举却最终由虎狼之秦来完成。史学家司马迁就认为此非天意而难为。历代学者对此也众说纷纭，莫衷一是。

具体分析，秦的统一，既是大势所趋，人心所向，也与秦国的地理优势、它与东方六国实力对比的逐步扩大密切相关，同时与秦王个人的雄才大略也是分不开的。

1. 大势所趋

秦的统一，在客观上讲，与长期历史演进特别是春秋战国以来所形成的必要社会经济基础分不开。随着各国政治经济的迅速发展，各地文化联系的不断加强，民族联系的日益巩固，政治上的分裂状态逐渐成为社会发展的绊脚石，统一正成为大势所趋。

西周以来，人们多使用简陋的木制和石制工具进行农业生产，个人很难单独完成繁重的生产劳动，人们通常在贵族田地里集中劳作，形成"千耦其耘"的局面。但是到了春秋时期，铁制工具开始广泛应用于农业耕作。铁农具无论是在数量上还是质量上都明显占据着主导地位。那时候，铁农具种类很多，有锸、锄、耙、镰、镢等等。这些铁农具的广泛使用，便利了砍伐树林、兴修水利、垦殖荒地和精耕细作，从而极大地促进了农业生产的发展。这一时期还出现了牛耕，时人常以"牛""耕"作为名或字，足见一斑。如，孔子弟子司马耕，字子牛；晋国大力士姓牛，名子耕。这说明，牛耕正成为当时人们习见的生产方式。到了战国时期，牛耕已经推广，人们还开始使用两头牛牵引的犁进行耕作。前尖后宽的V形犁铧极大加强了深耕刺土的功能，适应了深翻土壤、开沟起垄等主要农作环节的需要，是耕作技术的一大飞跃。铁器牛耕的广泛使用，使得小农生产成为可能，真正意义上的农业革命开始了。"公作则迟""分地则速"反映了个体小农取代集体农耕的时代精神，小农与新兴地主阶级开始登上社会历史舞台，也极大地推动了各国旨在发展小农以富国强兵的改革风潮。各国变革的程度又直接影响其国运的兴衰成败。

农业的发展还极大地促进了工商业的进步。战国时期，漆器、矿冶、煮盐等手工业都有长足的发展，并且已经有了固定的商品交易场所，如"市张列肆"等，还形成若干个地域性的商品交易市场。那时，东方的鱼、盐，南方的象牙、丝、竹，西方的皮革，北方的马匹、吠犬，甚至穷乡僻壤的金、银、铜、锡、驴、骡、姜、桂、丹砂、玳瑁、珠玑等都能运到中原地区交换。与此同时，一些大的都会相继形成，如齐的临淄、楚的郢、赵的邯郸等等。

行商坐贾竞相逐利，涌现出众多像范蠡这样的富商大贾。这些都为统一局面奠定了必要的经济基础。

随着工商业的发展，水陆交通也纵横交错，进一步密切了各地的经济、文化联系。这时的天下已如荀子所说的"四海之内若一家"，这就为统一提供了必要的社会基础。

从另一方面来看，政治上的分裂割据局面，越来越成为社会经济发展的桎梏。长期兼并战争耗费大量人力、物力和财力，极大影响农业生产，造成劳动力的锐减。各国统治者以邻为壑，反目成仇，则直接威胁到人民的生命、财产安全。各国城池遍设，关卡林立，横征暴敛，更是直接阻碍交通发展和经济、文化交往。这样一来，统一日趋迫切地提上了社会发展的日程。

2. 人心所向

统一不仅是历史大势，更是人心所向。自周平王东迁洛邑以来，长期战乱，分裂动荡，民不聊生，广大人民颠沛流离，背井离乡，无论哪个社会阶层都引颈期盼早日结束割据局面，能过上安定的社会生活。秦王政结束往日"兵革不休""流血满野"的惨局，赢得了"天下之士，斐然向风"的大好政治局面，这是中国古代历史的重大转折，也是秦迅速席卷六国的民众基础。

另外，从民族关系的角度看，华夏文明正经受北方游牧民族的袭扰，人们迫切希望建立统一的国家以加强边防，保护先进的中原农耕文化。战国时期，秦、赵、燕三国均面临着北方游牧民族如东胡、楼烦、匈奴等族的侵扰，尤以匈奴为害甚巨。三国尽管修筑长城，派遣精兵，但是长期的兼并战争，迫使其注意力不得不转向统治中心，致使边务废弛，民怨沸腾。匈奴更是乘机据有水草肥美的河套地区，这不仅严重威胁到边地民众日常生产、生活正常秩序，也对中原农耕文明构成巨大挑战。

3. 地理优势

秦国拥有得天独厚的地理优势。秦本土在今陕西关中一带，南山北原，

南北受敌的可能极小，西边戎狄散居，远不足以形成对强秦的威胁。东境之北段黄河自北而下，在风陵渡一带折而向东，东境南段为崇山峻岭，山与河形成东境的天然屏障，中间潼关以东至河南灵宝有一通路，是有名的桃林寨，谷深道险，战国时秦在今灵宝东北置函谷关，号称天险。外加崤山之屏，内有潼关之固，攻可以进，退可以守。秦自孝公时稳定地占有这一地理，从而占有了攻守自得、弹压列国的优势。秦国常常可以乘关外某国守备薄弱、有机可乘时骤然出兵攻击，而关外诸国几次组合纵联盟进攻秦军时，秦军则退守函谷关，以逸待劳，使关外联军无可奈何，自然解体退兵，落得劳民伤财。如楚国春申君黄歇有一次对合纵联军的将领们讲："伐秦之师屡出，皆以函谷关为事，秦人设守甚严，未能得志。即我兵亦素知仰攻之难，咸有畏缩之心。"黄歇的话反映了联军多次攻秦面临的最大困难。后来五国将领商议绕道蒲坂（今山西永济市西蒲州），偷袭潼关，结果在潼关又被秦军击败。战国时代贯穿始终的矛盾斗争是强国的兼并与其他国家对强国的联合制衡，战国前期魏国强大，但魏处列国中心地带，几乎无险可守，四面受敌，终被齐、秦及韩、赵诸国削弱，后来齐、秦强大，其他多国联合攻破了齐国，正想专力对秦，却在秦本土之外望函谷关而兴叹，无奈秦何。如果秦国没有占据优越的地理条件，它以一强对付六国，恐怕也无法占优势。

西周是由关中（函谷关以西为关中）出发而东向占有天下的，秦国是关中出发而统一海内的，秦之后的刘邦是以关中为根据地而打败西楚霸王，建立汉朝的，这一问题不能不引起人们的重视。关中为渭河之滨，土地肥沃，宜于农业，在古代当属经济发达区。同时，在古代车骑作战的条件下，它三面隔敌，东面又地势优越，易守难攻。这些特点在华夏族占有区绝少，谁占有了关中，谁就一并占有了经济上的富庶区和军事上的地理总优势，谁就占有了对天下的战略控制权。关中成为古代许多统一王朝发迹地的原因恐怕就在这里。

还在西周末犬戎之祸后，周平王组织群臣讨论由镐京迁都洛邑的问题，年近90的老司徒（掌管国家土地和人口的官职）卫武公就发表见解说："夫镐京左有崤函，右有陇蜀，披山带河，沃野千里，天下形势，莫过于此。洛邑虽天下之中，其势平衍，四面受敌之地，所以先王虽并建两都，然宅西京，以振天下之要，留东都以备一时之巡。吾王若弃镐京而迁洛，恐王室自是衰弱矣。"卫武公把关中镐京和关外洛邑作了比较，充分肯定了居镐京而镇天下的战略优势，并估计到了都洛邑而致王室衰弱的结局。后来的事实证实了卫武公分析的正确性。不久秦国占有了关中，秦大夫百里奚向秦穆公分析说："夫雍岐之地，文武所兴，山如犬牙，原如长蛇，周不能守，而以界之秦，此天所以开秦也。"蹇叔也认为："秦僻在西土，地险而兵强，进足以战，退足以守。"后来西汉初的杰出政治家贾谊分析秦能统一天下的原因时也提到："秦孝公据崤函之固，拥雍州之地。"（《过秦论》）关中的地理优势使它在古代军事政治方面占有极重要的战略地位。

战国中期，秦国一直拥有人才优势，拥有适应战争需要的社会机制和兼并天下的优先权，尤其是自夺得河西之地后，完全占有了一种得天独厚的地理优势。战国时先后曾兴盛起来的国家有魏、齐、秦，它们均在自己的兴盛期受到其他国家的联合制衡，其中唯秦国凭自己独有的上述优势打破了多国的制衡，最终兼并了天下。

4. 天降大任

统一的客观条件虽已成熟，但是统一大业最终由秦国来完成，这并不只是历史的偶然。在战国七雄中，最有资格荣膺大任的则非秦莫属。

始皇不是"从布衣而为天子者"，而是"从千乘而得天下者"。他有着显赫家世，出身王公世家，有着霸王之胄。正如上一节提到的，嬴秦先人的政治发迹史为始皇提供了极其丰厚的政治遗产。秦国历代苦心经营几百年，随着国力的上升，不断鲸吞列国，疆土迅速扩大。至公元前246年嬴政即位之时，包括秦本土，秦的疆域已东至今河南中部，西至甘肃，南至西川、鄂西，北至山西中部。皇皇大国，远非昔日建国之初所可比了。素不为山东大国正眼相瞧的秦国，已没有哪一国可以匹敌的了。

我们从秦赵长平之战就可见一斑。长平之战是战国时期规模最大的一次战争，也是中国古代战争史上大型歼灭战的著名战例。公元前262年，秦包围韩上党，郡守冯亭不愿降秦，献地于赵，引发史无前例的长平（今山西高平西北）之战。起初，秦国并没有占到便宜，赵国老将廉颇坚守长平达3年之久。公元前260年，秦军成功施用反间计，放言廉颇老弱，迟早投降，秦军所害怕的只有名将赵奢之子赵括。昏庸的赵孝成王不听蔺相如及赵奢之妻的劝阻，执意起用纸上谈兵的赵括为将替代廉颇。秦昭襄王见反间计成功，秘密派遣能征善战的白起为上将军。赵括率大军盲目出击，白起则正面佯败后退，另遣两路奇兵抄袭赵军后路，将赵军团团围困。赵军困守46日，不得突围，械尽粮绝，士卒自相残杀，赵括不甘坐以待毙，亲率精兵突围，竟被秦军活活射死。赵军群龙无首，军心大乱，被迫投降。白起担心降军造反，竟将40余万赵军全部坑杀活埋。战国晚期，各国相继衰落，只有赵国比较强大。此战之后，赵国地位一落千丈，强秦优势地位更是不可撼动。秦王嬴政秉承先辈遗烈，虽年少即位，但此时的秦国已是"地方数千里，师名百万，号令赏罚天下不如"了。这正是他大展宏图的绝佳时刻，一场更加惊心动魄的兼并战即将拉开序幕了。

5. 雄才大略

公元前246年，嬴政即秦王位，年仅13岁。少年嬴政性情乖张，孤僻，多疑，暴戾，这与他随父客居赵国充当人质的经历有关。另外，他的身世众说纷纭，布满疑云。母后奢侈淫乱，也给他的心理布下不少阴影。日后他多次将母后逐出宫中，而且自己从未封后，大抵与他的早期经历有关。

当时，秦国一些官员夹在两大集团之间无所适从，常常长嗟短叹："与嫪氏乎？与吕氏乎？"嫪氏即颇得嬴政母后宠幸的假宦官嫪毐，吕氏即辅政相国吕不韦。随着两大集团权势的发展，他们争权夺利的斗争日趋白热化。少年嬴政忍气吞声，主动示弱，待他22岁亲政后，即刻诛杀起兵作乱的长信侯嫪毐，随后又免"仲父"吕不韦相国职，并逼迫其服毒自杀。嬴政摆平两大政敌，就为他"独制其民"，集中王权，扫清了棘手的障碍，这也突出地反映了他冷静果敢的政治智慧。

如果说顺利铲除嫪、吕两大政治集团反映了嬴政的政治智慧，那么他听从李斯《谏逐客书》之议，收回驱逐客卿成命，承继秦国重用客卿的传统，则更是突出反映了他在政治上的成熟。嬴政不仅没有诛杀企图借大修水利拖垮秦国财政的水工郑国，反而让他继续主持修建了关中水利，千里沃野卒成良田。他不拘一格，任人唯贤，任用年仅12岁的甘罗为相以出使赵国，任用曾经有过失的姚贾做使臣，封李斯为廷尉执掌刑法，命尉缭为国尉统领全军，诸如此类，不一而足。这些客卿都在秦的统一大业中立下赫赫功勋。他不仅用人唯贤，而且知人善任。伐楚时他先用自恃年轻有为的李信，既而勇敢承认轻敌错误亲赴老将王翦家中强请其领兵出征，一举灭楚，完成了统一征程的重要一站。反观六国，不谓无才：有孟尝、平原、信陵、春申四公子，有田单、吴起、孙膑、赵奢等将领。相对而言，六国失在人不得用，才不得伸。如魏人张仪因求事魏、楚不得才辗转至秦；魏国人范雎在魏国竟几被冤屈致死；赵王听信谗臣郭开之言拒廉颇而杀李牧。人得其用，人尽其才，这是强秦统一的制胜法宝。

嬴政的雄才大略还突出反映在他为统一制定的正确得当的战略策略方面。他采纳尉缭的离间之计，定下金帛利诱与武力打击相结合的方略，不仅派姚贾携重金出使山东，破坏反秦四国同盟，而且在对齐、赵等国的统一兼并战争中重金贿赂离间君臣，可以说这一策略百试不爽。秦国还重用魏人张仪推行"事一强以攻众弱"的连横政策，以对抗公孙衍、苏秦等人"合众弱以攻一强"的合纵政策，不仅多次离间像齐、楚联

秦始皇

盟那样的多国同盟，还使一些小国"朝秦暮楚"，无所适从。我们注意到，张仪之所以成功离间齐、楚，在很大程度上归结于他不惜重金，巧舌如簧。由于措施得当，也由于各国利害不一，六国之间从未结起有威慑力的巩固同盟，成不了什么大气候。因此北宋文学家苏洵在其《六国论》中指斥六国败在自己而不在强秦。除了成功施行重金、连横等策略以外，嬴政在兼并战争中还创造性地发挥了由范雎提出而历代秦统治者沿用的"远交近攻"策略，先对距秦较近的三晋（即韩、赵、魏）用兵，伐燕虽在灭魏之前，也大抵与荆轲刺秦有关。最后才灭楚、齐。这样不仅可以各个击破，还便于转运兵粮。

第四章 / 功臣名将

一、百里蹇叔兼由余，强秦先祖三功臣

1. 奠基之相百里奚

百里奚，（约公元前726—公元前621年），姜姓，百里氏，名奚，字子明，春秋虞国（今山西平陆北）人。春秋时虞国大夫，后入秦做大夫。晋献公借道伐虢灭了虞国，俘获百里奚之后，用他做秦穆公夫人出嫁时陪嫁的奴隶送到秦国。百里奚逃离秦国跑到楚国宛邑（今河南南阳）。后入秦做大夫，为秦穆公时贤臣，著名的政治家、思想家，又称"五羖大夫"，是秦穆公用五张黑羊皮从市井之中换回的一代名相。

百里奚

在主持秦国国政期间，百里奚"谋无不当，举必有功"，辅佐秦穆公倡导文明教化，实行"重施于民"的政策，让人民得到更多的好处，并内修国政，外图霸业，开地千里，称霸

西戎，统一了今甘肃、宁夏等地区，开始了秦国的崛起。这一时期，秦孝公称之为"甚光美"的时代。史载百里奚"三置晋国之君"，"救荆州之祸"，"发教封内，而巴人致贡；施德诸侯，而八戎来服"，使秦国成为春秋五霸之一，为秦国最终统一中国奠定了牢固基础。

2. 开霸之相蹇叔

蹇叔（约公元前690—公元前610年），春秋时宋国铚邑（今安徽省淮北市濉溪县临涣镇）人，曾任秦国右相。是先秦著名的政治家和军事家。为百里奚推荐，秦穆公任为上大夫。公元前628年，秦穆公欲袭郑，他加以谏阻，认为长途偷袭，军易疲劳，郑亦会有备，穆公不听，仍派孟明视东征。时其子亦在军中，他泣送其子，断言秦军定在崤山为晋所败。结果，秦军至滑（今河南偃师东南），知郑已有防备，返途到崤山（今河南省洛宁县东宋乡王岭村交战沟）被晋军所伏击，全军覆没，主帅孟明视等被俘，穆公深悔不听其言。

3. 定霸功臣由余

由余，姬伯服的子孙，原本是晋国人，流亡到了戎地，会说晋国语。戎王听说秦穆公贤能，所以派由余到秦国考察。秦穆公用计拜其为上卿，由余为之出谋划策，帮助秦国攻伐西戎，并国二十，开地千里，称霸西戎，使秦穆公位列春秋五霸之一。由余的子孙以他的名字为姓氏，形成由姓和余姓。

二、中兴功臣属商鞅，二次变法强国势

商鞅（约公元前395—公元前338年），战国时期政治家、改革家、思想家，法家代表人物。卫国（今河南省安阳市内黄县梁庄镇）人。卫国国君的后裔，姬姓，公孙氏，故又称卫鞅、公孙鞅。后因在河西之战中立功获封商於15邑，号为商君，故称之为商鞅。

众所周知，秦国是靠商鞅变法才重新走上强国之路的。众人也相应地推知，商鞅是一位主张法治的改革家，但是却少有人知道他原来是一位儒

门出身的士人。

商鞅投奔到秦国，通过秦孝公的内侍宠臣景监的关系，曾三次用不同的道术进说秦孝公：第一次用的是"帝道"，第二次用的是"王道"，第三次用的是"霸道"。这里的"帝道"和"王道"，便是儒家师传的托名"五帝""三王"的以仁义道德为手段的治国安邦之术。

然而无论是"帝道"还是"王道"，都引不起孝公的兴趣。虽这两次进言商鞅都说得头头是道，攀谈的时间也不算短，可坐在商鞅对面的秦孝公就是提不起精神，"时时睡，弗听"。下来后，孝公更是

商鞅塑像

气恼地责备景监："你推荐的客人真是无知，根本就不堪使用！"惹得景监也不停地埋怨商鞅。

不过商鞅并不慌张，原来他前两次进说都是试探性的，或许他早就预料到秦孝公会有这样的反应，因而他徐徐地对景监说："请您再安排一次我与君上的见面，我已知道如何说动他了。"

果然，第三次会见下来，孝公便高兴地对景监说："你推荐的客人不错，我完全可以和他说到一起去。"景监赶忙把这个消息告诉给商鞅。商鞅实话对他说，他这次讲的是"霸道"，即春秋五霸使用的富国强兵、谋取霸业的治术。看来，孝公已有意任用他了，下一次谈话，他将更知道如何中孝公之意了。

往后的接见都是孝公主动安排的。那时人们居住的房屋里还没有常见的桌椅板凳之类，屋子的地面上铺上席子和皮褥，大家都席地而坐。所谓

"坐"，不过如同以后跪的姿势：两膝着地，两小腿朝后，而臀部坐于脚后跟之上，孝公就这样与商鞅膝盖对膝盖地坐着交谈。商鞅细细地为孝公剖析他的致秦富强的治术和宏图，孝公专心致志地听着，不知不觉，竟将自己的两个膝盖移到靠商鞅一面的席子前边。如是一连几日，毫不生厌。

就这样，商鞅迈出了自己成功的第一步。这一步的迈出应当首先得益于他的机敏和识时务，同时也来自于他在学术上的兼收并蓄，否则，他死守着自己最初从儒门那里学来的一套"帝道"或"王道"，他可能早就被打发回老家了。

商鞅向秦孝公所谈的一套"霸道"，后人将它归之于法家的治术。其实儒法两家，在开始并不那么水火不容。早期的法家，多数都与儒门有些瓜葛，或者是从儒家阵营中分出的，如李悝、商鞅皆是。商鞅之所以要另学一套"刑名之术"，或另外总结出一套如春秋霸主那样求取霸业的治术，其目的不外乎就是要适应当时各国纷争，以富强德而不被世人所重，最终只落个像瓠瓜那样"系而不食"的结果。要参与社会要在当世建功立业，就只有调整自己，走与儒门祖师爷孔子正统教导的一套不同的道路。这条路，他是认准了。

后来，商鞅为答复景监向他提出的"你到底用什么方法使得我们的国君对你那样感兴趣"的问题时说："我开始劝说君上行帝王之道，并说这可以使秦国的治绩盖过禹、汤、文、武、周公时的三代治世，然而君上回答我说：'那样的治世太遥远了，我不能等待。一个聪明的君主，应当现实地考虑到在自己的有生之年能够做出成绩来，好使自己扬名天下，怎能寂寞地期待数十百年以后才得以实现的帝王之业呢？'所以我改用强国之术说君，才说得他十分高兴。不过此类强国之术所达到的成就比起开创盛世来，可就有些差距了。"事情很清楚，是秦孝公宁愿求取现实的富国强兵的霸业，而不愿"邑邑待数十百年以成帝王"的态度，决定了商鞅在术业上的选择。秦孝公的这种心态，认真地说，也是由当时的社会环境决定的。在当时绝大多数国家的统治者身上，恐怕都存在着秦孝公的这种心态。

另一位也曾在魏国施展过才能，又在楚国担任令尹（楚的最高行政长官）的吴起一生的选择更多。他本是卫国人，第一个拜从的师父是曾参。这是一位在孔门72弟子中以德行和善于反躬自省著称的先生。按照曾子的训导，首先应当遵守的是孝道，但吴起为了求仕，一直在外游学，以至母亲死了也没顾得归家。曾子知道此事后大为反感，一怒之下，与吴起断绝了关系。于是吴起到了鲁国，改学兵法，以其谋略一度任为鲁将。但因人进谗，他又为鲁君谢绝，不得已来到魏国，担任魏文侯的将。据说他在魏国再拜子夏为师，但从他的行政及驭兵方法来看，他所崇尚的仍是执刑赏那一套。他待士兵如亲子，与最下级的士兵同衣食，行军不坐车，宁肯背着干粮与士卒同行。有在战斗中受伤化脓的伤员，吴起甚至亲自为之吸吮伤口。这使得士兵都乐于为之效死。吴起指挥的大小数十次战斗，没有一次遭到败绩的。然而他仍然遭到他人的谗毁，继文侯之后即位的魏武侯开始疏远吴起。最终，吴起选择了使他的事业达于顶峰的楚国。他在那里厉行与李悝变法同样性质的改革，明申法令，节财练兵。加上他的用兵才能，使楚国在短时间内，就"南平百越北并陈、蔡，却三晋，西伐秦"，强大到使诸侯畏惧的地步。

综观吴起的一生，不仅在术业上多有所转移，而且不忌讳不断地转移自己建功立业的地点，选择最适宜于施展自己才能的地方。虽说战国时期人员流动是个特点，但像吴起那样不断孜孜以求地在四处谋取仕进者，还是少的。这一点无疑也给了商鞅以很大的启发。他选择秦国也不是偶然的，因为他早就说过"良鸟择木而栖"的话。

商鞅和吴起一样，都是卫国人，只是他的出身更高贵些，属于"卫之诸庶孽公子"，所以他本名叫卫鞅，又称公孙鞅。"公孙"即表明其贵族的家庭出身。"商鞅"的称呼，乃是因为他在秦国被封于商的缘故。可能经过战国初期的社会分化，王公贵族的诸庶出子弟已不再享有许多特权了，故而年轻的卫鞅也不得不投入士的行列，自学些本事，以求出路。

商鞅到秦国后，很快就向孝公提出一系列致秦富强的建议。

这些建议，有的直接就是给秦孝公的上奏，有的则是用论文的方式，对某些问题进行详细的阐释。它们都保留在商鞅留给后人的文化遗产——《商君书》里面。

秦孝公六年（公元前356年），在秦的国都栎阳（今陕西临潼区），新被任命为左庶长（时为军政长官，相当于各国的卿）的商鞅发布了如下新法：

（1）"令民为什伍，而相收司连坐。"即将全国人民编入户籍，五家为一伍，十家为一什，使互相监视。一家犯罪，其余各家连坐。

（2）严禁藏匿犯罪的"奸人"："不告奸者腰斩，告奸者与斩敌首者同赏，匿奸者与降敌者同罚。"

（3）鼓励大家庭分居。对不实行分居的有两个成年男子以上的大家庭，采取加倍征收赋税的方法进行惩罚。

（4）奖励军功。对立有军功者，根据其杀敌的首级数赐以不同的爵位（为此，秦制定了20等军功爵作为辅助措施）。同时，对私斗者进行惩罚，使"各以轻重被刑大小"。

（5）奖励农业，对努力生产，"耕织致粟帛多者"，"复其身"——除其本身徭役。

（6）惩罚商贾，把他们与农村中的"怠而贫者"同列，罚没他们的家庭为官奴婢。

（7）令宗室（秦公家族）贵族中无军功者，不得再列入宗室的簿籍，不再享有相应的爵禄。

（8）按照新制定的爵位制度，明确各等级的尊卑，享有取得相应级别的田宅、奴隶及服用标志其身份的衣服器用的权利："有功者显荣，无功者虽富无所芬华。"

八项新法，互为关联，一下子震惊了秦国全体臣民。

秦孝公十年（公元前352年），因新法的初步成功，商鞅被升为大良造。这是新制定的20等秦爵中的第16级，是时秦国尚未设立丞相一职，取得大良造爵位的官员，实际职务已相当于丞相兼将军。又过了两年，即孝公十二年（公元前 350 年），乘着第一次试验的成功，商鞅又颁布了他的第二次变法令。

新的变法条款是在秦的新都咸阳颁发的。迁都的时间也在这同一年。但是在迁都之前，秦已在咸阳建好了城楼宫殿，特别是按照商鞅的意思，还在宫廷外建筑了一座高大的门阙，谓之"冀阙"。这种建筑是商鞅的发明，基本形状是在两个高台上架设楼观，观下两台中央为通道，门在两旁。它的主要用途是用来发布朝廷的法令、文告等，后世称之为"象魏"。商鞅的第二次变法条例就挂在上面——当时公布法律已不采用铸刑鼎的方式了。不用说，此建筑本身即表现了商鞅的法治精神。

这次颁布的新法只有四条：

（1）"令民父子兄弟同室内息者为禁"。

（2）"集小乡邑聚为县，置令、丞，凡三十一县"。

（3）"为田开阡陌封疆，而赋税平"。

（4）"平斗桶权衡丈尺"。

第一条是对前次变法中"民有二男以上不分异者倍其赋"的补充和发展，原来虽不提倡但仍允许存在的大家庭制度，现在被明令禁止。第二、三、四条皆出于加强中央集权和对财政经济管理的考虑：重新划分全国为 31 县，是为了加强对地方行政的管理；开阡陌封疆，是要将原来井田上的界限打开，按照国家新确立的对个体家庭的授田数，将土地重新分配给个体家庭，以达到均平赋税的目的；统一度（丈尺）量（斗桶）衡（权衡），则是为着国家分配土地上和征收各种赋税的需要。这些内容，显然都是对上次变法的深化或完善。

第二次变法令的施行，遇到的阻碍少多了。贵族们尽管心里怨恨，但公开跳出来反对的却很少。只有一个例外，那就是上次已被施以劓刑的公子虔，又因反对而对他施以劓刑（割去鼻子）。

商鞅凭着自己铁的手腕，依靠孝公的支持，终于使新法在秦国的黄土地上扎下了根。两次变法，使秦国的面貌发生了根本变化。司马迁在《史记》

记录商鞅变法后耕作景象的石刻

中记载道，新法"行之十年，秦民大悦，道不拾遗，山无盗贼，家给人足，民勇于公战，怯于私斗，乡邑大治"。从前说新法不便的，现在也改口赞扬新法的好处了。自然，商鞅在秦国乃至在各诸侯国中的威信也树立起来。

商鞅为秦的强大立下了汗马功劳，亦相应地受到孝公的嘉奖，他被封予商（今陕西商县东南）、於（今河南内乡县东）两地 15 处城邑，号为"商君"。驷马高车，仆从如云。在博取高官厚禄这一方面，他可以说是攀登到了士大夫所能达到的顶峰。

俗话说，物极必反，物盛则衰。商鞅没有想到，在他走过 20 多年仕途，并且经历了人生最辉煌的一段路程之后，他会最终落得个身首异处的悲惨下场。公元前 338 年（秦惠文王元年），仍是在商鞅发布第二次变法令的咸阳闹市，已被秦国士兵抓住杀死的商鞅复被当众处以车裂的极刑。他的家属亦尽数被斩首示众（因被判处灭族）。市民观者如林，然而一个个都表情木然，没有一人表现出同情怜悯的神色。商鞅之死，在秦人中间并未引起过多的反响。或许人们早习惯于在商鞅制定的严密法网下生活，不可能也不愿意对上面的任何变化发表议论。

商鞅的《商君书》一书，也称《商子》，现存 26 篇，是战国时期法家学派的代表作之一，着重论述商鞅一派在当时秦国施行的变法理论和具体措施。

《商君书》论述了大量愚民政策以及法家士子为帝王稳固政权，剥夺百姓人权的观点。例如:《商君书》中认为国家与人民是矛盾的关系。人民强大，则国家虚弱。所以想要国家强大，则必须削弱人民。能够战胜强敌、称霸天下的国家，必须制服本国的人民。只有使人民愚昧无知、朴实忠厚，人民才不易结成强大的力量来对抗国家和君主，这样国家才会容易治理，君主的地位才会牢固。《商君书》中认为人性本恶，必须承认人之恶性，治理国家要以恶治善才能使国家强

《商君书》书影

大。《商君书》中主张重刑轻赏，他认为加重刑罚，减少奖赏，是君主爱护民众，民众就会拼命争夺奖赏；增加奖赏，减轻刑罚，是君主不爱护民众，民众就不会为奖赏而拼死奋斗。

《商君书》的文体多样。议论体有《农战》《开塞》《划策》等十数篇，或先综合后分析，或先分析后综合，兼用归纳演绎，首尾呼应。有时也运用比喻排比对比、借代等修辞手法。《徕民》篇运用了"齐人有东郭敞者"的寓言，以增强说理的效果和形象性，说明体有《垦令》《靳令》《境内》等篇，是对秦政令的诠释。辩难体有《更法》，通过人物对话相互驳辩来阐述中心论点，司马迁录入《史记·商君列传》（文字有改动），用以表明商鞅的主张。

三、辅秦有功大良造，合纵抗秦公孙衍

公孙衍（生卒年不详），名衍，战国时期魏国阴晋（今陕西省华阴市东）

人，曾仕魏，任犀首之官，人因以"犀首"称之。战国时期著名的政治家、外交家、军事家、纵横家，和张仪同时，于秦国为官，是张仪的连横策略的主要对手。

1. 谋取河西

与张仪一样，公孙衍也是魏国人。商鞅死后，公孙衍被秦惠文王任命为大良造，积极谋划，向魏国发起攻击。

由于商鞅变法，秦国正日益强大。在此之前，齐国经过马陵之战，全歼魏国 10 万大军；秦国通过进攻河西，诱俘魏国主将公子卬。魏国屡战屡败，主力尽失。秦惠文王继位后虽然杀了商鞅，重用公孙衍，但商鞅制订的法令仍在继续施行。

公元前 333 年，公孙衍任大良造后，很快率领秦军向魏国发起了进攻。此时的魏国既缺精兵，又缺良将，根本抵挡不住秦国的强大攻势，只好割地求和。他们所割让的阴晋（今陕西华阴东)，位于魏国与秦国的交界之处，也是公孙衍的家乡。50 多年前，魏国名将吴起正是在这里以区区 5 万武卒打败了秦国的 50 万大军，从而长期占据河西之地。

河西是秦国通向中原的门户。战国时期，各个国家对粮食的控制都很严，经常利用粮食问题来卡对方的脖子。魏国占据河西之地，死死地压制着秦国，卡死了秦国通往中原的道路，迫使秦国只能与魏国做生意。秦国不甘心受到魏国的盘剥，多次进攻河西，但都没有能够打通中原通道。

公孙衍当然明白河西之地的战略地位。中原是当时各地的商品集散地，控制着各国的粮食命脉。只有走向中原，才能拥有充足的粮食补给，才能在战略上处于主动。但是，对于秦国来说，只有占据河西之地，才有可能走向中原。

魏国被迫割阴晋与秦国修好，秦国东进中原的一颗钉子被拔除了。秦惠文王掩饰不住内心的喜悦，立即把"阴晋"这个魏国意味的名字，改为了带有秦国色彩的"宁秦"。

此后，公孙衍再度率军进攻河西要塞，俘虏魏国主将龙贾，斩首 8 万。

经此一役，秦国已实际占据了河西之地。魏惠王便顺水推舟，把河西地区割让给秦国，向秦国求和。

魏惠王割让河西之后，派人重金贿赂公孙衍。于是公孙衍向秦惠文王提出，趁秦魏暂时和好之机，进攻别的国家。

就在这时，张仪来到了秦国。他告诉秦惠文王，魏国四面受敌，正是伐魏的良机。公孙衍顾私利而忘公义，让秦国进攻西面的游牧民族，实属误国之举。魏国有霸主的根基，如果它缓过劲来全力攻秦，秦国恐怕就很难对付了。

秦惠王被说得如梦初醒，立即起用张仪为客卿。公孙衍遭到排斥，不得不离开秦国，到魏国做了将军。

2. 首倡合纵

此时，魏国已经千疮百孔，国力衰退。于是，公孙衍就想拉拢别的国家，靠联合出击取胜。他首先找到齐国名将田朌，动员他出兵一起进攻赵国，还说只要出兵5万人，就可以很快打败赵国。田朌认为他说得太容易了，恐怕以后会带来大麻烦。公孙衍说，如果说得太难了，两国的国君就不同意出丁。等出兵之后，两国国君见有危险，肯定会派兵增援的。后来果然如此，赵国被联军打得大败。

合纵首尝胜果，引起了秦国的高度警觉。为防止齐、楚、魏合纵对秦国带来的威胁，张仪软硬兼施，极力破坏公孙衍的合纵策略。他亲自率兵攻打魏国，迫使魏国依附秦国，又与齐、楚两国大臣相会，拉拢齐、楚，成功地破解了三国合纵。

当时，魏国宰相惠施也主张合纵，多次陪同魏惠王朝见齐威王。魏惠王与齐威王互相推尊为王，又派太子出使齐国为人质，与齐国结盟。但是，由于张仪的破坏，合纵策略暂时遭到失败。在这种形势下，公孙衍开始拉拢韩、赵、燕、中山四国，发起了历史上著名的"五国相王"事件。

所谓的"五国相王"，就是说，这五国一起互相承认对方称王。由于魏国早已经称王，韩国也在此前称王，这样就等于抬高了另外三国的君主

杜虎兵符

身份，达到合纵的目的。

公孙衍发起"五国相王"，目的当然是联合各国，与秦国对抗。此做法遭到了齐、楚国等国的反对，秦国更是极力破坏。为了拉拢魏国，楚国打算废掉魏国现任太子，立在楚国的魏公子为太子，还派兵攻打魏国，占领8个城邑。

在各大国的反对下，"五国相王"以失败而告终。

3. 出任魏相

合纵再次失败后，魏国开始全面倒向秦国。于是，罢免了主张合纵的宰相惠施，改任张仪为魏国宰相。

此时，秦国虽然已经对外宣布免去张仪的相职，但张仪实际上却是身兼两国宰相，目的是更有效地推行他的连横策略。在此之前，为彻底打开通往中原的通道，张仪曾率军猛攻魏国，攻取了多处战略要地，把魏国的势力赶出了黄河以西。通过多次争夺，秦国已完全掌握了黄河天险，控制了东进中原的要道，进可攻，退可守，对各国威胁很大。

张仪当上魏国的宰相后，秦国便向魏国和韩国借道进攻齐国。齐威王派军应战，顽强抵抗，大胜秦军。

秦国的这场失败，使张仪的连横策略遭受挫折。魏国内部主张亲齐的势力再次抬头。齐、楚两国要求驱逐张仪，魏国也派出使者到楚、赵、燕等国游说，争取合纵。

公元前319年，魏国把张仪逐回到秦国。公孙衍主张合纵，而且得到了东方各国的支持，被任命为魏国宰相。

公孙衍登上魏国相位，标志着东方各国的合纵联盟再次形成。公孙衍说服诸侯，组织起魏、赵、韩、燕、楚五个国家的兵马，联合出兵攻打秦国。但由于各国利害不同,各国君主各有打算,实际出兵的只有韩、赵、魏三国。

联军气势汹汹攻到函谷关,遭到秦国出兵反击,结果竟不堪一击,一战而溃。魏国遭受损失较大,转而向秦国请求讲和,于是五国纷纷退兵。秦国乘胜追击,攻打没有求和的赵国。齐国也落井下石,趁机进攻赵国。赵国连遭惨败,大将几乎丧尽,损兵8万多人。"五国伐秦"宣告失败。

4.再任韩相

公孙衍发动五国合纵攻秦失败后,魏国大臣田需乘机指责、中伤公孙衍。魏襄王不再信任公孙衍,魏国大权接着由田需所掌握。公孙衍在魏国待不下去了,打算到韩国去。

公孙衍对中伤自己的田需十分不满,于是就向魏襄王建议请齐国公子田文接替自己当宰相。魏襄王同意后,公孙衍到齐国请来了田文,自己则去韩国当了宰相。

这样,公孙衍为韩国宰相,田文为魏国宰相,而且取得齐国宰相田婴的支持,合纵的形势又好转了。

公孙衍虽然被排挤出了魏国,但他的政敌田需等却仍然无法高兴起来。继任宰相田文是惹不起的齐国公子,此时还没有什么知名度,但不久便大放异彩,史称"孟尝君"。

在公孙衍的策划下,新一轮的合纵运动已经紧锣密鼓地展开。秦惠文王为此深感不安,决定发兵攻打韩国。战斗打响后,韩国明显不占优势,其他盟国竟然无人发兵相救。

前线日益吃紧,主张和秦连横的韩国大臣公仲朋,建议割地讲和,与秦国一起伐楚。楚怀王听到这个消息,急忙做出出兵救韩的样子,让战车停满了通向中原的大道。韩国接到报告,非常高兴,立即下令取消了入秦求和的计划。

秦王大怒,下令向韩国发起更加猛烈的进攻。两军相持一年多,韩军被打得大败。公孙衍无力回天,只好逃走。

5. 无力回天

公孙衍极具战略眼光，他不仅注重联合东方各国，甚至把秦国西方的小国义渠，也拉进了合纵伐秦同盟。

义渠是西方游牧民族政权，多年来始终与秦国为敌。在公孙衍积极组织合纵之际，义渠的国君恰好来到魏国。公孙衍求见义渠君，告诉他，秦国和东方各国交战时，就会奉上重礼讨好义渠；与各国和平时，就会掠夺义渠。他希望义渠国君警惕这一点，不要被秦国所蒙蔽。后来，秦国出动大军攻打韩国时，献上"文绣千匹、好女百人"与义渠修好。义渠君果如公孙衍所言，趁机发兵攻打秦国，大破秦军。由于本土遭到破坏，秦国不得不暂时放弃对六国的战争。

然而，公孙衍虽然组织了多次对秦国的进攻，却几乎均以失败而告终。当然，这并不意味着他的策略是错误的，而说明各国离心离德，根本没有很好地贯彻他的合纵策略。

"鄂君启"错金铜车节

纵观战国局势，实力雄厚的，向来靠拳头说话；实力较弱的，只能靠外交手腕。公孙衍首创的合纵策略，是当时弱小国家对抗强秦以求得生存的最好策略，甚至是唯一办法。如果各国能够按照他提出的策略团结起来，共同抗秦，那么天下局势就会发生改变，历史也会改写。合纵的失败并非公孙衍的失败，而是各国君主的失败。当时，已经无人能把那些目光短浅、形形色色的君主们凝聚到一起，他们患得患失、左右徘徊，即使公孙衍倾尽心血，也是无力回天。

公孙衍是战国时期著名的政治家、外交家，合纵事业的创始人，与张仪齐名。但史书关于他生平事迹的记载并不详细，流传下来的事迹也不多。《史记》有公孙衍传，系附于张仪传。《战国策》中只有几条零星的记载。

从史籍记载来看，公孙衍在韩国担任宰相，率军与秦国作战失败后，再次回到了魏国。但魏国朝廷钩心斗角，公孙衍没有能重新登上历史舞台。据《韩非子》记载，他与大臣张寿有积怨，田需对他也怀恨在心，于是田需派人杀掉张寿嫁祸于他。魏王误以为是他杀的，就把他杀掉了。

然而，作为一代风云人物，公孙衍的历史功绩是永不磨灭的。在战国中后期，正是因为他，东方各国对强秦才有了几次有较大影响的进攻，历史才变得更加波澜壮阔。当时就有人曾说他和张仪"一怒而诸侯惧，安居而天下熄"，声势都足以倾动天下。在他去世后，他所开创的合纵大业日益深入人心，精妙绝伦的外交大战仍在继续上演。

6. 力战张仪

人们通常认为，苏秦和张仪为政敌，分别是合纵、连横的倡始者，彼此相互攻击，为同时之人。《史记》和《战国策》都是这样记载的。但是，据马王堆汉墓出土的帛书《战国纵横家书》记载，苏秦死于公元前284年，张仪死于公元前310年，苏秦比张仪晚死26年。有学者依据此书考证认为，张仪在前，苏秦在后，当张仪在秦国当宰相时。苏秦还是没有登上政坛的年轻人，根本没有和张仪打过交道。张仪的真正对手是公孙衍，公孙衍才是合纵策略的倡始者。魏国与齐国的关系由徐州相王而得到缓和，但秦国在西边却连续向魏国发起进攻，西边的西河、上郡相继落入秦国之手。魏国感到只靠本国的力量是不能抗拒秦国进攻的，于是有公孙衍发动的"五国相王"之举，企图联合三晋与燕、中山国，来抵御大国的进攻。就在"五国相王"的当年（公元前323年），楚国就向魏国发起进攻，楚将昭阳在襄陵打败魏军，夺去8个邑。"五国相王"可称为公孙衍的一次"合纵"运动，但仍敌不过楚国，因此魏惠王对"合纵"政策动摇，接受了张仪"以魏合于秦、韩而攻齐、楚"的政策，任命张仪为相。主张联合齐、楚以抗秦的惠施被摘相印，到了楚国，后又到宋国。惠施得以去魏相，是张仪"连横"政策的胜利。

魏惠王相张仪，是想利用秦国的力量对抗齐、楚的压力。张仪却是"相

魏以为秦，欲令魏先事秦而诸侯效之"，是要魏国投靠秦国。魏惠王当然不能就范，秦惠文王于是生气，出兵攻打魏国的曲沃（今山西闻喜）、平周（今山西介休西，或说今山西灵石境）。这样，张仪的"连横"政策又受到挫折。

公孙衍是张仪的政敌，张仪在魏国推销"连横"政策，公孙衍就出来加以阻拦，要赶走张仪。于是派人到韩国去把张仪合秦、魏是"魏攻南阳，秦攻三川"，魏王重用张仪，是"欲得韩地"的目的告诉了韩国大臣公叔。公孙衍称，如果韩重用他公孙衍，秦、魏的交易就可以被阻止，并且可以达到"魏必图秦而弃仪，收韩而相衍"的目的。公叔认为此计很好，"因委之犀首以为功"，把国事委于公孙衍。

秦国咄咄逼人的东进政策，令东方各国生畏，纷纷支持公孙衍的"合纵"。齐国于是"以事属犀首，犀首受齐事"，燕、赵两国"亦以事属犀首"，接着楚国也"以事因犀首"。魏惠王见4国属公孙衍以事，"亦以事因焉。犀首遂主天下事，复相魏"。此即所谓"犀首""佩五国相印，合纵连横"的一次"合纵"运动。

公孙衍在魏惠王后元十六年代替张仪为魏相国，乃于次年合东方六国攻秦，推楚怀王为纵长。联军至函谷关（今河南灵宝东北），"秦出兵击六国，六国兵皆引而归，齐独后"。这次参加的国家有魏、赵、韩、燕、齐、楚。由于联军组织不严密，故被秦军击败。次年，秦派庶长樗里疾在修鱼（今河南原阳县西南），把参加联军的韩、赵、魏3国军队打得大败，斩杀8万人，这次"合纵"攻秦的战争就失败了。

公孙衍为了牵制秦国的兵力，还联合少数民族义渠同秦对抗。在秦军与三晋军队交战时，义渠军发兵向秦进攻，在李帛打败秦军。

这次六国"合纵"攻秦，虽以失败告终，它的声势却是十分显赫的。

此战之后，公孙衍的事迹史无所载，其人也不知所踪。

四、张仪连横抗六国，巧舌如簧破联盟

张仪（？—公元前310年），魏国贵族后代。他和苏秦是同学，也曾师从于鬼谷子，学习纵横之术。

苏秦已在赵国展开合纵活动，担心秦国进攻赵国，破坏他的合纵计划。因此，他派人告诉张仪说："你和苏秦是好友，苏秦让你到秦国去游说，必有显达的前程。"张仪因此到赵国去，感谢苏秦的指点。谁知苏秦故意冷落和怠慢他，数天后才予接见，让他坐于堂下，赐以下人吃的酒食，还批评说："以

张　仪

你的才能，困辱至此。我无法使你富贵，你还是自寻出路吧！"张仪好生着恼，赌气到了秦国，暗暗说："你搞合纵，我就搞连横，看我们谁更厉害！"

张仪离去，苏秦吩咐一名舍人说："张仪，天下贤士，我不如他。日后执掌秦国朝政者，必是张仪。但是，我怕他人穷志短，容易满足小利，故召而辱之，以激其意。现在，你去替我侍奉他，莫要流露出是我的意思。"舍人照办，携带金币、车马和仆人等，供张仪随意使用。张仪顺利地见到了秦惠文王，说以连横之术，受到信用，被封为客卿。

苏秦的舍人请求回归赵国。张仪说："我依赖你才得显贵，正欲报德，何故去也？"舍人吐露实情，说自己这样做，完全是苏秦的指使。张仪恍然大悟，这时方才明白苏秦的苦心，感叹说："嗟乎！此在吾术中而不悟，吾不及苏君明矣！"

公元前328年，秦惠文王任用张仪为相国。他记着在楚国受到诬蔑的

情景，写信给楚相昭阳说："我当年没有偷盗和氏璧，而你却无端地鞭笞我。你善守国，且看我怎样夺取你们的城池！"

张仪为相后的第一件事是怂恿秦惠文王称"王"。然后率兵进攻魏国，迫使魏国将上郡（今陕西北部）的15个县献给秦国。他甚至跑到魏国去，游说魏惠王说："秦王之遇魏王甚厚，魏不可以无礼。"魏惠王听信其言，居然任命他为魏国的相国。

后来，魏国驱逐张仪，张仪继续为秦国国相。公元前316年，张仪和秦将司马错一起，攻取了巴蜀（今四川）之地。秦国占有巴蜀"天府之国"，版图扩大，物力充裕，国力更加强盛。

张仪于秦，最大的贡献还在于拆散楚国和齐国的联盟，为秦国实施各个击破战略提供了条件。公元前313年，张仪到楚国去，游说楚怀王，鼓动楚国和秦国结为亲戚，承诺说："楚国若绝齐向秦，那么秦国愿意把商（今陕西商州区）、於（今河南西峡；於，读作乌）六百里土地，划给楚国。"楚怀王昏头昏脑，"大悦而许之"。群臣皆贺，唯独陈轸说："秦国之所以重视楚国，原因在于楚、齐联盟。楚国绝齐，就会陷于孤立。楚国孤立了，秦国为什么还要把六百里土地送给楚国呢？张仪回秦，死皮赖脸，拒不承认他所说的话，怎么办？楚国失掉齐国这个盟国，又要和秦国发生冲突，那时就会两面受敌。臣为大王着想，不如跟齐国打个招呼，假装断交，派人随张仪到秦国去，商、於之地到手，再向秦绝齐不迟。否则，我们楚国就继续执行联齐的政策。"

陈轸所言，不失为稳妥之法。可是，楚怀王昏庸糊涂，一面宣布与齐国断绝关系，一面任命张仪为楚国国相。然后，他派一位将军随张仪赴秦，准备接受张仪允诺的600里土地。张仪将至咸阳，假装从马车上摔了下来，脚部受伤，其后三个月没有参加朝会。楚怀王等得心焦，以为秦国怀疑楚国绝齐的诚心，遂派人到齐国去，公开谩骂齐宣王。齐宣王大怒，立刻表示愿和秦国改善关系。张仪看到时机已经成熟，方才参加朝会，接见楚国将军，说："秦国将给楚国六里土地。"楚国将军非常恼火，说："我奉命前来接受商、於六百里土地，怎么会是六里呢？"张仪一口咬定，抵赖说自己承诺的就是六里土地，而不是 600 里，差距如此悬殊，肯定是楚王误会了自己的意思。

楚国将军回报楚怀王。楚怀王方知上当，恼羞成怒，命令将军屈匄率兵攻秦，想用武力夺取商、於之地。秦军早有准备，痛击楚军，斩首 8 万，俘获屈匄等 70 余位将军，并攻占了楚国的汉中，即汉水中游一带地方。楚怀王气急败坏，调集新军，进行反攻。双方在蓝田（今湖北钟祥西北）打了一仗，楚军依然大败。楚怀王灰头土脸，不得已只能屈服求和。

公元前 311 年，秦国向楚国提出建议，愿意退还汉中的一部分，换取黔中（今湖南西南）。楚怀王负气，说："只要交出张仪，不用还地，情愿割让黔中。"秦惠文王犹豫不决。张仪了解楚国的情况，主动请求前去楚国，说："臣和楚国靳尚友善，靳尚又深得楚王夫人郑袖信任，郑袖的话，楚王无不听从。再说，秦强楚弱，臣奉陛下之命前去，楚王必不敢杀臣。即使楚国杀了臣，秦国得到黔中之地，臣也无怨无悔。"

张仪到了楚国，楚怀王将他关押，准备杀害。靳尚接受了张仪的贿赂，拜访郑袖说："夫人将被打入冷宫，知否？"郑袖愕然，说："这是为何？"靳尚煞有介事地说："秦国将给我们大王送来一位美女，其随从都是天姿国色的歌女和舞女，陪嫁中还有六县的土地。大王一旦宠幸秦女，夫人你还不被打入冷宫吗？"郑袖说："那该怎么办？"靳尚说："不如劝大王赦免张仪，张仪回去，就能取消秦国嫁女的事情。"

郑袖害怕自己失宠，日夜鼓动楚怀王释放张仪，说："人臣各为其主。张仪欺骗楚国，是因为他忠于秦王；楚国没有给秦国土地，张仪前来，是因为他尊重大王。大王杀了张仪，秦国必然发兵攻楚，后果不堪设想。若此，大王还是先将臣妾母子迁往江南，毋为秦国鱼肉也！"楚怀王宠爱郑袖，没有主见，果真释放了张仪。事后，他又后悔，派人追赶张仪，可是张仪已经回到秦国了。

这年，张仪又曾出使楚国、韩国、齐国、赵国、燕国，游说各国诸侯

张仪

为妻妇行窃大夫名掉三

寸舌任尔纵横

张 仪

与秦国友好。返回途中，秦惠文王病死，秦武王继位。秦武王素来讨厌张仪，许多大臣也鄙夷张仪的为人，说："张仪无信，左右卖国以取容。秦国再重用他，必为天下所耻笑。"公元前310年，张仪被迫离开秦国，前往魏国。不久，死在魏国。

在秦惠文王一代，张仪对秦国的发展，有着重要的作用。张仪，魏国人，是战国时代著名的纵横家。张仪到秦国推销"连横"思想，受到秦惠文王重用，拜为秦相。张仪上任后，首先"欲令魏先事秦而诸侯效之"，拉拢魏国不过是他连横活动的一步棋。张仪在连横之初曾指出："夫秦之所以弱者，莫如楚，而能弱楚者莫如梁。"魏国是合纵的核心，楚国是合纵举足轻重的砝码。魏国既服，如果进而制服楚国，合纵自然会失去根基和力量，难以取得成效。当时，楚联齐抗秦，使秦国的发展大受影响，因此破坏齐、楚联盟是秦国关键的一步。张仪随后将连横目标转向楚国。张仪以口头承诺的商於之地600里作为齐、楚断交的条件。不能得地，遂发兵击秦，但却两败于秦，楚的汉中也为秦所有。这样，就使秦国本土与巴蜀连成一片，不仅消除了楚国从南方来的威胁，而且使巴蜀丰富的物质资源畅通无阻地运向关中，这对秦国迅速壮大起了重要作用。于是继魏国之后，楚国也成了张仪连横政策的俘虏。张仪在秦惠文王一代的外交，不管是弱魏还是弱楚，目的都是为了拆散六国的合纵联盟，张仪的贡献也集中体现在这里。

五、主将魏章左庶长，丹阳一战威名扬

魏章本为魏国人，后投奔秦国，与张仪一同侍奉秦惠文王。

公元前 313 年，楚怀王派屈匄等三名大夫联合齐国夺取了秦国的曲沃（今河南省陕县西南），继而包围于中（今河南省西峡县东）。秦惠文王畏惧楚、齐联军，于是派张仪出使楚国，以割让商於（今河南省淅川县西南）之地 600 里为诱饵，引诱楚怀王解除楚、齐联盟。楚怀王贪图商於之地的富庶，不听陈轸的劝告，果然中计。楚怀王一面派使者与齐国解除盟约，一面派使者随张仪到秦国接收土地。

张仪回到秦国后假装从车上掉下来受伤，一连三个月没上朝，不见楚国使者。楚怀王以为这是与齐国断交不彻底的原因，于是派勇士宋遗到齐国辱骂齐宣王，齐宣王大怒转而与秦国缔结盟约。张仪见秦、齐两国结盟后才上朝面见楚国使者，告诉楚国使者并非割让商於之地 600 里，而是自己的封地六里。楚国使者回国后将此事转告给楚怀工，楚怀王得知被骗后大怒，转而与齐国联合，一面命屈匄猛攻秦国的干中；一面任命杜国景翠为主将，包围秦国的盟国韩国的雍氏（今河南省禹县东北）。而齐国也趁机出兵，联合宋国包围了秦国的盟国魏国的煮枣（今山东省东明县南）。秦惠文王发兵三路，一路由左庶长魏章率领救援商於，一路由甘茂率领攻占楚国的汉中，一路由右更（主管这些部队的长官之一，属于九卿之一）樗里疾率领联合韩、魏两国反击楚、齐。

公元前 312 年，樗里疾所率领的秦军与韩军在雍氏击败景翠的军队，继而与魏章的部队会合。秦、韩联军与楚军在丹阳（今河南省淅川县丹水和淅水交汇处一带）交战，楚军大败，被斩首 8 万，楚国大将军屈匄及裨将军逢侯丑等 70 余名将领被俘，屈匄被俘后遭处决，秦军乘胜夺取楚国汉中之地 600 里，设立汉中郡。秦军同时联合魏军在濮水击败了包围煮枣的齐军，俘虏了齐将声子，齐将匡章败逃，秦、魏联军乘胜攻打了燕国。

楚怀王得知战败的消息后大怒，增调全国的军队深入秦国境内，秦、

秦始皇帝陵博物院展出的仿秦石甲胄

楚两国战于蓝田（今陕西省蓝田县），楚军大败。韩、魏两国也趁机出兵，一直打到邓（今湖北省襄阳市北），迫使楚国撤军，楚怀王被迫割让两座城池与秦国议和。

秦惠文王死后，其子秦武王继位，张仪、魏章失宠。公元前310年，张仪、魏章被秦武王驱逐至魏国，此后魏章事迹再无记载。

六、智囊右相樗里子，名将甘茂定汉中

1. 东攘智囊樗里疾

樗里疾（？—公元前300年），又称樗里子、严君疾，嬴姓，赵氏，名疾，战国时期秦国宗室将领，秦孝公庶子，秦惠文王异母弟，其母为韩国人。

樗里疾待人接物能说会道，足智多谋，所以秦人都称他"智囊"。

秦惠文王八年（公元前330年），封樗里疾为右更，派他率兵攻打魏国的曲沃，他驱逐了那里所有的人，占领了城池，将曲沃周围的土地全部并入了秦国。秦惠文王二十五年（公元前313年），秦惠文王命他为将军攻打赵国，俘虏了赵国将军赵豹，夺取了蔺邑（今山西离石西）。第二年（公元前312年），他又协助魏章攻打楚国，打败楚将屈匄，夺取汉中。因功受封于严道（蜀郡有严道），号为严君。

秦惠文王二十七年（公元前311年），秦惠文王去世，太子秦武王即位，驱逐了张仪和魏章，任命樗里疾和甘茂为左右丞相。秦武王派甘茂攻打韩国，一举攻下宜阳，同时派樗里疾率领百辆战车进抵东周都城。周赧王派士兵列队迎接樗里疾，对他甚是恭敬。楚怀王得知后十分气愤，便责骂周赧王，认为他不应当这样敬重秦国的不速之客。游腾便替周赧王劝说楚怀王道："从前知伯攻打仇犹时，曾用赠送大车的方法，让军队跟在大车的后

面，结果消灭了仇犹。仇犹为什么失败呢？就是因为知伯让他失去戒备之心啊。齐桓公攻打楚国时，声称是讨伐楚国，实际上是想偷袭蔡国。当今的秦国如狼似虎，派樗里疾率百辆战车进入周都，居心叵测。周王是以仇犹、蔡国的教训来看待这件事的，因此派手持长戟的兵卒位于前面，命佩带强弓的军士列在后面，表面说是护卫樗里疾，实际上是把他看管起来，以防意外。再说，周王怎能不担忧周朝的天下呢？恐怕一旦亡国也会给大王您带来麻烦。"楚怀王听后才转怒为喜起来。

秦武王四年（公元前307年），秦武王去世，秦昭襄王即位，樗里疾更加受到敬重。秦昭襄王元年（公元前306年），樗里疾率兵攻打蒲城。蒲城的官员十分恐慌，便求胡衍出主意。胡衍便出面替蒲城官员求情，对樗里疾说："你攻打蒲城，是为了秦国，还是为了魏国？如果是为了魏国，那倒不错；如果是为秦国，则未必有利可图。因为卫国之所以成为一个国家，就是由于有蒲城存在。现在您攻打它势必迫使它归附魏国。魏国失去西河之外的城池却无法夺回来，原因就在于兵力薄弱。现在您攻打蒲城使卫国并入魏国，魏国就会强大起来。魏国强大之日，也就是贵国所占西河之外城池的危险之时。况且，秦王要察看您的此次行动，若有害于秦国而让魏国得利，秦王定要拿您问罪。"

樗里疾听后说："那该怎么办呢？"胡衍趁机说："您放弃攻打蒲城的打算，我试着替您到蒲城说说这个意思，让卫国国君不忘您给予他的恩德。"樗里疾同意，胡衍回蒲城后，就对那个官员说："樗里疾已经知道蒲城困厄的实情了，他声言一定要拿下蒲城。不过，我胡衍能让他放弃蒲城，不再进攻。"

樗里疾塑像

蒲城长官十分恐惧，听了胡衍的话，像是见到了救星，对他拜了又拜连声说："求您施恩救我们。"于是献上黄金300斤，又表示说："秦国军队若真的撤退了，我一定把您的功劳报告给卫君，让您享受国君一样的待遇。"因此，胡衍从蒲城得到重金而使自己在卫国成了显贵。这时，樗里疾已解围撤离了蒲城，回兵去攻打魏国城邑皮氏，皮氏没投降，樗里疾只好撤离。

秦昭襄王七年（公元前300年），樗里疾去世，葬在渭水南边章台之东。

右丞相樗里子与精通韬略的左丞相甘茂，二人相得益彰，推动大规模对外战争，扩张秦国版图，为后来秦国统一中国打下坚实根基。

2. 东攘名将甘茂

甘茂（生卒年不详），姬姓，甘氏，名茂，下蔡（今安徽颍上甘罗乡）人，战国中期秦国名将。秦国左丞相。

甘茂曾就学于史举，学百家之说，经张仪、樗里疾引荐于秦惠文王。周赧王三年（公元前312年），助左庶长魏章略定汉中地。返回秦国后，秦武王任命甘茂为左丞相，任命樗里子为右丞相。秦武王三年（公元前308年），武王对甘茂说："我想乘坐垂帷挂幔缝的马车，通过三川之地，前去看看周朝的都城，这样就算是死去也是满意的了。"甘茂就主动请缨对武王说让自己说服魏国，让魏国连同自己一起去攻打韩国。但魏国并没有想攻打韩国就让甘茂先回到秦国，向武王禀告。

后来，甘茂向秦昭襄王提出，把武遂归还给韩国。向寿和公孙奭竭力反对这么做，但没有成功。向寿和公孙奭因此而怨愤，常在秦昭襄王面前说甘茂的坏话。向寿，是宣太后的娘家亲戚，与秦昭襄王从少年时就很要好，所以被秦昭襄王任用。甘茂恐惧，怕有不测，便停止攻打魏国的蒲阪，乘机逃亡而去。

甘茂在逃亡的途中，在函谷关到了苏代（苏秦的弟弟），甘茂就问苏代："您可曾听说过江上女子的故事？"苏代回答说："没听说过。"甘茂跟苏代就讲了这个江上女子的故事，在江上的很多女子中，有一位家中贫穷的女子，女子们想方设法地将这位家贫无烛的女子赶走，在这位女子准备离开时跟女子们说："我没有蜡烛，所以总是先到打扫屋子、铺席子。你们不过就赐一点余光给我而已，又妨碍到你们什么了呢？"女子们认为她说的还是有一点道理的，就将她留了下来。甘茂对苏代说："现在由于我自身的原因没有才能被秦国赶了出去，我愿意在函谷关为你打扫屋子、铺席子，希望你不要赶我走。"苏代答应了甘茂让齐国重用于他。

齐国派甘茂出使楚国，楚怀王刚刚与秦国通婚结亲，对秦国亲密得很。秦昭襄王听说甘茂正在楚国，就派人对楚怀王说："希望把甘茂送到秦国来。"楚怀王向范蜎询问说："我想在秦国安排个丞相，您看谁合适？"范蜎回答说："我的能力不够，看不准谁合适。"楚怀王说："我打算让甘茂去任丞相，合适吗？"范蜎回答道："不合适。那个史举，是下蔡的城门看守，大事不能侍奉国君，小事不能治好家庭，他以苟且活命、人格低下、节操不廉闻名于世，可是甘茂侍奉他却很恭顺。因此，就秦惠文王的明智，秦武王的敏锐，张仪的善辩来说，甘茂能够一一奉事他们，取得十个官位而没有罪过，这是一般士人难以做到的。甘茂的确是个贤才，但不能到秦国任丞相。秦国有贤能的丞相，不是楚国的好事。况且大王先前曾把召滑推荐到越国任职，他暗地里鼓动章义发难，搞得越国大乱，因此楚国才能够开拓疆域，以厉门为边塞，把江东作郡县。我考虑大王的功绩所以能够达到如此辉煌的地步，其原因就是越国大乱，而楚国大治。现在大王只知道把这种谋略用于越国却忘记用于秦国，我认为您派甘茂到秦国任相是个重大的过失。话再说回来，您若打算在秦国安置丞相，那就不如安置向寿这样的人更为合适。向寿对于秦王来说，是亲戚关系，少年时与秦王同穿一件衣服，长大后同乘一辆车子，因此能够直接参与国政。大王一定要安置向寿到秦国任相，那就是楚国的好事了。"于是楚怀王派使臣去请求秦王让向寿在秦国任相。秦国终于让向寿担任了丞相。甘茂最终也没能够再到秦，后来死在魏国。

七、三朝老将司马错，翦灭巴蜀定黔中

司马错（生卒年不详），少梁（今陕西韩城南）人。战国时期秦国名将，

历史学家司马迁八世祖，历仕秦惠文王、秦武王、秦昭襄王三朝。

自从商君创立军功爵制度以来，秦国就变成了一个关东人眼中"弃礼义而尚首功"的军国主义国家，自然而然也需要大量的优良将领。而在秦国的名将当中，也有一人不独以用兵驰名，同时在文治领域也颇有成就，就是先后在秦国担任过国尉与客卿的司马错。

秦惠文王更元九年（公元前 316 年），巴国和蜀国互相攻打，都来向秦国告急求救。秦惠文王想出兵攻打蜀国，但顾虑道路险峻难行，并恐怕韩国可能会前来侵犯，所以犹豫不决。

司马错与张仪在秦惠文王面前争论不休，张仪主张应先攻打韩国，司马错力排张仪之议，认为攻打韩国将导致诸侯联合对抗秦国，攻打蜀国则既可得其人力、物力以充实军备，还可占据有利地势顺水而下攻打楚国。秦惠文王采纳司马错的建议，决定出兵攻打蜀国。同年秋天，司马错与张仪、都尉墨等率军从石牛道出兵攻打蜀国，与蜀国军队在葭萌（今四川广元）交战，蜀王兵败逃到武阴（今四川彭山东）。同年十月，秦军灭亡蜀国，将蜀王贬号为蜀侯，而任命陈庄出任蜀国相国。秦国吞并蜀国以后，更加富庶和强盛而轻视周围各国。

秦惠文王更元十四年（公元前 311 年），蜀相陈庄杀死蜀侯，归降秦国。秦武王元年（公元前 310 年），因陈庄背叛秦国，司马错受命协助平定蜀地之乱，甘茂诛杀陈庄。

秦昭襄王六年（公元前 301 年），蜀地郡守、蜀侯公子煇（秦公子，名煇，受封蜀侯，蜀地地方长官）在蜀地作乱，反叛秦国，司马错奉命讨伐叛军。司马错诛杀公子煇以及郎中令等 27 人，蜀地之乱平定。

秦昭襄王十二年（公元前 295 年），司马错当时担任国尉，率领军队攻打魏国的襄城。

秦昭襄王十四年（公元前 293 年），将领白起接替司马错担任国尉。

秦昭襄王十六年（公元前 291 年），司马错担任左更，受命率军攻打魏国，夺取魏国的轵地（今河南济原南）；攻打韩国，夺取韩国的邓地（今河南邓州，一说今湖北襄阳）。

秦昭襄王十八年（公元前289年），司马错担任客卿，与大良造白起率军攻打魏国的垣城和河雍二城，秦军拆断桥梁夺取二城。之后，秦军抵达轵地，夺取魏国大小城池61座。

秦昭襄王二十一年（公元前286年），司马错率军攻打魏国的河内，秦军打败魏军，魏国献出安邑给秦国以求和，秦国将城内百姓驱赶回魏国。

秦昭襄王二十七年（公元前280年），司马错奉命调动陇西军队，从蜀地进攻楚国的黔中郡（今

司马错墓碑

湖南西部、贵州东北部），秦军击败楚军，夺取楚国黔中郡，迫使楚国割让出汉水以北和上庸（今湖北西北部）之地给秦国。

在拔取黔中以后，司马错在史册上就销声匿迹了。

在王翦之前，白起、司马错这对名将搭档，对于秦帝国的统一贡献最大。司马错翦灭巴、蜀以后，取河东，定黔中，秦国新设汉中、巴、蜀三郡，秦国的土地与国力也大为增强，终于可以与东方之齐、南方之楚相并为当时的一等强国了，《史记·张仪列传》甚至称此时的秦国是"秦以益强，富厚，轻诸侯"。虽然白起名气更大，但司马错的贡献并不一定比他就小。

八、援立昭襄王荐白起，镇国权臣魏穰侯

魏冉（？—约公元前264年），亦作魏厓、魏焻，因食邑在穰，号曰穰侯，战国时秦国大臣。宣太后异父同母的长弟，秦昭襄王之舅。

武王死后，宣太后一度想立公子芾与惠文后想立的公子壮争秦王，并得到樗里疾的支持。但是赵武灵王非要迎立在燕国为质的公子稷为秦王。秦国的群臣大多表示反对立他为君，但在魏冉等人的支持下，作为武王同父异母的他，继承秦王之位。

秦昭襄王嬴稷即位之后，便任命魏冉为将军，卫戍咸阳。他曾经平定了季君公子壮及一些大臣们的叛乱，并且把武王后驱逐到魏国，秦昭襄王的那些兄弟中有图谋不轨的全部诛灭，魏冉的声威一时震动秦国。当时秦昭襄王年纪还轻，宣太后亲自主持朝政，让魏冉执掌大权。

秦昭襄王七年（公元前300年），樗里子去世，秦国派泾阳君到齐国作人质。赵国人楼缓来秦国任相。这对赵国显然不利，于是赵国派仇液到秦国游说，请求让魏冉担任秦相。仇液即将上路，他的门客宋公对仇液说："假如秦王不听从您的劝说，楼缓必定怨恨您。您不如对楼缓说：'请为您打算，我劝说秦王任用魏冉为相将会有所保留。'秦王见赵国使者请求任用魏冉并不急切，必感奇怪，将会不听从您的劝说。您这么说了，如果事情不成功，秦王仍用楼缓为相，您会得到楼缓的好感；如果事情成功了，秦王任用魏冉为相，那么魏冉当然会感激您了。"于是，仇液听从了宋公的意见。秦国果然免掉了楼缓，魏冉做了丞相。秦昭襄王要诛杀吕礼，吕礼逃到齐国。

秦昭襄王十四年（公元前293年），魏冉举用白起为将军，派他代替向寿领兵攻打韩国和魏国，在伊阙战败了他们，斩首24万人，俘房了魏将公孙喜。

秦昭襄王十五年（公元前292年），又夺取了楚国的宛、叶两座城邑。此后，魏冉托病免职，秦王任用客卿寿烛为丞相。第二年，寿烛免职，又起用魏冉任丞相，于是赐封魏冉于穰地，后来又加封陶邑，称为穰侯。魏冉受封的第四年，担任秦国将领进攻魏国。魏国被迫献出河东方圆400里的土地。其后，又占领了魏国的河内地区，夺取了大小城邑60余座。

秦昭襄王十九年（公元前288年），由魏冉操持，秦昭襄王自称西帝，尊齐湣王为东帝。过了一个多月，吕礼又来到秦国，齐、秦两国国君取消了帝号仍旧称王。魏冉再度任秦国丞相后，第六年上便免职了。免职后二年，第三次出任秦国丞相。在第四年时，派白起攻取了楚国的郢都，秦国设置了南郡。于是赐封白起为武安君。白起，是魏冉所举荐的将军，两人关系很好。当时，魏冉私家的豪富，超过了王室。

魏冉认为魏国是天下之"中身"，攻击中身首尾必救，不如击楚。公元前279年魏冉派白起大举攻楚，一举攻下郢都。楚顷襄王不得不迁都陈（今河南淮阳），楚国从此也失去了抗击秦国的能力。楚国既败，白起又转攻三晋。魏国在秦国的打击下，疆土被大量蚕食，失去了抵抗能力，到了昭襄王末年，能与秦国相对抗的只有赵国。秦昭襄王即位以来，魏冉主张通过蚕食政策达到兼并的目的，这种政策的确取得了很大的成绩。

秦昭襄王三十二年（公元前275年），魏冉任相国，带兵进攻魏国，使魏将芒卯战败而逃，进入北宅，随即围攻大梁。但在魏国大夫须贾劝说下停止攻梁，解围而去。

秦昭襄王三十三年（公元前274年），魏国背离了秦国，同齐国合纵交好。秦王派魏冉进攻魏国，斩敌4万人，使魏将暴鸢战败而逃，取得了魏国的三个县。魏冉又增加了封邑。

秦昭襄王三十四年（公元前273年），魏冉与白起、客卿胡阳再次攻打赵国、韩国和魏国，在华阳城下，大败芒卯，斩首10万人，夺取了魏国的卷、蔡阳、长社，赵国的观津。接着又把观津还给了赵国，并且给赵国增加了兵力，让赵去攻打齐国。

齐襄王惧怕被伐，就让苏代替齐国暗地里劝说魏冉，于是魏冉不再进军，领兵回国了。

秦昭襄王三十六年（公元前271年），当时相国魏冉与客卿灶商议，要攻打齐国夺取刚、寿两城，借以扩大自己在陶邑的封地。这时有个魏国人叫范雎自称张禄先生，讥笑魏冉竟然越过韩、魏等国去攻打齐国，他趁着这个机会请求劝说秦昭襄王。秦昭襄王于是任用了范雎。范雎向秦昭襄

王阐明宣太后在朝廷内专制，魏冉在外事上擅权，泾阳君、高陵君等人则过于奢侈，以致比国君之家富有。这使秦昭襄王幡然醒悟，就免掉魏冉的相国职务，责令泾阳君等人都一律迁出国都，到自己的封地陶邑去。魏冉走出国都关卡时，载物坐人的车子有1000多辆。魏冉死于陶邑，就葬在那里。秦国收回陶邑设为郡。

穰侯之于秦国，功高盖世，正如司马迁所言："天下皆西向稽首者，穰侯之功也。"意思是说秦国之所以能向东扩展领土，削弱诸侯，一度称帝，天下都对秦俯首听命，那都是穰侯的功劳。

九、范雎因祸入秦相，远交近攻万世业

1. 因祸入秦

范雎本是魏国人，后因祸入秦，得到秦昭襄王重用，帮秦国扫平了许多障碍，为秦国一统天下立下了不少功劳。

在燕将乐毅率五国之军伐齐后，由于田单的出色指挥，使齐国复原，魏国害怕齐国的报复，便派人出使齐国，希望重修旧好。

这一次魏王派的是须贾，须贾带领自己的门客前去，而范雎就在其中，范雎兴致勃勃地跟去，希望能够展现自己的才华，得到须贾的推荐或者重用，谁料就是因为这一次出使，差点让他丢了性命。

须贾等人来到齐国，带上重金去见齐襄王，但是齐襄王一见到他们就不客气地说道："想当年我先王和魏国一同攻打宋国时，两国的关系是多么友好，可是这样的情况没有维持多久，魏国就与燕国合谋攻打我们，险些灭掉了我国。想起先王被你们这些强盗所杀害的情景，我实在咽不下这口气，现在你们又来花言巧语地愚弄我，真是可气，像你们这样反复无常的人，我是不会相信的！"

须贾被说得哑口无言，正当他犯愁的时候，范雎在一旁说道："大王，话可不能这么说，在之前我们攻打宋国是奉了周天子之命，本来说好大家分了宋国，但是齐国却违背了诺言，独自吞并了宋国。不仅如此，当齐国

强大后，还不停地侵占各诸侯国，这才让这些国家联合起来攻打齐国，更何况我们魏国还念着旧情，没有随同燕军一起攻进齐国都城临淄，这是因为我们还尊重齐国。如今大王你应该抛弃前嫌，像齐桓公和齐威王那样治理国家，必定能使齐国重新强大起来。我们正是出于这样的考虑，才会与贵国重修旧好，对此大王不但不高兴，反而说我们是反复无常的小人，以我看来，大王恐怕会重蹈齐湣王的覆辙！"

范雎这一席话不卑不亢，让齐襄王另眼看待，齐襄王先是吃了一惊，随后就说道："是我错怪你们了！"须贾虚惊一场，完成了使命。

齐襄王对于范雎这个人很是赞赏，希望能够纳为己用，于是就在私下里打听范雎这个人，他得知范雎不过是须贾的一个门客，很是高兴，就派人暗中规劝范雎能留在齐国。

范雎没有答应，他一边摆手一边说道："我是魏国人，同魏国的使臣一起出使贵国，但是却留了下来，这样多没信用啊，要是让别人知道了，我以后还怎么做人？"

这人看范雎不肯留下来，就向齐王禀报，齐王听了范雎的话，更加敬重他，派人送去黄金和酒肉，范雎推辞不肯接受，但是齐人坚持要送，他推辞不过，就把酒肉收下，却退回了黄金。

须贾在得知此事后，十分嫉妒，想想也是，一个下人居然比自己还受待见，这怎么能让他受得了。当他回国后，就在魏国宰相魏齐那里诬陷范雎，说他暗通齐国。魏齐大怒，将范雎抓起来，严刑拷打，范雎始终都没有招，他本来就没做，如何招？

范 雎

魏齐就想屈打成招，可是范雎是个硬骨头，就是不怕，后来他装死才得以幸存下来，士兵把他当成死尸用席子卷住，扔进了厕所中。

范雎像个死人一样躺在厕所里，等他清醒后，对守卫说道："如果你能帮我逃出魏国，我肯定会重重地答谢你！"守卫答应下来，可能也是看他可怜，没有想过他有一天能飞黄腾达，一个将死之人，能有什么作为。于是这个守卫就上报到魏齐那里，请求丢弃厕所里的死人。魏齐想也没想就同意下来，范雎这才得以存活下来。

后来魏齐听说范雎并没有死去，就到处搜捕范雎。有个人叫郑安平，他和范雎关系比较好，听到此事后就将范雎藏了起来，范雎也随即化名为张禄。

不久后，秦王派出王稽出使魏国，郑安平扮作一个士卒，跟在他旁边，等王稽要走的时候，对身边的人说道："有人想要随我去秦国吗？"郑安平说出了范雎的事情，寻找机会让王稽与范雎见面。范雎见到王稽后，与他交谈甚欢，王稽认为范雎是一个不可多得的人才，决定把他带到秦国去。

王稽将他藏在自己的车队里，混出魏国，当到了秦国后，正巧碰到了穰侯，范雎说道："我听说穰侯这个人把持秦国大权，不喜欢外国的宾客，如果让他看见我，恐怕事情会不好。"他说完就躲到了马车中。

穰侯果然来询问一番，但是都被王稽遮掩过去，随后范雎出来，扮成了一个随从，众人很是不解，风头都过去了，你还怕什么呢？他说道："我听说穰侯这个人很疑心，但是记性却不好，他一会儿肯定还会来搜查的。"结果刚前行几步，穰侯果真派人回来查看，见马车中没有生人，才算罢休。这也体现了范雎的谨慎，他了解对方的性格，才避免一难。

2. 远交近攻

王稽回来后向秦王说明此番出使遇到的情况，然后又说找来一个有才能的人，将范雎推荐给秦王，但是秦王对他却没有兴趣，范雎却也不急，而是耐心地等待机会。

这其中有很大成分是因为穰侯这个人，穰侯就是魏冉，他手握重权，怎能让别人分化掉自己的权力。公元前 270 年，秦王派魏冉率兵攻打齐国，范雎知道自己的机会来了，于是就给秦王写了长长的一封信。

这封信写得很诚恳，又表现出了他的能力，秦王在看过信后，就派人叫来范雎，范雎进到宫中后，故意拖延时间，左转右转。这时秦王走来，身边的人就对他说道："大王来了，快走啊！"

谁料他故意装糊涂地说道："秦国哪里有王？我看到的只有太后和穰侯！"范雎也真够胆大的了，这话若是让太后和穰侯听到，非扒了他的皮不可，就是秦昭襄王听后，也未必不会怪罪于他。

但是秦昭襄王听后，却给他赔礼，说道："先生所言极是，我早就想自己说了算，以前是因为我年轻，现在我可以自己做主了！"

秦昭襄王的态度如此谦和，倒让范雎有种受宠若惊的感觉，范雎也因此更加相信秦王，将自己的想法都说出来。他先说了以前齐国攻打楚国，得不到好处，秦国攻打齐国，也得不到好处。秦昭襄王不知道他要说什么，就问道："先生是什么意思？"

范雎看已经吊起昭襄王的胃口，就继续说道："魏国这个国家很不讲信用，我们不必和他们讲情面，如果他们不能侍奉大王，就收买他们，如果还不行，就出兵攻打！在秦国附近的国家我们攻打他们，胜利了可以得到土地，即使失败了，他们也攻不到秦国本土，这是多么有利，而那些比较偏远的国家，我们就去结盟，让他们也对我们附近的国家进行攻打，这样就会事半功倍，逐渐扩展实力。"

说得明白些，他的这些计谋可以总结为四个字，就是"远交近攻"，这也是连横策略的深化，它为秦国逐步吞并诸侯、一统天下，制定了切实可行的方针。

秦昭襄王听后对范雎大加赞赏，决定重用他，同时也宣告太后和穰侯掌权的时代已经结束。

3. 盛衰无常

范雎为相，加紧对外作战，为秦国取得了不少好处，不过当他晚年的

时候，由于推荐人才不当，惹了大祸。秦昭襄王念他功劳很大，没有深究，范雎自知此事还会再起波澜，便急流勇退。

公元前264年，秦国进攻韩国的汾陉，夺取了它，并在靠着黄河边上的广武山筑城。五年之后，秦昭襄王采用范雎的谋略，施行反间计使赵国大上其当，赵国因为这个缘故，让马服君赵奢的儿子赵括代替廉颇统率军队。结果秦军在长平大败赵国军队，进而围攻邯郸。此后不久应侯与武安君白起结下了怨仇，就向秦昭襄王进谗言而把白起杀了。

于是秦昭襄王任用郑安平，派他领兵攻打赵国。郑安平在战场上反被赵军团团围住，情况危急，他带领2万人投降了赵国。对此应侯自知罪责难逃，就跪在草垫上请求惩处治罪。按照秦国法令，举荐了官员而被举荐的官员犯了罪，那么举荐人也同样按被举荐官员的罪名治罪。这样应侯应判逮捕父、母、妻三族的罪刑。可是秦昭襄王恐怕伤害了应侯的感情，就下令国都内："有敢于议论郑安平事的，一律按郑安平的罪名治罪。"同时加赏相国应侯更为丰厚的食物，来使应侯安心顺意。此后二年，王稽做河东郡守，曾与诸侯有勾结，因犯法而被诛杀。为此，范雎一天比一天懊丧。

后来，有一天秦昭襄王上朝时不断叹息，范雎走上前去说："我听说'人主忧虑是臣下的耻辱，人主受辱是臣下的死罪'。今天大王当朝处理政务而如此忧虑，我请求治我的罪。"

秦昭襄王说："我听说楚国的铁剑锋利而歌舞演技拙劣。这个国家的铁剑锋利那么士兵就勇敢，它的歌舞演技拙劣那么国君的谋计必定深远。心怀深远的谋略而指挥勇敢的士兵，我恐怕楚国要在秦国身上打算盘。办事不早做准备，就不能够应付突然的变化。如今武安君已经死去，而郑安平等人叛变了，国内没有能征善战的大将而国外敌对国家很多，我因此忧虑。"秦昭襄王说这番话意思是激发鼓励应侯。而范雎听了却感到恐惧，也想不出什么办法来。后来，范雎听燕国人蔡泽之言，推举蔡泽代替自己的位置，辞归封地，不久病死。

4. 恩怨分明

当范雎刚当上相国时，须贾曾出使秦国。范雎听说后，就换上了破烂的衣服，脸上也涂抹了一些土块，整个人看起来就像是乞丐一样。他到了大街上，假装巧遇须贾，须贾看到他，开始还吓了一跳，以为是见到鬼了，可是仔细一看，才知道范雎并没有死。

须贾当然不知道他是秦国的相国，因为范雎此时还在使用化名张禄。须贾这次见到他很是慨叹，认为十分对不起他，于是就请他到饭店里大吃一顿，并且送给他一件绨袍，这让范雎颇为感动。范雎吃完饭后就离去，须贾也没有挽留他。

殊不知，就是这一件绨袍救了须贾的命。须贾来到朝中，看到了相国是范雎，他连忙赔罪，范雎念在这一件绨袍的情义没有杀他。这就是后世所说的绨袍之义。不过魏相魏齐就没有这么幸运了，范雎心中有恨，他一定要魏齐死，魏齐逃到哪里别人都不敢收留，最终还是自杀了。

范雎报仇雪恨后，对自己的恩人王稽和郑安平十分关心。亲自出面奏请秦昭襄王任命王稽为河东太守，任命郑安平为将军。秦昭襄王念范雎的功劳，准其奏请。

所以从这些流传的故事中我们不难看出，范雎就是这么恩怨分明的一个人。

十、战功赫赫称"军神"，将相失和死白起

在战国这个名将辈出的时代，不得不提及的人便是白起。

白起（？—公元前 257 年），芈姓，白氏，名起，因此又称公孙起，战国时期秦国郿邑(今陕西眉县常兴镇白家村)人。战国时期杰出的军事家、"兵家"代表人物。楚平王之孙白公胜后代。

白起在中国古代军事史上拥有很高的地位，被称为一代"军神"。在他为将 30 多年期间，为秦国拔城 70 余座，歼敌竟然达到百万之数，有"人屠"的称号，各国皆谈之色变，无不畏忌三分。他为秦国统一六国做出了

巨大的贡献，受封为武安君。

白起一生著名的战役有伊阙之战、华阳之战、长平之战，因功被封为武安君，与王翦、廉颇、李牧并称战国四大名将。

1. 崭露头角

白起出生的年代，秦的国力就已经十分强大了，秦昭襄王十二年（公元前295年），秦国制定了东进击败三晋图谋天下的大战略，强将成了秦国最急需的人才。秦昭襄王是一个雄心勃勃的霸者，即位之后继续贯彻商鞅的变法国策，彻底推行军功爵制，提拔平民出身的人才，白起顺应时势出现在中国历史的舞台上。

秦昭襄王十三年（公元前294年），白起担任左庶长，领兵攻打韩国新城（今河南伊川县西）。

秦昭襄王十四年（公元前293年），韩魏联军扼守崤函以阻秦东进，秦国的丞相魏冉推荐白起为主将，出兵攻打韩、魏二国。白起上任后采用避实击虚、先弱后强的战法，将秦军主力军绕至韩魏联军后方，多次击破联军分队及后方留守之军，逐渐将韩魏联军主力包围于伊阙，最终灭韩魏联军24万人，俘虏魏将公孙喜，又渡黄河攻取韩国安邑以东到乾河的土地。此战白起一战成名，因功升任国尉。

秦昭襄王十五年（公元前292年），白起升任大良造，发兵攻魏，一举夺取了魏城大小61座，为秦的东出崤函奠定了基础。

秦昭襄王十六年（公元前291年），白起与客卿司马错联合攻下垣城。

秦昭襄王二十一年（公元前286年），白起攻打赵国，夺取光狼城（今山西高平市西）。

2. 受封武安君

秦楚丹阳、蓝田之战后，楚国国势走向衰微。伊阙之战，秦军大胜，秦国意图展开南面攻势，继续削弱楚国。秦昭襄王写信给楚顷襄王，要率领诸侯与楚"争一旦之命"。楚顷襄王只得同秦讲和，并娶秦女为妇。以后的秦昭襄王二十二年（公元前285年）、二十三年（公元前284年），楚顷襄王都与秦昭襄王政治会盟，表示服从于秦。

秦昭襄王二十六年（公元前 281 年），楚国出现一位善用弱弓射雁的人，楚顷襄王听说后觉得稀奇，就召来询问。此人却是一位主张合纵的纵横家，他用楚国过去的光荣历史和今天的耻辱激励楚王。楚顷襄王也有向秦报仇之志，于是派使臣前往各诸侯国，进行合纵伐秦的活动，秦国听闻后决定予以楚国更大的打击。

秦昭襄王二十七年（公元前 280 年），白起伐楚，楚军败，割上庸、汉水以北土地给秦讲和。

秦昭襄王二十八年（公元前 279 年），秦国再次伐楚，白起先以汉北上庸之军夺取鄢、邓（今襄州）等五座城池，而后秦军越过秦楚边境山区，自断后援，分三路快速突进楚境，直围楚国的都城郢都（今湖北江陵西北）。

秦昭襄王二十九年（公元前 278 年），秦军穿插到楚军背后，大破楚军，攻占楚国都城郢（今湖北江陵纪南城），焚烧了楚王的坟墓夷陵（今湖北宜昌市西南），向东进兵至竟陵，楚军溃不成军，退却到陈（今河南淮阳），楚顷襄王将陈作为都城，仍称作郢。同年，秦又攻占了楚国巫、黔中郡。

楚顷襄王迁都到陈后，聚集楚东地的武装，仅得 10 余万人，向西虽夺回了被秦占去的江旁 15 个邑，但已不能同秦抗衡。经过秦国一连串的打击后，楚国一蹶不振，直到最后被秦灭亡。

秦国以郢为南郡，因白起能抚养军士，每战必克，得百姓安宁，故封其为武安君。

3. 上党之争

秦昭襄王三十四年（公元前 273 年），白起率军攻打救援韩国的赵、魏联军，大破联军于华阳（今河南新郑北），虏获韩、赵、魏三国大将，斩首 13 万，魏将芒卯败逃。又与赵将贾偃交战，溺毙赵卒 2 万人。

秦昭襄王四十三年（公元前 264 年），白起攻打韩国的陉城，攻陷五城，斩首 5 万。

秦昭襄王四十四年（公元前 263 年），白起攻打韩国南阳太行道，断绝韩国的太行道。

秦昭襄王四十五年（公元前262年），白起攻占韩国野王（今河南沁阳），上党通往都城的道路被截断。韩国国君韩桓惠王命上党郡守冯亭把上党郡献给秦国，以求秦国息兵。冯亭不愿降秦，同百姓谋议道："上党通往外界的道路已被截断，我们已不可再为韩国百姓了。秦兵日渐逼近，韩国不能救应，不如将上党归附赵国，赵国如若接受，秦国愤怒必攻赵国。赵国受敌一定亲

白　起

近韩国。韩、赵联合，就可以抵御秦国了。"于是派人报告赵国。赵国国君赵孝成王与平阳君赵豹计议。平阳君说："还是不要接受吧，接受后带来的祸患一定大于得到的好处。"他认为冯亭不将上党交给秦国，是想嫁祸给赵国，接受它带来的灾祸要比得到的好处大得多。

赵孝成王又召见平原君赵胜和赵禹商议，二人劝赵孝成王接受冯亭的上党郡，他们说："发动百万大军作战，经年累月的攻打，也攻不下一座城池。如今坐享其成得到17座城池，这是大利，不能失去这个机会。"

赵孝成王又问平原君："接受上党的土地，秦国必定派武安君白起来进攻，谁能来抵挡？"平原君回答说："别人难与白起争锋。廉颇勇猛善战、爱惜将士，野战不如白起，但是守城完全可以胜任。"

于是，赵孝成王听从了平原君赵胜的计谋，封冯亭为华阳君，派平原君去上党接收土地，同时派廉颇率军驻守长平（今山西省高平市西北），以防备秦军来攻。

赵国接受上党，为秦赵两国的长平之战点燃了导火索。

4. 长平之战

秦昭襄王四十七年（公元前 260 年），秦国大将王龁攻韩，夺取上党，然后攻赵。

史载，赵国人将廉颇在长平布置了三道防线：第一道是空仓岭防线，第二道是丹河防线，第三道防线是百里石长城。三道防线东西数十里，星罗棋布，互相连接。秦军与赵军的第一次遭遇战，发生在第一道防线以西的山谷。混战中，秦军斩杀赵国前锋，突破空仓岭，攻占赵军前线重镇光狼城。

赵军于空仓岭陷落后，似乎曾作过加固南北两翼以钳制深入之敌的努力，所谓"赵军筑垒壁而守之"，结果没有成功，"秦又攻其垒，……夺西垒壁"，终于空仓岭南北几十里防线西垒壁（一作西长垒）完全陷落。

秦军攻势锐不可当，赵军连战不利，损失很大。廉颇重新分析敌我态势，在看到地形因素不利于赵军，而秦国补给线远比赵军漫长，后勤保障比赵国困难，决心放弃不易防守的丹河西岸阵地，全军收缩至丹河以东第二道防线，构筑壁垒，决心以逸待劳，以图挫动秦军锐气，坚守待变。

从坚守的战术目的来看，廉颇是成功的，秦军无论怎么攻打都突破不了丹河防线，秦、赵两军形成对峙局面，战争持续了三年，秦军损兵折将。

长平之战的第一个阶段，是相持三年的消耗战。《战国策·齐策二》载："秦攻赵长平，赵无以食，请粟于齐而齐不听。"战略相持赵国无法继续支撑下去，赵国的粮食产量只有秦国的 1/3，战争相持 3 年，20 万大军的巨额消耗使得赵国经济实力不济的弱点完全暴露，更急于结束战争。加之阏与之战，赵奢大败秦军，使得赵国心存侥幸心理，如果集中兵力决一死战，或许秦国并不是不能战胜，所以改变了坚守的策略，用赵括替换了廉颇。其实"纸上谈兵"的赵括只是执行了赵王的旨意，换将是赵王主动和无奈的选择，是赵王冒险寻求战略大决战的想法的体现。

赵国更换主将对抗秦军的同时，秦昭襄王也秘密派遣武安君白起为上将军，奔赴前线领军。

白起面对鲁莽轻敌、高傲自恃的对手，决定采取后退诱敌，分割围歼的战法。他命前沿部队担任诱敌任务，在赵军进攻时，佯败后撤，将赵军吸引进秦军主力构筑的袋形埋伏圈；然后从侧翼派出两支奇兵，一支为轻兵 2.5 万人，长途跋涉，绕到赵军背后，奇袭了赵军的最后一道防线百里石长城。

百里石长城所在的山脉突兀横亘于平原之上，一边通往长平前线，另一边通往赵国大后方。赵军由于一味进攻，重兵集结前线，导致后方兵力空虚，秦军趁赵军没有防备，将其夺占，使得长平的赵军与后方断绝，这是赵军陷入危机的开端。秦军出其不意地穿插到赵军背后，袭占百里石长城防线，反映出白起一贯的战术风格，深藏不露，避实击虚。

在秦军奇袭百里石长城的同时，长平的正面战场秦军却一副节节败退的样子。八月，一心寻求决战的赵括在不明虚实的情况下，贸然采取进攻行动，秦军假意败走，暗中张开两翼设奇兵胁制赵军，揳入赵军先头部队与主力之间，伺机割裂。赵括完全没有意识到在他前面，有一个巨大的口袋形的秦军预设阵地，此时白起派出另一支奇兵，突然出现在赵军背后，利用地形将整个袋形埋伏圈堵住，整支赵军陷入包围。

赵括连杀八名都尉以稳定军心，命令数十万赵军从各个方向冲击秦军壁垒，却始终不得突围。白起令两翼奇兵迅速出击，将赵军截为三段。赵军首尾分离，粮道被切断。秦军又派轻骑兵不断骚扰赵军。赵军的战势危急，只得构筑垒壁坚守，以待救兵。

秦昭襄王听说赵国的粮道被切断，下达全国动员令，征调秦国 15 岁以上男子全部应战，加封应征者爵位一级，他亲赴河内督战，以阻绝赵国的援军和粮草，倾全国之力与赵作战。

九月，赵兵已断粮 46 天，饥饿不堪，军心动摇，甚至自相杀食。赵括走投无路，重新集结部队，分兵四队轮番突围，终不能出，赵括亲率精兵出战，被秦军射杀。赵军大败，40 万赵兵投降。

白起与部下计议说："先前秦已攻陷上党，上党的百姓不愿归附秦却归

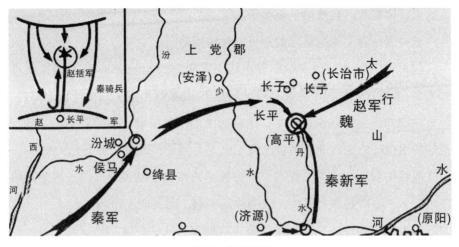

长平之战示意图

顺了赵国。赵国士兵反复无常，不全部杀掉，恐怕日后会成为祸乱。"于是使诈，把赵降卒40万全部坑杀，只留下240个年纪小的士兵回赵国报信。长平之战，秦军先后斩杀和俘获赵军共45万人，赵国上下为之震惊，从此元气大伤，一蹶不振。后因赵国的平原君写信给其妻子的弟弟魏国的信陵君，委托他向魏王发兵救赵，于是信陵君就去求魏王发兵救赵，魏王派晋鄙率10万大军救赵。但由于秦昭襄王的威胁，魏王只好让军队在邺城待命。信陵君为了救赵，只好用侯嬴计，窃得虎符，杀晋鄙，率兵救赵，在邯郸大败秦军，才避免赵国过早灭亡。

5.将相失和

但现在我们要说的，却是白起和范雎之间的恩怨。

公元前260年，赵王中了范雎的离间计，用赵括代廉颇统率赵军，既有了之后著名的长平之战，而白起的"杀神"之名也自此而来。

长平之战结束，赵国损失惨重，失去了与秦国争夺天下的条件，却也为白起的死亡埋下了伏笔。

此时的赵国主力尽没，首都邯郸一片兵荒马乱。白起认为机不可失，力主立刻攻入邯郸，追捕赵王。然而，这个计划却遭到范雎的反对。

范雎认为秦军经数月大战已是疲惫之师，应先休养数月再攻赵。两人为这事针锋相对，自此结下了梁子。

最终秦昭襄王采纳范雎的意见，暂缓伐赵。

战机稍纵即逝，到了秦昭襄王四十九年（公元前258年），秦军围邯郸失利，范雎这才想起了白起。但又不好出面，只好由秦王出面让白起接任。

白起却不是个好说话的主，他认为之前范雎未能让他乘胜追击，现在最好的战机已失去，即便是自己领军也无力回天，干脆托病不去。

前线失利不断，秦王无奈，只好派范雎亲自去劝说。但白起根本不给范雎面子，冷嘲热讽一番后，依旧称病不起，两人彻底闹翻。

秦王和范雎没法，只好派王陵攻打邯郸，这一打就是足足五个月，但还是没能拿下。秦王这时又想起了白起，心想，气消了，病总该好了吧！于是派人再次找到白起挂帅。

可白起此时也觉自己回天乏术，但他性子耿直，又不去向秦王解释，依旧称病，拒不受令。

武安君白起墓

秦王为这事很不高兴，这时范雎就站了出来。白起和他的恩怨已经僵持，以范雎的睚眦性格，自然不会放过这次机会。索性污蔑白起高傲自负，目无君王，奏请秦王把白起原有的爵位连降20级，贬为普通士卒，驱逐出了咸阳，秦王一时气恼，便答应了下来。

当白起走到杜邮时，范雎又向昭襄王密报，说白起沿路咒骂昭襄王。昭襄王心中大怒，当即派使者赐剑令其自裁。

白起自知杀降过激，也无意辩解，当即便拔剑自刎了。此为秦昭襄王五十年（公元前 257 年）十一月。一代军神最终不是战死疆场，却因内部争斗而就此殒落，让人不禁黯然叹惋。

十一、屡立战功蒙上卿，出谋划策尉国尉

1. 四朝名将蒙骜

蒙骜（？—公元前 240 年），《战国策》作蒙傲，战国末期秦国著名将领。蒙骜历仕秦昭襄王、秦孝文王、秦庄襄王、秦始皇四朝，数次率军出征，屡立战功。先后夺取韩国 10 余座城池、赵国 30 余座城池、魏国 50 余座城池，使秦国得以设立三川郡和东郡，并让秦国疆域与齐国相接，对韩国、魏国形成三面包围之势，为日后秦始皇统一六国打下坚实的基础。

蒙骜本是齐国人，秦昭襄王在位时期（公元前 306—公元前 251 年），他从齐国西入秦国侍奉秦昭襄王，官至上卿。

秦庄襄王元年（公元前 249 年），蒙骜担任将领，奉命率军攻打韩国，韩国割让成皋（今河南荥阳西北）、巩二城给秦国，秦国设置三川郡（治今河南洛阳东北）。而《史记·蒙恬列传》则记载，是蒙骜夺取韩国的成皋、荥阳（今河南荥阳东北）二城而设置三川郡。秦国设置三川郡后，其疆界到达魏国的都城大梁（今河南开封）。

秦庄襄王二年（公元前 248 年），秦庄襄王派蒙骜率军攻打赵国，平定太原。

秦庄襄王三年（公元前 247 年），蒙骜率军攻克魏国的高都（今山西晋城）、汲县。继而攻打赵国的榆次（今属山西）、新城（今山西朔州南）、狼孟（今山西阳曲），一共夺取 37 座城池。同年，魏国的信陵君魏无忌率领燕、赵、韩、楚、魏五国联军攻打秦国，在黄河以南打败秦军，击退蒙骜，于是魏无忌等军解兵撤离。

秦始皇元年（公元前 246 年），秦王政（即秦始皇）即位，任用吕不韦为丞相，李斯为舍人，蒙骜和王龁、麃公等为将军。同年，秦国攻占赵国的晋阳（今山西太原西南）。不久晋阳反叛秦国，蒙骜率军平定叛乱。

秦始皇三年(公元前 244 年)，蒙骜攻打韩国，夺取 13 座城池。同年十月，蒙骜攻打魏国的氏篿、有诡二城。秦始皇四年（公元前 243 年 ），蒙骜攻取氏篿和有诡。同年三月，蒙骜撤军而回。

秦始皇四年(公元前 243 年)，魏无忌去世。秦始皇五年(公元前 242 年)，秦王政得知魏无忌去世的消息后，于是派蒙骜再次率军攻打魏国。蒙骜夺取魏国的酸枣（今河南延津西南 ）、燕（ 今河南延津东北 ）、虚（ 今河南延津东 ）、长平（ 今河南西华东北 ）、雍丘（ 今河南杞县 ）、山阳（ 今河南焦作东 ）等 20 座城池，设置为东郡（ 治濮阳，今河南濮阳西南 ）。

应侯范雎失去封邑原韩地的汝南。秦昭襄王对范雎说："贤卿丧失自己的封地汝南以后，是不是很难过呢？"范雎回答说："臣并不难过。"秦昭襄王说："为什么不难过？"范雎说："梁国有一个名叫东门吴的人，他的儿子虽然死了，可是他并不感到忧愁，因此他的管家就问他：'主人你疼爱儿子，可以说是天下少见，现在不幸儿子死了，为什么不难过呢？'东门吴回答说：'我当初本来没儿子，没儿子时并不难过；现在儿子死了等于恢复没儿子时的原状，我为什么难过呢？'臣当初只不过是一个小民，当平民的时候并不忧愁，如今失去封地汝南，就等于恢复原来平民身份，我又有什么好难过的呢？"

秦昭襄王不信，于是就对蒙骜说："如果有一个城池被敌人围困，寡人就会愁得寝食不安，可是范雎丢了自己的封土，反而说自己毫不难过，寡人认为他这话不合情理。"蒙骜说："让我去了解一下，到底是怎么回事！？"

蒙骜就去拜会范雎说："我想要自杀！"范雎很惊讶地说："将军你怎么能说这种话呢？"蒙骜回答说："君王拜阁下为师，全天下的人都知道这件事。现在我蒙骜侥幸成为秦国将军，眼看弱小的韩国竟敢违逆秦国夺走阁下的封土，我蒙骜还有什么脸活着？还不如早点死了好！"范雎赶紧向蒙骜答拜说："我愿意把夺回汝南之事托付您！"于是蒙傲就把范雎的话告诉秦昭襄王。从此每当范雎谈论到韩国，秦昭襄王就不想再听，认为他是在为夺回汝南而谋划。

秦始皇七年（公元前 240 年），蒙骜去世，时年约 70 多岁。其子蒙武、其孙蒙恬、蒙毅皆为秦国名将。

蒙武（？—约公元前 219 年），名将蒙骜之子，蒙恬与蒙毅之父，战国时期秦国将领。

秦始皇二十三年（公元前 224 年），秦始皇任命蒙武担任副将，派遣蒙武跟随主将王翦率领 60 万大军攻打楚国。秦军与楚军在蕲地交战，秦军大败楚军，追击到蕲地南部时，斩杀楚国军队将领项燕，楚军因此溃败逃亡，秦军乘胜夺取楚国的一些城镇。

秦始皇二十四年（公元前 223 年），蒙武再度与王翦率领军队攻打楚国，秦军击败楚军，斩杀楚军将领项燕，俘虏楚国国君楚王负刍，攻占楚国全境，灭亡楚国，并在楚地设置楚郡。

2. 军事名家尉缭

尉缭于秦王嬴政十年（公元前 237 年）来到秦国。当时秦王已经获得了这个国家的绝对统治权，国内形势一片大好。当时，以秦国的实力消灭六国中的任何一个都不成问题。但六国要是联合起来，情况就不好说了。

这样，如何能使六国不再合纵，让秦军以千钧之势，迅速制服六国，统一天下，就成了摆在秦王嬴政面前的头道难题。离间东方六国，破坏合纵虽是秦传统做法，但是具体采用什么方法更为有利，却一直存在争论。

消灭六国，天下一统，这是第一次，没有可以借鉴的经验，年轻的秦王嬴政深知这一点，因此不想打无准备之仗。

秦国战将如云，但却没有真正谙熟军事理论的军事家。谁去指挥这些只善拼杀而不善谋略的武将呢？如何把握全局，制订整体的进攻计划呢？这是秦王非常关心的问题。

秦王嬴政出身于王室，宫廷斗争使得他工于心计，注重政治谋略，但带兵打仗却毫无经验了。李斯等文臣主意多，但实干少，在秦王看来，不过是纸上谈兵，真要上战场和人家真刀真枪搏杀根本不可能。因此，秦王嬴政就迫切需要一个既懂得运筹帷幄，又能够决胜千里的军事家辅佐他。

而这人就是尉缭,秦王嬴政求贤若渴,接见了他。尉缭也不藏着掖着,直接就送了个大大的见面礼。尉缭和秦王嬴政说,比起强大的秦国来,诸侯好比郡县之主,但蚁多能咬死象,唯独担心诸侯合纵抗秦,而想防范这种情况,就必须不吝财物,贿赂各国权臣,以扰乱他们的谋略。

秦王一听,觉得很有道理,于是便采纳他的建议。为显示恩宠,秦王还让尉缭享受同自己一样的衣服饮食,每次见到他,总是表现得很谦卑。

但尉缭不仅在战场上能把握全局,制定制胜的方针战略,还独具一双慧眼,很会识人。与秦王嬴政接触不久,他便对身边的人说秦王嬴政缺少恩德,刚愎孤傲,在困境中虽可谦卑待人,但如得志天下后,身边这些大臣必然鸟尽弓藏,兔死狗烹,绝难与之共富贵。

这是嬴政自出生以来,第一次被人公开道出他的性格本质,而且句句切中要害,由嬴政后来统一天下的所作所为来看,与尉缭当日所言几乎如出一辙。

认清了秦王嬴政本质的尉缭萌生了离意,稍稍准备以后,就真的跑了。不过却被秦王发现及时,立即将其追回。

秦国正值用人之际,尉缭这样的军事家如何能让他走!于是,秦王嬴政发挥他爱才、识才和善于用才的特长,想方设法将尉缭留住,并将他提升到国尉的高位之上,掌管全国军队,主持全面军事,所以被称为"尉缭"。

最后,尉缭虽心存余悸,但也不好再生去意,只好死心塌地地跟着秦王,为秦日后的统一出谋划策。他为秦王嬴政统一六国立下汗马功劳,主张"并兼广大,以一其制度"。

尉缭留下一部著作,名《尉缭子》,后人多误认《尉缭子》为兵家之书,《汉书·艺文志》将其归入杂家一类。宋人将"杂家"《尉缭子》收入《武经七书》,归入兵家,所以有此误会。《尉缭子》全书共5卷24篇,南宋刻行的《武经七书》本最早。《尉缭子》反对军事上相信"天官时日、阴阳向背"的迷信观念,强调政治、经济对军事的决定性作用,其理论水平很高。

思想中糅合了儒、法、道各家观点，这也许是被纳入杂家的主要原因。后半部《重刑令》以下12篇，对研究战国时代的军法颇有帮助，所以有人把此书作为兵书来看待研究。

《尉缭子》是中国古代颇有影响的一部著作。书中反对迷信鬼神，主张依靠人的智慧，具有朴素的唯物主义的思想。它对政治、经济和军事关系的认识是相当深刻的。在战略、战术上，它主张不打无把握之仗，反对消极防御，

《尉缭子》书影

主张使用权谋，争取主动，明察敌情，集中兵力，出敌不意，出奇制胜。这些观点即使在今天也仍有值得参考的价值。

十二、英勇善战两父子，兼灭六国大功臣

王翦（公元前269—公元前208年），字维张，频阳东乡（今陕西富平县）人，战国时期秦国名将、杰出的军事家，"战国四大名将"之一。

1. 计杀魏齐

范雎是先秦时期著名的谋士，以"远交近攻"的谋略为秦统一六国奠定坚实基础，与魏国丞相魏齐是仇人。范雎曾扬言要魏国交出魏齐，否则将举兵伐魏。形势迫使魏齐弃相印逃到赵国，投在平原君赵胜门下。

长平之战后，王翦向秦昭襄王献计，由昭襄王修书一封，约平原君来函谷关赴宴。昭襄王依计而行，诱使平原君上钩。待平原君来时，借机扣留，将其押解至咸阳。再传讯邯郸，称不得魏齐，就不释放平原君。

长平之战刚过，赵孝成王正惊魂未定，赶紧派兵围住平原君府，擒拿

王 翦

魏齐。魏齐逃到魏信陵君那里，信陵君不敢收留。魏齐走投无路，拔剑自刎。赵孝成王得魏齐之首，星夜派人送往咸阳，秦王才释放了平原君归赵。王翦未费秦国一兵一卒而得魏齐之首，解了相国范睢多年的心头之恨。

2. 平定叛乱

秦王政八年（公元前239年），秦王政命王弟长安君成蟜为主将，樊於期为副将率军攻打赵国，不料，长安君在樊於期的唆使下临阵倒戈，举兵反叛。

嬴政派王翦前往平叛。王翦派说客混进叛军，见到了长安君，递送了劝降书信，情理并用，恩威并施。长安君归降，叛乱平息。樊於期逃奔燕国。但可惜的是，长安君后来并没有保住性命。

3. 铲除吕氏

秦王政即位之初由于年少，国政由相邦吕不韦所把持。吕不韦权倾朝野，又与太后偷情，见秦始皇日渐年长怕东窗事发想离开太后，又怕太后怨恨，所以献假宦官嫪毐给太后。

嫪毐与太后在秦故都雍城（今陕西凤翔）生下了两个私生子，以秦王假父自居。在太后的帮助下，嫪毐封长信侯，领有山阳、太原等地，自收党羽，在雍城长年经营，建立了庞大的势力。

秦王政九年（公元前238年），嬴政前往太后所在的雍城行郊礼。王翦领兵镇压咸阳，派3万精锐保护秦王西行。秦王离开后，吕不韦在国都咸阳把持国政，王翦不动声色，调遣兵力，严阵以待，以防吕不韦伺机生变。嫪毐因淫乱宫闱的罪行败露，发动兵变，进攻秦王嬴政所在的蕲年宫，史称"蕲年宫之变"。秦王及时察觉了这一阴谋，抢先发兵平定叛乱，追斩嫪毐，在咸阳清洗了嫪毐集团数百人，因此事涉及吕不韦，不久就免去了其相邦之职。不久，在王翦的建议下，将其赐死，秦始皇全面掌握了国家权力。

4. 横扫三晋

王翦少时就喜欢军事，一直随侍秦王嬴政。

铲除吕不韦和嫪毐后，秦王嬴政正式亲政，秦国统一天下的战争开始了。这场统一战争以公元前236年秦军伐赵拉开序幕，前后持续15年。其间，除了最先的灭亡韩国王翦没有参与外，其他5国，要么为王翦带兵所灭，要么为其子王贲攻克而亡。

秦始皇十一年（公元前236年），王翦领兵攻打赵国的阏与。王翦领军只18天，便令军中不满百石的校尉回家，并从原军队的10人中选出2人留在军中，结果所留下来的都是军中精锐。王翦就用这支士气很高的精锐部队攻下了阏与，同时一并攻取了赵的九座城邑。

秦始皇十八年（公元前229年），王翦从上郡发兵，下井陉，与杨端和军两军呼应。准备 举攻灭赵国。结果遇上了赵国的名将李牧，相持一年多的时间。王翦采用反间计，除掉李牧。李牧死后，王翦势如破竹前行，大败赵军，并杀了赵军主将赵葱，攻下赵国的都城邯郸，俘虏赵王迁，赵国原来的各处土地入为秦地，成为秦郡。

秦始皇十九年（公元前228年），发生了历史上著名的荆轲刺秦王事件，荆轲失败后。秦王政盛怒，并利用这个机会，派王翦领军攻燕国。燕王喜和代王赵嘉联合抵抗秦军，燕代联军由燕国的太子丹统领，最后在送别荆轲的易水河边兵败。王翦乘势攻取了燕都城蓟，燕王喜逃到了辽东，燕国也名存实亡了。

秦始皇二十二年（公元前225年），秦王派王翦之子王贲攻打楚国，大败楚兵。然后王贲军迅速北上，进攻魏国，最后用黄河、大沟水淹大梁城，城尽毁。魏王假投降。接着王贲又平定了魏国各地，设魏地东面为砀郡。

5. 攻灭楚国

秦始皇二十三年（公元前 224 年），秦王政召集群臣，商议灭楚大计，王翦认为"非六十万人不可"，李信则认为"不过二十万人"便可打败楚国，秦王政大喜，认为王翦老不堪用，便派李信和蒙恬率兵 20 万，南下伐楚。王翦因此称病辞朝，回归故里。

不久，楚军故意示弱，且战且退，保留精锐部队从后突袭李信，大破秦军两营兵力，斩杀秦军七个都尉，是秦灭六国期间少有的败仗之一。秦王政听到这个消息，大为震怒，亲自乘快车奔往频阳，向王翦致歉，并答应加兵请求，命王翦统领 60 万大军前往。

秦始皇二十三年（公元前 224 年），王翦领兵伐楚，大军抵达楚国国境之后整整一年坚壁不出，60 万士兵都囤积起来休养生息，甚至每天比赛投石以作娱乐。楚军因为兵少而无可奈何，一年后终于按捺不住，正当楚军在往东调动之际，王翦就率兵出击大破楚军，杀项燕于蕲，一年多后又俘虏楚王负刍，平定楚国。随后王翦又南征百越，取得胜利，因功晋封武成侯。

6. 急流勇退

王翦身为四朝元老，历任多位相国，无论是范雎、蔡泽，乃至吕不韦，都对他十分尊重。当他攻下燕都之后，迅即上表告老还乡。此时统一大业已经完成一半，但重头戏还在后头，但他向秦王推荐由其他将领来完成。而当他再度出山灭楚后，无论秦王怎么劝都要彻底隐退，从而得以善终。

王翦不像白起那样，只知打仗而不明做官的道理，因此他善始善终，得以急流勇退，颐养天年。

这里，从一件事情就能认识到这位秦国大将高明的处世哲学。

李信出征楚国大败而归，秦王嬴政终于知道王翦确有远见，于是亲自到频阳向王翦谢罪，并请他出山为他伐楚，以雪耻辱。于是王翦领 60 万大军伐楚，秦王嬴政亲自送至灞上。

王翦临行前不断向秦王嬴政求良田屋宅园地，秦王嬴政感觉有些奇怪，就问他，将军既已出兵，何患贫穷？王翦回答说，为大王部将，虽立战功却终不得封侯，所以趁大王亲近臣下之时，多求良田屋宅园地，好为后世子孙置业。秦王闻之大笑，欣然允诺了王翦的请求。

王翦军队行至关口后，又五度派使者回朝求良田，秦王嬴政无不应允。

有亲信认为他如此接连不断地请求赏赐似乎太过分，唯恐他

王翦墓碑

因此令秦王嬴政不悦，就来劝他。不料王翦却说，秦王多疑，如今将全国兵力都交付我，只有以多请田宅作为子孙基业的方法，才能打消秦王对我的怀疑。亲信闻言，恍然大悟，终于闭口不言。

后来，王翦大破楚军，征服百越，便急流勇退，解甲归田，安安心心做他的田舍翁去了。

王翦是秦国杰出的军事家，也是继白起之后，秦国不可多得的大将之材。作为秦代杰出的军事家，王翦主要战绩有破赵国都城邯郸，消灭燕、赵；以秦国绝大部分兵力消灭楚国，与其子王贲一并成为秦始皇兼灭六国的最大功臣。杰出的军事指挥才能使其与白起、李牧、廉颇并列为战国四大名将。王翦一生征战无数，但他智而不暴、勇而多谋，在当时杀戮无度的战国时代显得极为可贵。秦始皇二十六年（公元前221年），秦国兼并了所有的诸侯国，统一天下，王翦和蒙恬立的战功最大。

7. 其子王贲

王贲，王翦之子。父子二人同为秦灭六国战争中的主要将领，立下了赫赫战功。

秦王政二十一年（公元前226年），受秦王令，带兵伐楚，以摧枯拉朽之势连取10余城，名声大震。第二年，秦王又派他率兵攻魏。这一次，王贲使用水攻的计策，引黄河及大沟水灌魏都大梁（河南开封市西北）。水火无情，大梁城在洪水中坍塌，魏王只好投降，魏国就此灭亡。

又过了三年，王贲又奉命率兵攻燕国辽东地，一举俘虏燕王喜，燕国灭。他又趁势回师攻代国，俘代王嘉，消灭了赵国的残余势力。随后率军从燕南下攻齐，一路势如破竹，直抵齐都临淄，俘虏齐王建，齐国宣告灭亡，终于完成秦统一大业。

如此赫赫战功之下，秦王封他为通武侯，可以说，大半个秦国都是他打下来的。

正所谓"虎父无犬子"，王贲也是一员猛将，在王翦御甲归田后接替其大将之职，父子俩可以说是秦始皇兼灭六国的最大功臣。

十三、权臣商贾吕不韦，一生传奇说是非

吕不韦是战国时期的卫国濮阳（今河南濮阳西南）人，出生日期已不可确考，据史书上记载，他约生于赵惠文王九年（公元前290年）至赵惠文王十九年（公元前280年）之间，卒于赵王迁元年（公元前235年）。关于他的家世，史书上也已无记载。在吕不韦出生的年代，卫国已经日渐衰落，社会动荡不安，幼年时代的吕不韦目睹了自己国家的衰败，深刻感受到弱肉强食的残酷现实。所以，吕不韦在很小的时候就很关注政治。

吕不韦成年后奔走于各国做生意，后来他经商到了韩国，成为当时阳翟县（今河南禹县）的巨富，号称"家累千金"。在吕不韦生活的那个年代，商人们经常走南闯北，见多识广，所以很多人在政治上都非常敏感，也有不少的商人参与了当时的政治、军事斗争，表现出很高的水平。吕不韦也不例外，因为在政治上一旦投机成功可比单纯做生意的获利大多了。话说秦昭襄王四十二年（公元前265年），吕不韦到赵国的都城邯郸做生意，遇到了在赵国充当"质"的潦倒的秦国公子异人。这里所说的"质"就是

人质。在春秋战国时代，各个诸侯国之间彼此相互攻打，没有什么信义可言，相互的猜忌也随之加深，所以他们就采取互相交换人质的方法来巩固盟国之间的关系。或者用向强国贡奉人质的方法来表示对其臣服。大多数充当"质"这个角色的是君王的太子，也有君王的孙子或是对方朝中重要的官僚。

秦国当时是战国七国中的大国，总是攻打别的国家，为什么它还要往赵国派遣人质呢？这就是秦国奉行的所谓"远交近攻"政策。秦国派人到各国充当人质，是拉拢其中的一些诸侯国联合起来去攻打别的诸侯国。为了达到这个目的，秦国不惜将国君的儿子、孙子们派到各国去充当人质。吕不韦在赵国遇到的这个落魄王孙就是秦国的一个贵族——异人。

异人是秦国太子安国君的儿子，当时在位的秦昭襄王的孙子。当时安国君有20多个儿子，异人排行居中，且异人的生母夏姬也不受安国君宠爱，基于多重原因，异人就被秦国送往赵国当人质。当时，秦国多次进攻赵国，异人身处敌国，处境非常危险。我们完全可以想象得出，在战场上被秦国打败的赵国君臣回来后一定会拿人质异人当出气筒。呵斥、凌辱是家常便饭，有时连起码的生活条件都不给他提供，所以异人的生活是非常拮据的。由于吕不韦对当时的政局一向非常关心，所以当他在邯郸街头巧遇秦国落魄公子异人时，商人的投机心理促使他立刻认为此人"奇货可居"，是一个可以收买、进行政治投机的对象，于是决定用金钱来帮助异人谋取王位继承人的资格。

从这一点可以看出，青年时代的吕不韦具有相当的野心。众所周知，我国古代长期有一种政策，就是"重农抑商"，商人虽然很有钱，但在社会中的地位是很低下的。尤其是很多的士人不愿意和商人为伍，认为他们身上沾满了铜臭气，所以吕不韦也不甘心长期做一个被人看不起的商人，一直在寻找机会改变这种局面，并且也只有在已经了解天下形势的前提下，才有可能使他在看见异人的时候，立刻萌生出了在他身上投机的念头。

一次，异人去吕不韦家中吃饭，在宴席间看到一个能歌善舞的美貌歌姬，一问，才知道是吕不韦宠爱的女人，叫赵姬，异人十分爱慕，求吕不

韦割爱给他,于是吕不韦就把她送给了异人。不久赵姬便生下一子,取名政,这就是后来的秦始皇。

吕不韦帮助异人回到秦国后,在拜见华阳夫人过程中,为了讨得华阳夫人的欢心,吕不韦也是下足了功夫,可谓是煞费苦心。因为华阳夫人是楚国人,所以在异人拜见华阳夫人的时候,吕不韦让异人穿上楚人的衣服,果然,华阳夫人十分高兴,认为异人很有心,对异人首先有了一个很好的印象。会面之后,吕不韦就将异人改名为子楚。华阳夫人后来又在安国君面前极力推荐异人,让他来做王位的继承人。枕边风还是很厉害的,终于,安国君同意把异人立为太子。至此,吕不韦耗费了万贯家财,费尽九牛二虎之力终于让异人回到了秦国,异人也被立为太子。这也为异人以后成为秦国的君主、吕不韦成为秦国的开国功臣奠定了坚实的基础。

所以只从这一点来说,后人在评价吕不韦的时候说他只是一个善于投机钻营的商人,说得也对,但不是很全面。吕不韦确实是一个商人,正是靠着商人善于经营的头脑,敢于冒风险,照现在的话来,吕不韦是一个非常成功的风险投资家,他凭借高投资,取得了高回报。同时,他也不仅限于是一个商人,他还是一个野心很大的政治家,因为若是仅仅醉心于金钱,他在当时已经是一个富商,拥有万贯家财,但他的眼光要更为长远,这些都为以后秦国的统一和发展打下了良好的基础,正因为他在政治上的不短视,秦国才会在他的治理下,取得了那样辉煌的成就。

秦孝文王元年(公元前250年)安国君即位为秦孝文王,但登上宝座仅三天就去世了。于是,当时为太子的子楚,即异人继位,是为秦庄襄王。按照异人和吕不韦两人当初的约定,就让吕不韦任相邦(宰相),封“文信侯”,这样秦国的军政大权开始掌握于吕不韦手中了。然而,子楚即位后三年也死了,年仅13岁的太子政(即嬴政,秦始皇)继位,吕不韦再次出任相邦,号称“仲父”,辅佐幼年的嬴政,稳定了秦国政局。

吕不韦注意兴修水利,在他第二次任相期间,修建了著名的郑国渠,此渠的修建成功,大大改善了关中地区的灌溉条件,明显地提高了产量,终于使得秦国成为富庶一方的大国。

公元前236年，经过上万民众的艰苦努力和辛勤劳动，在水工郑国的指挥下，这项巨大的水利工程从它戏剧性的开始——作为"疲秦计"的砝码，大约花了10年时间终于完工，这时天下的人们看到了一个崭新的秦国。大渠建成之后，总长近300里，灌溉面积4万余顷。渠中的流水中含有大量的淤泥，在灌溉田地的时候极大地增加了土壤的肥力，使它所流经的很多贫瘠的土壤得到改良，使每亩可以收获粮食六石四斗，使

吕不韦墓

关中成为沃野，此后关中大地再也没有荒年，秦国因此富强起来。整个关中地区成了日后秦国攻打六国的天然大粮仓，那里的老百姓们为了纪念郑国的伟大业绩，就把这条渠命名为"郑国渠"。虽然后人有人分析说，当初吕不韦答应修建郑国渠是为了增加自己在政治上的砝码，所以力劝嬴政答应修建该渠，后来修渠以疲秦的阴谋败露，吕不韦也受到了牵连。但我们且不去管吕不韦的初衷到底是什么，单从鼓励兴修水利这个方面看，吕不韦这样做，使得秦国的政局稳定，国力明显增强，在实力上远胜于其他东方六国，这些都为秦的最后统一全国奠定了稳固的基础。

伴随着吕不韦权势的一天天扩大，秦王嬴政也在一天天长大，两人的矛盾也在不断地加剧，吕不韦终因"嫪毐事件"而"乃饮鸩而死"，说的是喝毒酒自杀了。

综观吕不韦的一生确实是传奇的一生，他从一名市井中唯利是图的商人，凭着超常的政治敏感和野心，终于登上了历史的舞台。在吕不韦两度辅佐秦国君主的过程中，从政治、经济、军事和文化诸多方面，他都为秦

国后来成为战国中的最强国作出了突出的贡献。虽然说，吕不韦死后，秦王嬴政把他的很多思想弃之不用，并且对吕不韦的功劳一笔勾销，但吕不韦前期给他打下的坚实基础都为其以后统一六国，建立一个统一强大的大秦帝国立下了汗马功劳。总之，吕不韦作为战国后期，社会由分裂走向统一这一转型期的封建地主阶级政治家和思想家的代表，他在历史上占据的地位和做出的功绩都是不容抹杀的。

第五章　野史传说

一、祖龙出世惊天地，扑朔迷离不知父

吕不韦在邯郸伴随着异人，但家眷却不能来邯郸。他与公子异人不同，异人年少，这时只忙于交朋友，传赞誉，还无暇于想及其他；而他过去是经常在濮阳、阳翟、邯郸这些商业繁华之地活动的人。这些地方自殷商以来就是男女多情之地，所谓"桑间濮上""郑卫之音"，就是这些地方上的风情。吕不韦自然也是风月场中的老手。当异人把精力用到与人交往上去时，吕不韦则在邯郸城中用重金买下一个善于歌舞的绝顶美人赵姬，一同居住。过了一阵子，时当阳春三月，万物发苏之时，赵姬信潮偶然停断，吕不韦认为赵姬受孕了，忽然骤发异想，要干包藏祸心之事——移花接木，把赵姬配给异人，让自己种下的种子冒充异人的后代。当然这事得与赵姬商量。自古以来就是佳人爱少年，哪有赵姬不认同的呢？

异人到赵国做人质时不过十五六岁。先时不为秦国所注重，处境贫困，当然也不能买婢伴随。吕不韦是何等样人，焉能不知阔气起来之后是会"饱暖生淫欲"的，何况异人也已是二十来岁正当其时的青年人了。因此，吕不韦精心安排了一次"钓奇"的饮宴。他把异人请到家里畅怀饮酒，饮至酒酣耳热醉意方浓之时，方把赵姬推出来与公子异人相见，献舞伴酒。

醉酒之时，寡男逢着美女，异人这位秦国公子，独居异国他乡，如何能够正襟自持而不做他想？何况已经知道自己终将继承秦国王位，往昔的灰心冷落抑郁之感已一扫而空，而赵姬仅是吕不韦的侍姬，又不是吕不韦的家眷，当时情不能自禁，便向吕不韦请求赵姬。吕不韦先是故作发怒以加重他对异人的厚情，然后表示我为你这位公子破家荡产，当然也不能再舍不得赵姬这个美人了，自念自叹一番之后，就把赵姬献给异人了。异人的欢喜是可想而知的，对吕不韦这位好朋友、好师傅，当然是从肺腑里都要感激的了。哪里知道吕不韦在设计用吕氏的血脉更代秦国的嬴姓血脉呢？

而异人得到赵姬，正是少年初情之时，哪能不沉醉在赵姬这个美妇的温柔乡中呢？他们真是夫妻恩爱，卿卿我我，与吕不韦的玩弄风月大不一样。赵姬得到异人的真情，天地，却也真的怀孕了。时光荏苒，十月之后，赵姬产下了一个男婴——这个男婴就是本传的主人翁，中国历史上赫赫有名的秦始皇。——因为出生在正月，故起名为政。十月光阴，异人当然知道这个婴儿是自己造化的结果。异乡伶仃的他，得妻生子，哪有不欢天喜地的呢！于是就正式确认了赵姬的夫人身份。

秦始皇

秦昭襄王五十年（公元前257年），吕不韦和公子异人在危急之时，买通邯郸守城门的人逃出邯郸城后，便奔往驻扎在邯郸城外的秦军营寨。秦军将士见是太子安国君的贵公子投奔前来，哪敢怠慢，接待之后，便调拨车马，选派护卫，好好地保护着送回秦国去了。

异人回归秦国，首先得

去拜见安国君和华阳夫人。因为华阳夫人是楚人，吕不韦让异人更改装束，身着楚人的服饰前去拜见华阳夫人。华阳夫人听到异人回来，也急切要与这个儿子见面。当她和安国君看到一个楚冠高峨的青年人叩拜于前时，不觉惊讶，等明白过来面前叩拜的就是公子异人时，心中顿时大喜，不觉大动感情。楚冠荆服，勾起了她的故国情思，深深感到异人能体谅到她的内心，也对异人能如此作想的智慧给予欣赏和称赞，更坚定了认异人做自己儿子的决心。当即高兴地说："我是楚人哪，你如此用心，就是我亲生的儿子了，从今天起就改名叫子楚吧！"

安国君因为以前听到人们都说异人这个儿子贤孝有才智，这回见面想要当面了解了解，就让异人诵读一下所习学的诗书典训。这可是出乎吕不韦的意料，而异人在赵国做质子近10年的时光，先是穷困潦倒，后来和吕不韦在一起，吕不韦所能想的都是些商人计谋和风月场情，哪能使他知道或用心于六艺语志、教令训典之类的学问上的诵习呢。异人由于在这方面所学甚少，只好回答说："我从小就做质子被捐弃在外，没能够受到学师的教诲，习诵不得。"安国君也只好作罢。与华阳夫人不同，安国君没有当即确定或宣布异人为嫡嗣，只是把异人和吕不韦收留安顿下来。

吕不韦没想到自己智虑尚有不及之失，意识到在学问上疏忽了。现在只好和异人安住下来，让异人去补这漏失的课程。对留在赵国的赵姬母子，一时也无暇顾及，只好听天由命了。

生活是安顿了，可是吕不韦却不能安闲。因为异人尚没有被安国君认可确立为嫡嗣，这对吕不韦来说还是个心病。他不能"为山九仞，功亏一篑"，他还得挖空心思为异人获取嫡嗣想出办法来。否则，前功将会尽弃。

吕不韦真不愧是有智谋的人，他不动声色辅佐着异人，终于让异人争取到了嫡嗣的位置。

公元前251年秋，秦昭襄王在位56年时宾天了，安国君承继了王位。吕不韦知道抢夺嫡嗣的关键时刻到了，再不能迟疑了，就让异人趁安国君

初即位正要安排国事时，不失时机地向安国君进言说："父王先前曾去过赵国，结识了不少赵国的豪杰，如今他们知道父王回国为王了，都将翘首西望，盼望得到父王关心他们的消息。如果父王不派遣个使臣去安慰他们，儿臣担心他们会因此而生怨恨之心，那就会使边境不得安宁，关城就要早闭晚开了。"

安国君听了，想起了自己在赵做质子的情形，对异人能做出如此周到的设想，感到很惊讶，也非常赞赏，认为说得很对，很有道理。当下夸奖不已。华阳夫人趁机在旁边再次鼓动劝说，要安国君立异人做嫡嗣，做继承人。于是安国君拿定主意，把丞相召来，下令说："寡人的儿子没有能赶得上子楚的，寡人决定立子楚为太子！"

现在，吕不韦才算大功告成，使异人一举成功，击败了子和众兄弟，获得了秦国法定继承人的地位，当上了秦太子。

吕不韦的这一幕夺嫡之功，用了10余年的时间方告实现。现在对他来说，事情还没有完结，他还存心思在赵国，这就是赵姬母子。吕不韦不能不考虑她们，他帮助异人夺取秦国的大业，最终的目的是要让这个产业落到赵姬生的那个婴儿手中，才算了结。正因为这样尽管赵姬在赵国受苦受难，但她不愁在秦国没有应援，两个丈夫不会忘记她的，尤其是吕不韦在把她送给异人时是有山盟海誓的。因此她带着秦王政坚忍地活下来了。

异人，虽然历史上对他的记载不多，但看起来他并不是恶劣之人。从为人来看，应该说还是个较厚道而少猜忌的人，也是个知恩图报的人。现在他当上了秦太子，可他并没有忘掉做质子时与自己相依为命的赵姬。他并不喜新厌旧，对患难之时的糟糠之妻一直挂怀在心。尤其在"将恐将惧，惟余与汝"之时，赵姬跟随着他并为他生了儿子，在他离开赵国之前，这个儿子从牙牙学语到蹒跚学步，使他在寄人篱下之时得到了无限的欢乐，看到了光明的希望。如今他做太子了，他怎能忘了她们，何况身边还有吕不韦这个大恩人的提醒呢？

异人成了秦太子，童年的嬴政也结束了屈辱的命运。赵人对秦王政这个其貌不扬的顽童和赵姬这个如花似玉的美妇，再也不敢轻视了。当秦人要赵姬母子时，赵国只好屈己待人，忍咽下自己对秦人的怨恨，把秦王政母子好好地奉养着送回秦国去了，借以讨好秦国，感化秦君。

二、甘罗利口说张唐，十二少年拜上卿

吕不韦有一个年仅12岁的小门客甘罗，他的祖父，就是为秦武王通三川攻取韩国大县宜阳的左丞相甘茂。甘茂后来因为受谗言流亡于齐、魏而死，因此甘罗在很小的年龄就出仕做了吕不韦的少庶子。大约在秦王政刚即位时，吕不韦派纲成君蔡泽去燕做使者。蔡泽去燕三年，燕王喜同意让太子丹入秦为质。吕不韦想重派张唐去相燕，好与燕共同伐赵，以扩大河间之地。吕不韦亲自去请张唐，张唐对吕不韦说："我曾为昭襄王攻伐过赵国，赵人非常恨我，说有能捉到张唐的，赏给百里之地做封邑。现在去燕必须经由赵地，所以我不能前去。"

吕不韦听了心中不快，但又不能强迫他去。主人的神色一下子被甘罗看出来了。

"您有什么不痛快的事吧？"

"我派蔡泽出仕燕国三年，使得燕太子丹作为人质到秦国来了。我特意要张唐到燕国当相国，但他却不肯答应！"

"我去劝劝他吧！"

"什么？退下！我劝他尚且没用，你有什么本事能让他去。"

"据说项橐7岁就当了孔子的老师，而我今年已经12了。让我试试看吧！您不必那么火冒三丈。"

甘罗来到张唐府上说："你的战功与武安君相比谁大？"

武安君，就是那个和赵国打仗、获得长平之战大捷的白起将军。

"武安君南挫强楚，北威燕赵，战则胜，攻必克，所毁城池，不计其数。我不如他！"

"应侯在秦国的势力和文信侯的实力相比,你觉得如何?"

应侯是秦昭襄王时代的相国范雎,文信侯则是吕不韦。

"应侯不如。"

"你是真的这么认为吗?"

"是的。"

"应侯计划攻打赵国时,武安君不肯前行。你看,离开咸阳才七里,就马上在杜邮之地被杀了。现在文信侯要你到燕国去当相国,但你却不肯答应。我可不知道你将死于何地!"

甘 罗

甘罗的一席话,说得张唐毛骨悚然,冷汗涔涔。最后,张唐被少年甘罗说动了,终于勉强同意去燕国。

张唐已决定出发,吕不韦转忧为喜,打心底里佩服甘罗。甘罗对吕不韦说:"请您借给我五辆马车,让我先到赵国去给张唐疏通一下。"吕不韦进王宫,把这件事报告给秦王,说:"甘罗虽然是个少年,但他是名门子孙,诸侯各国都听到过他的名字。大王派张唐到燕国去,张唐一再推辞,最后还是甘罗说服了他。现在甘罗愿意先去一次赵国,给张唐疏通一下,希望大王答应他的请求。"秦王召见甘罗,问了一些情况,甘罗对答如流。秦王便放心地让他到赵国去了。

甘罗作为秦国的正式使者来到赵国时,赵王专程到郊外迎接。甘罗又一次在赵王面前施展其雄辩的口才。

甘罗问赵王:"赵王听到燕太子丹到秦国做人质的事情了吧?"

赵王回答:"听到了。"

"张唐要当燕国相国的事也听到了吗?"

"也听到了。"赵王说。

甘罗说："太子丹入秦是燕不欺秦的证据。张唐任燕国相国则证明了秦不欺燕。秦燕不相欺，携起手来，目的在于攻打赵国，占领河间地区。赵王最好能赐给臣下五座城池做礼物，以扩大秦在河间的土地。我想这样的话秦国会打发太子丹回去，然后和贵国一起攻打燕国的。"

赵王一想，觉得甘罗的主意不错：一则给秦国的土地可以从燕国补偿；二则秦燕疏远可使赵国安定，于是马上把5座城割给秦国，秦国送回燕太子。赵国果然发兵攻打燕国，占领了30座城池，并将其中的11座城送给秦国。所以甘罗未损一兵一卒和毛遂一样只凭三寸不烂之舌，巧妙地扩大了秦国的领土。

甘罗完成使命，回到秦国。秦王赞赏他的聪明才智，封他为上卿（朝廷中最高的官职），将早先甘茂的封地和住宅赐给甘罗。

三、起草檄文讨吕相，兵败逃燕怒秦王

樊於期（？—公元前227年），战国末期将领。原为秦国将军，后因伐赵兵败于李牧，畏罪逃往燕国，被燕国太子丹收留。太子丹派荆轲谋刺秦王政时，荆轲请求以樊於期首级与庶地督亢（在河北高碑店一带）地图作为进献秦王的礼物，以利行刺。樊於期获悉，自刎而死。在荆轲刺秦王的故事中，樊於期因何事得罪秦王，被秦王"购之金千斤，邑万家"而逃到燕国呢？

公元前238年，吕不韦为报五国伐秦之仇，决定攻打山东五国。先派蒙骜同张唐督兵5万伐赵，三日后又命令长安君成蟜同樊於期率兵5万为后继。

秦兵出函谷关后，蒙骜率领前军取路上党径直进攻庆都，驻扎在屯留，作为前方秦军声援。赵国派庞煖为大将，扈辄为副将率兵10万抗拒秦军。尧山一仗，秦军未能取胜，蒙骜派张唐督导屯留催取后队军兵。

当时，成蟜只有17岁，不谙军务，忙召樊於期商议。

樊於期一向憎恨吕不韦纳妾盗国，便乘机说，今王非先王骨肉，唯君乃嫡子。同时还说吕不韦这次派他出兵的目的就是想借机除掉他，并献计道，今蒙骜兵困于赵，急未能归，而君手握重兵，若传檄以宣淫人之罪，明宫闱之诈，臣民谁不愿奉嫡嗣者。

成蟜听完便接受了樊於期的谋划，樊於期假意对来使说大军即日移营。

使者去后，樊於期草就一篇檄文。

长安君成蟜布告中外臣民知悉：

传国之义，嫡统为尊；覆宗为恶，阴谋为甚。文信侯吕不韦者，以阳翟之贾人，窥咸阳之主器。今王政，实非先王之嗣，乃不韦之子也。始从有妊之妾，巧惑先君，继以奸生之儿，遂蒙血胤。恃行军为奇策，邀反国为上功。两君之不寿有肴缘，是可忍也？三世之大权在握，孰能御之！超岂真王，阴以易嬴而为吕；尊君假父，终当以臣而篡君。社稷将危，神人胥怒！某叨为嫡嗣，欲乞天诛。甲胄干戈，载义声而生色；子孙臣庶，念先德以同躯？檄文到日，磨砺以须，车马临时，市肆勿变。

樊於期将檄文四处张贴，秦国人多听到过吕不韦进妾的传闻，等见到檄文中有怀妊奸生等语，才信是实。尽管惧吕不敢起兵响应，也都采取观

荆轲刺秦画像砖

望的态度。张唐一听长安君已反，星夜奔往咸阳告变。秦王嬴政见到檄文大怒，召仲父吕不韦计议。遂派王翦为大将，领兵 10 万，讨伐长安君成蟜。兵变结果是，长安君成蟜失败投降被杀。

秦王政十年（公元前 237 年），樊於期任秦国将军。翌年与王翦、杨端和率兵攻打赵，取邺（今河北临漳西南）等城，继而攻占平阳（今磁县东南），大胜，杀赵国将扈辄。

秦王政十四年（公元前 233 年），他再次率军攻打赵国，面对赵国名将武安君李牧，大败，秦军损失惨重。樊於期不敢回秦国，后逃往燕国，并拜燕国大将军。秦王大怒，将其父母宗族全部杀害，并悬赏格购樊於期：有能擒献者，赏以五城。后樊於期为助荆轲刺秦主动自杀献上自己的头颅。

这个故事在《战国策·秦策》及《东周列国志》第 130 回中皆有记载。

四、三千门客写春秋，李斯逐客杀韩非

吕不韦商贾出身，在古时商人是个很低贱的职业，所以当吕不韦已为强秦百官之首，总揽大权时，却仍旧觉得以前的身份是个负累，该怎么洗脱这商贾之名呢？

吕不韦想起了战国四公子孟尝君收留门客，于是有样学样，跟着收留了一大批有才学的门客。吕不韦就是有魄力，别人养着几百门客就已经很吃力了，但据说吕不韦的门客就有 3000 之多。

不过养这么多人也要钱的啊。商人就是商人，吕不韦自然是不会做赔本生意的，这么多门客总不能都拿来吃白食吧！于是吕不韦就萌生了一个想法。

战国时期有许多学派，最著名的就是儒家、道家、墨家、法家、纵横家，他们纷纷著书立说，历史上把这种情况称作百家争鸣。

于是，吕不韦干脆将门客中的知识分子都给组织起来，让他们去编一部书。

书名叫作什么呢？吕不韦早就想好啦！

现在的吕家，权势滔天，要钱有钱，要人有人，谁人能把一个商人做到他这般模样？后面有没有来者不知道，但至少在他已知的历史中是前无古人，差就差一本歌功颂德、后世流芳的书籍了，那这书名自然就叫作《吕氏春秋》。

等到这《吕氏春秋》写成后，吕不韦派人把它挂在咸阳城门上，发布告示说，谁能对这部书提出意见，不论添个字或者删个字，就赏金千两。这一来，他的名头就更响了。

但吕不韦并未能风光多久，随着秦王嬴政年龄的渐渐增长，已经成人的他渐渐察觉到吕不韦对他统治产生的威胁。

在秦王嬴政 22 岁那年，宫里发生一起叛乱，牵连到了吕不韦。不论这事与吕不韦有无干系，秦王觉得留着吕不韦也碍事，就把吕不韦就地免职。后来又发现吕不韦势力还不小，便逼他自杀死了。

吕不韦一倒台，秦国本土贵族和大臣就议论起来了，说列国的人跑到秦国来，不是为大秦谋划，而是为自己私利打算，于是奏请秦王把客卿统统撵出秦国。

秦王接受了这个意见，下了一道逐客令。大小官员，凡不是秦国人，都得离开秦国。

当时就有个楚国来的客卿，儒家学派代表荀况的学生叫李斯。他来到秦国被吕不韦留下来当了客卿。这一回，李斯也在驱逐之列，心里很不服气，于是在离开咸阳前，就上了一道奏章。

李斯在奏章上这样写道，从前秦穆公用百里奚、蹇叔，成为春秋五霸；秦孝公用商鞅变法图强；惠文王用张仪，以连横之策拆散六国联盟；昭襄王得到了范雎，强化了王权，让国家变得强盛。这四位君主都是依靠客卿辅助，建立功业。现在到大王这里，却反将外来人才全都撵走，这不是削弱秦国而帮助敌国增加实力吗？

秦王一看，觉得这李斯说得挺有道理，连忙打发人将他从半道上截了回来，然后恢复他官职，并下令取消了逐客令。

李斯的才能也慢慢被秦王看重，慢慢地，李斯成为了秦王的专属谋士，为统一六国出谋划策。此时，中原形势一片大好，李斯向秦王献策，要秦军一面加强对列国的攻势，一面派人到列国游说诸侯，用反间、收买等手段，配合武力进攻施压迫使他们臣服。

李斯浮雕

韩国是第一个臣服的，韩王安见到秦国强大的军事实力，十分害怕，于是派公子韩非到秦国，请求议和，并隐晦地表示，韩国愿意作为秦的属国。

韩非与李斯本是同窗，都是荀况的学生。韩非是个有才能的人，在韩国时，看到自己的国家一天天衰弱，他几次三番进谏，韩王却理都不理他，满肚子学问却得不到重用，于是他便关起门来写了一部书，叫《韩非子》。

这本书出来后，引起了轰动，他在书中主张君主要集中权力，加强法治，等这部书传到秦国，秦王看后顿时连声道好，对韩非十分推崇。

这次韩非奉命出使秦国，在见到强大的秦国后，韩非心里也很中意，于是便上书秦王，表示想为大王统一天下出力。

秦王自然很欢喜，但李斯这时不干了，他怕韩非夺了他的地位。于是在秦王面前说，韩非是韩国的公子，大王兼并诸侯，韩非势必会为韩国打算。如果让他回国，也是个后患，不如找个罪名把他杀了。

秦王听了这话，半信半疑，于是下令把韩非暂时先扣押下来，审问之

后再做定夺。但韩非进了监狱后，却连辩白也没机会，李斯就给他送来了毒药，韩非只得饮鸩自尽。

秦王扣押韩非后，心里也有点后悔，就打发人把韩非放出来，得到的回话却是韩非畏罪自杀了。秦王十分懊恼，最后也只好不了了之。

第二编

始皇建制，千古一帝

　　秦始皇统一中国，建立了封建专制主义的中央集权制度，统一了全国度量衡、货币和文字，促进了各地的经济文化交流，巩固了国家的统一。但沉重的赋税、繁重的兵役和徭役、严酷的刑律，给人民带来了深重的痛苦和灾难；焚书坑儒是严重的历史退步，钳制了思想，摧残了文化。

第一章 / 封建集权

作为秦王的嬴政，横扫六国，缔造秦朝，结束春秋战国"天下共主"名存实亡的局面，是数百年群雄争霸历史的终结者。作为始皇帝的嬴政，摒弃王制，开创帝制，推行专制主义中央集权制度，更是2000余年历史的开创者。始皇确立皇帝制度，构建起庞大的封建政治金字塔，可谓"定一制而传千古"。

一、六国初统形势乱，适应变化须变革

秦自商鞅变法图强以来，就逐渐形成"席卷天下，包举宇内，囊括四海之意，并吞八荒之心"，并开始了兼并山东六国的斗争。经过100多年的持续努力，至公元前246年秦王政继位时，实现统一的条件基本具备：

一方面，社会经济得到了较快的发展，民族间的联系也得到了进一步的巩固和加强，"四海之内若一家"，为统一提供了必要的社会基础。

另一方面，秦朝变法的彻底，政权的巩固，经济的发展，使它变得国富兵强，实力明显超过了山东六国，因此，秦王政"奋六世之余烈，振长策而御宇内"，毅然发动了对齐、楚、韩、赵、魏、燕六国的兼并战争。

从秦王政十七年（公元前230年）灭韩起，至二十六年（公元前221年）灭齐止，前后只用了10年时间，秦王政便扫平六国，建立起了我国历史上第一个统一的封建制国家。

秦皇朝的建立，是中国古代历史发展的重大转折点：自周平王东迁洛邑以来，社会便逐步陷入长期分裂混战的状态之中，战国年间，更是兼并不断，暴政经岁。秦王政承继秦孝公、昭襄王向外拓展的宏业，一举结束了过去那种"兵革不休""流血满野"的战乱局面，统一

战国武士靴形钺

了全国。这既有利于社会经济的恢复和发展，也符合历史的趋向和大多数人的心愿。秦《泰山刻石》有记载："廿有六年，初并天下，罔不宾服。……训经宣达，远近毕理，咸承圣志。"

秦统一六国之后，六国不少贵族和官僚仍深藏着强烈的反秦意识，韩、赵、魏被灭后，"三晋大夫，皆不使秦"，韩国大贵族官僚出身的张良，其先人"五世相韩"。秦灭韩，张良"悉以家财求客刺秦王"。楚亡以后，楚国大夫不欲就秦的、逃至齐都城南下的就有数百人。在很长时间内，楚国竟还流传着"楚虽三户，亡秦必楚"的谚语。

为了打击原六国贵族的反秦活动，防止和镇压农民的反抗斗争，秦统治者必须尽快建立足以控制全国的封建朝廷，构筑起从朝廷到地方的各级政权机关。当然，总的说来，这个政权仍然是原来秦国的延续，是其统治机构的扩充。但为了适应新的形势发展与变化的需要，秦统治者还是采取了一系列重大的变革措施。

二、绞尽脑汁定名号，千古一帝秦始皇

公元前 221 年，当秦国的军队在大将王贲的率领下，进入不战而降的齐国都城临淄的时候，在秦国都城咸阳，为庆祝攻灭六国，统一天下的胜利，连日里，全城到处张灯结彩，钟鼓和鸣，呈现出一派节日的景象。还不到 40 岁的秦王政，面对这种景象，满怀信心，雄心勃勃地想继续干一番空前

的事业。

秦王政二十六年（公元前221年），秦王政称号皇帝，自称为朕，出命曰制，下令曰诏。

议帝号就是秦王政并天下后所要做的第一件事。所谓议帝号，就是在统一天下后，让群臣把他这个天下的主宰者、最高级人物的位置，摆正和确定在天下之上。这就是后世出现的为帝王上尊号的事情。不过后世的帝王都不是自己提出来，而是由臣下奉上劝进，皇帝还要虚假做作谦让一番。秦王政比后世的皇帝有一点强处，就是他比他们实在，他要特别，是由他自己说出来，让群臣按他的意志拟定。

按说王本来就是天下最尊严的称号，是天下的主宰者，即人间社会的最高级人物的专称，所以人们又把王叫作"天子"，而王则自称为"予一人"。那么，秦王政在统一天下后，为什么要抛弃王号而让群臣议帝号呢？

这是因为在战国时，一些学者在探讨人类社会的发展历史上，把人类的社会历史划分为三皇、五帝、三王这么三个时期。认为开天辟地之后，首出治世的是天皇，承接天皇的是地皇，地皇之后是人皇治世——此为三皇。三皇时代荒远，人们说不清楚，只是心里对遥远的古代领袖格外敬仰，所以以皇号称之，表示"大"，表示"始"。其实皇字下面的王字是音符，上面的白字原来是日字顶上有三道光芒，即皇字本义是太阳光芒四射。继三皇之后为五帝时期，一般的说法是以黄帝、颛顼、帝喾、尧、舜为五帝。五帝时期，是"天下为公，选贤与能，人不独亲其亲，不独子其子"，即其时的领袖是选举产生的。如尧死后，帝位不是由其子丹朱继承，而是选舜为帝；舜死，帝位也不传与其子商均，而是选定治水的大禹——古代把这叫作禅让。他们都是与民有功的人，所以人们敬仰爱慕他们，赋给他们以帝号为称。帝的受义根源也是从日字来的，帝是日的别名，如《周易·说卦》"帝出乎震——震东方也"，人多疑惑不明其义，如果说是"日出乎震"，即日出东方，则无人不晓。所以，无论是三皇，还是五帝，都是人们用太阳来赞美领袖。

到大禹治水成功，划定九州，人类社会开化了，所以禹死后，禅让制度被破坏了。禹子夏后启不仅夺取了帝位，而且还率军队把反对他的有扈氏给消灭了，他把这说成是按天的意志行事，于是就出现了天子一词。这时启的权威大极了，谁反对他，他就可

玉　玺

以奉天的命令去征伐谁，从而建立了传子制度的家天下，即夏王朝。所以自夏后启以后，人们就把社会上最权威的人物称为天子，称为王了。为什么用王字代替帝字了呢？因为王字原是斧钺图形简化而成的字，斧钺在古代是权杖的标志，是掌握征伐杀戮大权的象征。如周武王伐纣就是"左杖黄钺，右秉白旄"，而诛纣则是以"黄钺斩纣头"。王的本义就是征伐杀戮的权威或权力。称王就是掌握了对天下进行统治的权力，天下都得服从，因为他有权征伐任何一个不服从者。所以自夏以后，商、周的君主在取得统治天下的权力后，也都以王号为称。故夏、商、周称为三王时期。

王与皇和帝的意义完全不同，人们对皇和帝是自然产生的景仰，而对王则是在威力下而产生的敬畏。帝和皇虽然崇高，但哪有王那样有权威，就两者的本义相比，王的权力不知要比帝大多少万万倍——依此来看，以王号配秦王政是再合适也不过了。

可是到战国时，诸侯强大起来，不尊周室了，都妄自尊大称起王来。七雄都称王了便显不出谁有尊严了。由于战国时的学子不懂历史，以为时代越古，首领就越有尊严，越神圣，越有权威。秦昭襄王时，以为秦比六国都强大，就想用称帝号来表示他比诸侯更尊严，但遭到诸侯的反对，只好又取消了。秦王政如今得志了，就循着他的曾祖父想称而没敢称的"帝"字上，找尊严，找权威，找神圣了，他要让群臣给他议帝号。其实，这正反映了他在此上的无知，虽然他曾受过良好的学识培养，但他对王、帝的

意义实在是不懂。然而由于他跟从他的曾祖父的脚步，想借用称帝号来表示他比王还威严，还高级，结果把中国文字王、帝原来所含的社会意义给篡改扭曲了。

这一天，他一大早就上朝了。只见他头戴皇冠，身穿龙袍，挺着身子，端坐在殿堂正中，眉宇之间，隐含着一种刚毅、自信的神情，眼睛里流露出说一不二，掌握生死的凶气。

当文武百官欢呼着向他歌功颂德之后，他得意扬扬地说道："寡人兴兵平灭连年的战祸，现在六国都消灭了，天下统一了，开万世之太平。寡人的名号也该更换一下了。如果不更换名号，还是称作'王'的话，那和原先六国的国王有什么区别呢？又怎么能够用它来显示成功，传之后世呢？众位大臣议论一下，看看到底改成什么名号好。"

秦王政一说完，朝堂上顿时鸦雀无声。大臣们你看看我，我看看你，一时间谁也说不出个什么名堂来。连大气都不敢喘一声，生怕被秦王政叫到。

秦始皇二十六年铜诏版

散朝以后，丞相王绾、御史大夫冯劫、廷尉李斯几个大臣，急急忙忙召集了一群博士（有专门学问，充当皇帝顾问的官），七嘴八舌地议论起来。这些人绞尽脑汁，商量了一个晚上。最后总算商量出来了。第二天一大早，秦王政上朝时，李斯上前启奏：

"古时候有三皇五帝，他们管辖的地方也不过那么点大，后来天子连分封的诸侯都管不了。现在陛下兼并六国，统一了天下，建立了自古以来别人从未有过的功绩，这些是五帝都比不上的。还有二皇，有大皇、有地皇，有泰皇。其中泰皇是最高贵的。陛下要更换名号，称'泰皇'是最合适的。"

秦王政听完，半天没有出声。在那儿想着："泰皇"虽然尊贵，可毕竟是用过了

战国·青铜九鼎

的。自己的功绩不仅超过五帝，而且比三皇也要大许多。想到这里，大声说道："古时候有三皇五帝，干脆就取三皇的'皇'字，五帝的'帝'字，合起来就叫'皇帝'吧。"

大臣们一听，都大声叫好："陛下德过三皇，功高五帝，应该称皇帝！"

从这时起，中国历史上第一次有了皇帝。

秦王政接着又说："寡人既然是自古以来第一个皇帝，就叫作'始皇帝'吧。今后，寡人的子孙作了皇帝，就以世数来计，叫作二世皇帝、三世皇帝，直至百世千世，传之万世！……"于是，人们就称秦王政为秦始皇了。

帝号确定了，还有主宰天下人的一些用语也须改换，才能表现出秦王政的维新。如：商周的王，自称我为"余一人"，或曰"不谷"。这个词秦王政没用过。这是因为秦王政虽然也称王了，但因为原来是周王的诸侯，而诸侯自称"寡人"，所以一直到秦王政也是沿用寡人这个词。现在既然称皇帝了，寡人这个词也得换了，于是选用了"朕"这个词做皇帝的自称之词。本来朕这个词，原不分贵贱高低，人人都可用来称我，但却因秦王政选中而独尊起来，从此以后只有皇帝一个人可用，他人若用当然是大逆不道了。

周天子布政发话，或曰命，或曰令。秦廷因秦王政称皇帝，于是决定

把皇帝的出命改作"制"，将皇帝所下的令改作"诏"。

三、新皇开泰立威严，名器专用不可僭

为了表示皇帝的与众不同，又规定了一套制度。例如皇帝的命令叫"制"和"诏"。文字中也不准提到皇帝的名字，叫作"避讳"。以前，大家都能用"朕"来表示自己，现在秦始皇却规定只有皇帝才能称朕，只有皇帝的大印用玉雕刻，叫作玺。另外，还规定了皇帝的服饰制度。这些都是为了显示皇帝的无上权威，表示秦的统治将万世一系，长治久安。

1. 废除谥法

君尊，臣就须抑，于是又确定臣下给皇帝上书或向皇帝报告事情，要说是"奏"；奏书时要先说是"昧死"。——即昧死而言，因而秦臣就都得在皇帝面前战战兢兢俯首行事了。

对百姓人民，那就得更降低，这样也找到了一个与皇帝日光四射相对应的词——黔首，做人民的称谓。黔表示黧黑、即人民是墨面黑首的人——这也可以说明秦王政是知道人民辛苦墨面憔悴的，又可知道他并不想让人民改变这个样子。

秦王政二十六年（公元前 221 年），秦王政废除谥法。

秦王政既然称皇帝了，是自古以来的第一人了，但他毕竟不是石头里蹦出来的人，他毕竟还得靠他的父亲把他创造出来，没有他父亲哪会有他呢？可是他父亲只是称王，于他脸上也无光彩，何况他的生父之名差一点让吕不韦给冒名顶替了呢？因此，他哪能不让他父亲也得有些光彩呢！只有这样才能显得他的不凡，才能显得他是高于一切的人。于是他又尊他的父亲秦庄襄王为太上皇。太上是最高的称呼，皇当然是"三皇"的皇了，即他的父亲是获得了皇号中最崇高的称号。而帝字他却吝啬没肯给，就是说他对他父亲也并不是毫无保留的，因为只能他才可以是自古以来天下独一无二的人——事实上他后来的确是成了独夫。

其实按礼制来说，天子追赠先祖是追赠七代，可是秦王政仅追赠一代，

至于父亲的父亲和以前的祖宗他就不管了。他也不怕那些祖宗会在阴曹地府里发怒而不保佑他，说明了秦王政对古代社会延续下来的礼制无知。看来当年吕不韦对秦王政的教诲是大有失职之阙，原因恐怕是吕不韦也不懂得这些。

秦代陶器

秦王政在追尊他的父亲的同时，还将古代的一个礼制——即谥法予以废除。所谓谥法，是西周时周公建立的礼制，是根据人的一生行为，在他死后给以确定的评价。所谓"谥者，行之迹"，又说"行出于己"。这可是周代政治的可贵处，通过这一制度，可以约束人注意自己的行为，因而可以抑制人的放纵，也可以勉励人的上进。美谥恶谥，即好的评价还是坏的结论，是以人自己的行为为根据，而在死后获得的定论。

如秦王政之父，死后的谥是"庄襄"，为双谥。庄的意义有："兵甲亟作曰庄"，"睿圉克服曰庄"，"胜敌志强曰庄"，"死于原野曰庄"，"屡征杀伐曰庄"，"武而不遂曰庄"；而襄的意义是："辟地有德曰襄"，"甲胄有劳曰襄"。看来都是与武勇征伐有关。从庄襄王在位，元年攻韩，取成皋、荥阳，置三川郡，又让吕不韦灭东周；二年攻赵榆次、新城、狼孟，取37城；三年命王攻上党，设置太原郡，则符合"兵甲亟作""睿圉克服""胜敌志强""屡征杀伐"的庄，也符合"辟地有德""甲胄有劳"的襄。秦庄襄王三年，秦曾受挫于魏信陵君，接着庄襄王就死了，说明庄襄王的死与这次受挫有关，则"武而不遂"似乎更体现了作谥的用意。因此，庄襄王的谥，是庄襄王死，吕不韦与秦廷大臣根据他生前的行迹给选定了"庄襄"二字。

再如秦孝文王，也是双谥。孝："慈惠爱亲曰孝"，"秉德不回曰孝"。孝文王之父秦昭襄王在位时间很长，死时，孝文王已53岁了，是老太子。

储君年龄大了，往往因急于为王而惹出生乱之事，但孝文王却没有那样的事，说明他的为人与"慈惠爱亲""秉德不回"是很符合的。而文："经纬天地曰文"，"道德博文曰文"，"学勤好问曰文"，"慈惠爱民曰文"，"赐民爵位曰文"。从吕不韦与公子异人自赵返秦，孝文王考问异人让其"诵所学"来看，孝文王一定是一位"学勤好问"的人，则其死谥为"孝文"，所反映的正是他生时的为人。

秦昭襄王的双谥，襄字义已见前，符合于其生平。而昭字义："容仪恭美曰昭"，"昭德有劳曰昭"，"圣闻周达曰昭"。秦昭襄王在位期间，败楚拔郢，破赵长平，使诸侯畏服，说是"昭德有劳"，甚是符合。又昭襄王采用范雎的远交近攻，而说他"圣闻周达"，亦符。昭襄王在位时曾与楚怀王相会过，与赵惠文王也相会过，魏襄王还去秦廷相朝过，而且孟尝君、平原君、春申君都见过他，大概昭襄王的仪容很是丰采，自有让人慑服的风度。

从上面秦国三君的谥，可知周代的谥法制度一直延行到战国结束。秦王政称皇帝后，则按他的意志发出制书说："朕闻太古有号毋谥，中古有号，死而以行为谥。如此，则子议父，臣议君也，甚无谓，朕弗取焉。自今已来，除谥法。朕为始皇帝，后世以计数，二世三世至于千万世，传之无穷。"即下文告，向天下宣布废除谥法。太古，是指夏、商、周三代以前，那时是人生时有名号，而死则不作谥。中古，指商周交替之时，因周公制谥法，所以其时是既有生号，也有死后根据其一生所作及行为为他选谥的礼节上的体制。秦王政反对谥法，已经说明他是不准许别人评议他的，他要按自己的意志任性而为。他初得天下就废除谥法，表达的是他将不受任何约束，在他眼里法是治他人的，他自己则是超于法上的，以意志为是，不合己意的，虽于规范社会有益也须废除掉。这也叫秦王政的一项改革吧！

秦王政的父亲公子异人，因华阳夫人之命，改名叫子楚，所以，秦人都得避讳楚字，凡遇楚字，如对楚国，则不能说或写楚字，而改为荆字。秦王政统一天下而成为天下的皇帝后，则有秦一代整个中华大地上的人，也决不许直说或直写楚字，也都得用荆字代替了。

又，秦王政是正月出生，因而取名为政，他当上了秦王后，秦人都不能读正字的政音，而改读为征音。他统一天下后，整个中华大地上的人，对正字又都得随着而改读为征音，并一直传延至今，人们对一年之始的正月都读之为征音。而木来正月是首月或始月，秦则又规定说正月为端月。

又因为秦王政称号皇帝了，而秦代的罪人极多，"罪"字原来的写法与"皇"字相近，于是把字改写成了现在的"罪"。

2. 器物专用

皇帝不仅要有自己专用的称呼，还要有属于自己专用的器物；这些器物的形制和名称，同皇帝本人一样，都是神圣不可侵犯的。儒家对此最有讲究，认为它们是经国家、定社稷、序氏人、利后嗣的周礼的具体化表现，因此绝对不能错乱。当年鲁国的季氏因为使用了周天子才有资格使用的乐舞，孔丘便气急败坏地讨伐道：是可忍也，孰不可忍也！始皇帝虽然在思想上崇尚法家，然而在森严等级制度上，与儒家却不谋而合。无论什么器物，大家都可以使用，分不出高低贵贱，那还成何体统，自己做这个始皇帝还有什么意思呢？所以在正名之后，始皇帝又急忙正物之所属。

最为人所熟知的，是始皇帝将"玉玺"规定为皇帝专用。秦以前，民皆以金玉为玺，上有龙虎兽钮，并没有很严格的等级意义上的区分。自此后，玉玺为皇帝所独享，臣民不得以玉治印，亦不得称玺。按照水德终数为六的说法，始皇帝为自己准备了所谓"乘舆六玺"：皇帝行玺、皇帝之玺、皇帝信玺、天子行玺、天子之玺、天子信玺。除此之外，还有所谓"传国玉玺"。始皇帝得到了一块出自蓝田的美玉，令李斯书文以刻之，文曰"受命于天，既寿永昌"。这块玉玺，历代皆以为重宝。后来至西汉末，王莽要代汉建立新朝，向他的姑姑、太皇太后王政君索要传国玉玺，王政君悲愤交加，将此玺掷于地，摔破一角。再传至东汉末，黄门张让等挟持天子出奔，左右分散，掌玺者将此玺投入井中。据说其后不久被乌程侯孙坚得到，引起群雄一番争斗，有称帝野心的袁术甚至扣押了孙坚夫人为质，必欲得此玺而后快。但孙氏坚决否认自己得到了传国玉玺。末代吴帝孙皓向司马

玉　玺

氏投降时，也只贡献了六枚金玺，没有这块玉玺。总之，传国玉玺在后世下落不明。

除玺印外，服饰也是标志天子等威的重要组成部分。春秋战国，礼崩乐坏，周天子地位日益低下，诸侯和卿大夫遂"奢僭益炽"，"竞修奇丽之服，饰以舆马，文罽玉缨，象镳金鞍，以相夸上"。始皇帝攻灭六国，兼并天下，自然不容许此种现象再继续下去，遂慢慢制定了严格的服饰制度，以标识等级，区分贵贱。例如始皇帝郊礼所服，皆以构元，以从冕旒，前后邃延。此制为后世之朝所沿袭。又有所谓通天冠，是皇帝的常服，冠高九寸，正竖，顶少斜，直下，以铁为卷梁，前有卷筒。类似此类的服饰，臣民绝对不能穿用，否则便是一个死字。礼仪之邦也好，法治之国也罢，在这方面，为君父者对僭越者从来都是不留情的。

秦始皇曾五次巡游天下，他的车驾浩浩荡荡，行驶在驰道上蜿若游龙，十分壮观。但是，始皇帝的乘舆究竟是什么样子，文字材料的叙述比较简略。以前我们只知道始皇帝的乘舆是由六马所驾，因其以金装饰，故称金根车。另有属车，也就是副车。大驾属车81乘，法驾属车36乘，都是皂盖朱里，朱辖缇戈矛弩箙。

尽管秦始皇乘坐的金根车到目前还未发现实物，但据出土的铜车马的情形推测之，一定是非常豪华，非常气派的。由六匹神骏无比的骏马驾着，从咸阳奔向碣石，奔向芝罘，奔向会稽，载着功高五帝的秦始皇巡游天下，寻仙求药；又同样载着他毫无生气的躯体和腥臭的鲍鱼返回咸阳……无论生前还是死后，秦始皇都存在于高贵的等级之中。而当时的一切制度，包括舆服之制，都是为维护等级的稳定而服务的。

3. 改易历数

所谓历数，也叫作历术。在今天看来不过是一个历法问题，即确定一年的起始终止时间。但在古代可是最大的为政要事，涉及了社会观念、文化传统和习俗。它起源很早，可以追溯到五帝时期。

据说黄帝命大挠做甲子以纪日，说明那时人们就已初知历法之事了。由于中华的先民从事农业极早，而农业生产必须根据天时节气运作，所以黄帝时便有历法是可信的。但那时的历法属原始阶段，对时间季节的掌握是非常疏阔的，只知道春秋二季，即春时万物生发而种植，秋时万物归藏而收获。按科学推算检验古书的记载，黄帝之孙颛顼之时，人们是以大火星为测度时间的坐标。《诗经》中所说的"七月流火"就保存了火星纪时的遗迹。即彼时是以火星出现为一年的开始，属春时种植，以火星西流隐没为秋季而收藏。那时火星出现的时间，相当于今农历三月，天气已经很暖了，草木都已滋生，鸟兽也都开始繁育了。到尧时，先民大进步了，已经能掌握太阳的运行周期，于是定1年为366日；又以月亮的初现为一月的开始，叫作"朔"日，1年12个月，12个月多出的时日，积累二三年后加闰月，而定四季——这一进步，是中华文明产生的根本，远比秦始皇的业绩伟大得多了。

由于先民的领袖们，能根据天象，指导社会生产和安排人们生活，人们便认为他们是代表天意行事。因此，就对尧、舜、禹这样的领袖产生了无限的敬慕和景仰，就用太阳（即日）来歌颂他们，称他们为帝尧、帝舜、帝禹。

由于这一进步，人们能把握天时季节规律，所以尧、舜、禹时则把一年的开始提到相当于今农历的正月初一日，这在历法上的月建叫作"建寅"。这种根据天时，结合人事和农业生产而定的历法，最符合人们从事社会活动和生活安排，所以至今农村还是按农历时间进行生产运作，就可知其影响之深、意义之大了。

夏是禹子启建立的王朝，所以夏代继承了这一历法。因此，"建寅"历法也叫作夏历。夏王虽然是天下的主宰，但要得到人们的承认或认可，

他必须履行尧、舜、禹时所承担的这一传统职责，所以夏王每年都要向人们公布历书。由于中国古代是以月亮隐没初现的那一天，即朔日，定为初一日，故把这公布历书之事叫作"告朔"。人们按夏王公布的历书去从事生产和社会活动，也就是接受了夏王的统治，这就是"朔政"。夏王是正月朔日的掌握者，这就叫作"正朔所在"，这样才具有统治权——这就是中国古代的政治根本。

商汤灭夏桀，为了表示更新，把每年的开始，即正月朔日，提前了一个月，相当于今农历的十二月初一日，商代的这个历法在月建上叫作"建丑"。夏王的正朔被取缔了，标志的就是夏灭亡了，而诸侯都按商王的正朔朝贺或行事，商王才真正成为天下的统治者。

周人灭商后，把一年的开始又提前了一个月，相当于现在农历的十一月初一日，而这个月内包含有冬至日，故周代的这个历法在月建上叫"建子"。诸侯接受周王对时间的安排，周王就被承认为掌握了天下的统治权。

这点知识，读者不要轻看，它是中国古代政治的传统或根本，在古代是相当神圣的。因为社会的最高领袖或统治者，掌握着历日，表示的是代天行事，天命就得归他，所以中国古代的最高统治者叫作"天子"，其根源就在于这上。商汤伐桀，周武伐纣，一个主要的借口就是说"夏桀、商纣不告朔于诸侯"。即在古代谁荒疏了它，谁就会失掉拥护而失去统治权，别人就可以讨伐他并取代他；谁的正朔为天下承认，谁就受拥护，谁就是天子。直到西晋之后的五胡十六国时，前秦的苻坚虽然统一了北方，但辅佐他的名相王猛在临死时还嘱咐他说，偏安东南的东晋朝廷虽小，但却是正朔所在，不能攻伐。苻坚没以为意，结果90万大军一战而溃，苻坚及其前秦王政权也跟着就垮台了。

然而战国时，诸侯分立称王，各为正朔，没有所统。所以秦始皇统一天下，首要的是在天下推行秦的正朔，以名正言顺地确立他是代天行事的统治者或主宰者。

正朔历法，虽然是自然科学，由于历史原因，在古代与人间统治相因，所以就要附有天人相应的天数命运内容，使它包含了阴阳五行、服色、数字、方位、数运等等诸多东西，因而古代称之为历数或历术。

所谓阴阳五行，是天地间万物以水火木金土五行为根本，既是五种物质，又反映着物质的性质、内在联系和外部表现。如：在性质上，水润下，火炎上，木

阴阳五行

曲直，金从革，土稼穑；在味道上，水为咸，火为苦，木为酸，金为辛，土为甜；在颜色上，水为黑，火为赤，木为青，金为白，土为黄；在方位上，水为北，火为南，木为东，金为西，土为中；在数字上，水为一、六，火为二、七，木为三、八，金为四、九，土为五、十；在联系上，水胜火，火胜金，金胜木，木胜土，土胜水；水生木，木生火，火生土，土生金，金生水等等，这些又都与天数命运的周期运动相关联，当然也就与人间社会变革有关系了。这些东西都是中国古文化的内涵，是古代历数（历术）中的要素。秦始皇要推行秦的正朔于天下，就要对与历数相关的一些事物也予以改变才行。

于是秦始皇根据《终始五德传》，认为秦是代周而有天下。而周人是秉五行中的火德而王天下的，那么，秦代周必然是水德，因为水能胜火。根据这一理论，秦始皇在历术上的改革有：在月建上，因为水在河图洛书的方位为北，于季节上为冬季，所以秦的正朔岁首是以冬季第一个月即十月为岁首，这在历法月建上叫作"建亥"，比周历又提前了一个月；在服色上，因为水主黑色，故象征秦王政权的旌旗旄节、衣服都以黑色为主；在数字上，因为水数为一、六，故秦以六数为纪，如符信、法冠都以六寸为度，车舆为六尺，马用六匹为一乘，长以六尺为一步，大数则以六的倍数，如

三十六郡，十二金人，十二万户，等等。

这样改革或改变，现在看来很滑稽，当时可是统治权确立的标志，象征秦始皇是上应天命的。所以要论秦始皇统一的功绩，还应该有一项统一历法之事。

四、废除分封置郡县，改革官制定律法

1. 废分封，置郡县

秦始皇二十六年（公元前221年）议定皇帝尊号，初建封建朝廷之后不久，秦始皇和公卿大臣们便提出了在全国范围内建立地方行政机构的问题。应该采取什么样的地方统治形式呢？在秦朝君臣中曾发生过著名的分封与郡县之争。

当时，丞相王绾等认为："诸侯初破，燕、齐、荆地远，不为置王，毋

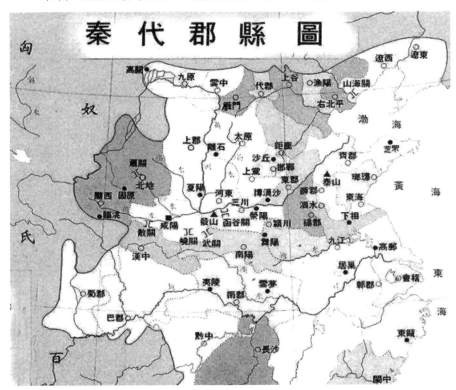

秦代郡县图

以填（镇）之。"为此，他建议承袭西周以来的分封制度，"请立诸子"，以建封国。秦始皇让大臣们共议此事。群臣们以为秦始皇有 20 余子，理应效法周制，封邦建国，以藩皇室，故大都赞同王绾的建议，唯独廷尉李斯不以为然。他指出：自周义王、武王以来，所分封子弟同姓甚多，时间一长，相互间攻击仇雠，纷争不断，周天子不能禁止。今海内赖陛下神灵一统，都应该设为郡县，诸子功臣以公赋税重赏他们，这样也便于治理，且天下人就不会有不同意见，此为安定天下的良方。

李斯的主张，既有对历史的回顾，又有对现实的思虑，还有安置"诸子功臣"，协调统治集团内部关系的筹谋与措施，而且自从郡县制在春秋战国产生以来，许多国家都不同程度地采用过。特别是秦国，早在商鞅变法时，就曾普遍推行县制。以后，陆续增置郡县。如惠文王十年（公元前 328 年），魏纳上郡 15 县。惠文王二十七年（公元前 311 年），遣张仪、司马错等灭蜀，遂置蜀郡。昭襄王三十年（公元前 277 年），秦蜀守若伐楚，取巫郡及江南为黔中郡。至秦始皇 13 岁继位时，已是每新占领一地区，几乎都要随之设郡。事实上，秦当时已累计置郡 10 多个。因此，对于李斯的建议，秦始皇当即予以肯定，并指出：天下共苦战斗不休，以有侯王。赖宗庙，天下初定，又复立国，是树兵也，而求其宁息，岂不难哉！廷尉议是。

于是秦始皇分天下以为 36 郡为：上郡，巴郡，汉中，蜀郡，河东，陇西，北地，南郡，南阳，上党，三川，太原，东郡，云中，雁门，颍川，邯郸，巨鹿，上谷，渔阳，右北平，辽西，砀郡，泗水，薛郡，九江，辽东，代郡，会稽，长沙，齐郡，琅邪，黔中，广阳，陈郡，闽中。

以后，随着边远地区的开拓和郡辖范围的调整，秦又陆续增置了南海、桂林、象郡、九原、东海、常山、济北、胶东、河内、衡山、鄣、庐江等郡。

这些郡完全由中央和皇帝控制，是中央政府辖下的地方行政单位。中央集权的制度从此确立。秦始皇二十八年（公元前 219 年）的峄山刻石辞说："追念乱世，分土建邦，以开争理"；"乃今皇家，壹家天下，兵不复起"。

这说明秦始皇认为废分封行郡县是消除各地兵争所必须的。

2.改革官制

秦始皇以战国时期秦国官制为基础，把官制加以调整和扩充，建成一套适应统一国家需要的新的政府机构。在这个机构中，中央设丞相、太尉、御史大夫。丞相有左右二员，掌政事。太尉掌军事，不常置。御史大夫是丞相的副贰，掌图籍秘书，监察百官。丞相、太尉、御史大夫以下，是分掌具体政务的诸卿，其中有掌宫殿掖门户的郎中令，

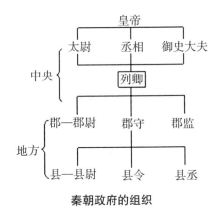

秦朝政府的组织

掌宫门卫屯兵的卫尉，掌京畿警卫的中尉，掌刑辟的廷尉，掌谷货的治粟内史，掌山海池泽之税和官府手工业制造以供应皇室的少府，掌治宫室的将作少府，掌国内民族事务和外事的典客，掌宗庙礼仪的奉常，掌皇室属籍的宗正，掌舆马的太仆等。丞相、太尉、御史大夫与诸卿议论政务，皇帝作裁决。

地方行政机构分郡、县两级。郡设守、尉、监（监御史）。郡守掌治其郡。郡尉辅佐郡守，并典兵事。郡监司监察。县，万户以上者设令，万户以下者设长。县令、长领有丞、尉及其他属员。郡、县主要官吏由中央任免。县以下有乡，乡设三老掌教化，啬夫掌诉讼和赋税，游徼掌治安。乡下有里，是最基层的行政单位。里有里典，后代称里正、里魁，以"豪帅"即强有力者为之。此外还有司治安、禁盗贼的专门机构，叫作亭，亭有长。两亭之间，相距大约10里。

秦始皇首建封建朝廷，实行郡县制，这就建构了从朝廷到地方，从三公诸卿到乡里什伍的一套庞大的、多梯级的统治机构。它恰似一座金字塔，高踞塔尖的是封建皇帝，而压在塔底的则是劳动群众。这座封建政治金字塔的修建，标志着秦皇朝的建立。

3. 户籍制度

早在秦献公十年（公元前375年），秦国就建立了以"告奸"为目的的"户籍相伍"制度。后来商鞅规定，不论男女，出生后都要列名户籍，死后除名；还"令民为什伍"，有罪连坐。秦律载明迁徙者当谒吏转移户籍，叫作"更籍"。秦王政统治时期，户籍制度趋于完备。秦王政十六年（公元前231年）令男子申报年龄，叫作"书年"。据云梦秦简推定，秦制男年15载明户籍，以给公家徭役，叫作"傅籍"。书年、傅籍，是国家征发力役的依据。始皇三十一年（公元前216年）"使黔首自实田"，即令百姓自己申报土地。土地载于户籍，使国家征发租税有了主要依据。户籍中有年纪、土地等项内容，户籍制度也就远远超过"告奸"的需要，成为国家统治人民的一项根本制度。秦置20级爵，以赏军功。国家按人们的爵级赐给田宅，高爵者还可以得到食邑和其他特权。爵级载在户籍，所以户籍也是人们身份的凭证。

云梦秦简

4. 法律制度

统治一个大国，需要全国一致而又比较完备的法律制度。出土的云梦秦简提供了自秦孝公至秦始皇时期陆续修成的秦律的部分内容，其中有刑

律的律文和解释，有名目繁多的其他律文，还有案例和关于治狱的法律文书。秦始皇统一六国以后，以秦律为基础，参照六国律，制定了全境通行的法律。秦律经过汉朝的损益，成为唐以前历代法律的蓝本。

5.军队建设

维持一个大国的统一，还需要强大的军队。秦军以灭六国的余威，驻守全国，南北边塞，是屯兵的重点地区。秦制以铜虎符发兵，虎符剖半，右半由皇帝掌握，左半在领兵者之手，左右合符，才能调动军队。这是保证兵权在皇帝手中的重要制度。秦军是一支前所未有的巨大的震慑力量。近年发掘的秦始皇陵侧的兵马俑坑，估计其中两坑有武士俑7000件，战车百乘，战骑百匹。武士俑同真人一样高大，所持武器都是实物而非明器。这种车、步、骑兵混合编组的大型军阵，其规模之大，军容之盛，是秦军强大的表征。

皇权的加强和神化，郡县制的全面推行，体现专制皇权的官僚机构和各种制度的建立，法律的完备和统一，皇帝对军队控制的加强等，这些就是专制主义中央集权制度的主要内容。

第二章 / 巩固统治

秦皇朝建立后，为了强化统治，维护封建国家多民族的大一统局面，秦始皇先后采取过许多重要措施。

一、严刑峻法通全国，名目繁多《大秦律》

秦早在商鞅变法时，就曾根据李悝的《法经》，"改法为律"，着手制订成文的律令。秦始皇根据维护统治的实际需要，从以水德主运，"事皆决于法"的思想出发，又将商鞅以来的律令加以补充、修订，形成了统一的内容更为缜密的《秦律》，并颁行于全国。故李斯云："明法度，定律令，皆以始皇起。"又云："秦圣临国，始定刑名，显陈旧章。"不过，《秦律》早已佚失，其具体内容，史书上只有零星记载。1975 年 12 月，湖北云梦睡虎地出土秦墓竹简 1000 余支，其中大部分是秦的法律条文以及解释律文的问答和有关治狱的文书程式，可以作为我们了解和研究秦始皇颁行全国的法律的重要依据。

从云梦秦简可知，秦律是

《秦律》竹简

地主阶级意志的集中体现，是秦始皇统治全国的有力武器。秦律竭力维护封建制度。它保护封建土地所有制，严禁对封建国有土地和地主私有土地的侵犯。律文明确规定："盗徙封，赎耐。"秦简《法律答问》还解释道："可（何）如为'封'？'封'即田千佰。顷半（畔）'封'殹（也），且非是？而盗徙之，赎耐，可（何）重也？是，不重。""封"，就是田间的阡陌、顷畔的地界。这条律令说明，当时的田地是有地界的，它作为土地所有权或使用权的标志，得到国家的承认和保护。如果有人私自移动田界，侵犯所有权，就要受到法律制裁，处以"赎耐"，强制其出钱以抵耐罪。秦律突出反映了秦皇朝和地主阶级剥削农民群众的贪婪欲望。秦简中有关于征收田租的《田律》和《仓律》，有关于征发徭役和兵役的《徭律》《傅律》《敦表律》和《戍律》。《徭律》规定，农民每年必须给官府服一定时间的无偿劳役，不得逃避或延误。《敦表律》还规定，服兵役期满后回家的农民，如无文券证明，就要"赀日四月居边"，即罚戍边四个月。

秦律的制定，主要是为了防止和镇压反秦势力，稳定封建统治秩序。秦简秦律规定："内（纳）奸，赎耐。"还规定：游士居留而"亡（无）符"，所在的县"赀一甲"；居留满一年者，应加诛责。逃亡，是当时贫苦农民和奴隶群众反抗封建统治，摆脱剥削压迫的主要方式。针对这种不断出现的斗争方式，秦律里有不少严禁逃亡的法令。如规定：隶臣监领城旦时，城旦逃亡，隶臣应"完为城旦"，并没收其妻、子为奴；隶臣妾拘禁服城旦春劳役时，逃亡后随即自首，也"当笞五十"，仍拘系至劳役期满。又规定捕获逃亡的完城旦，对捕亡者应赏黄金"二两"。至于对所谓"盗""贼"的制裁，更是秦律的基本内容。秦简《法律答问》共187条，其中单是"盗法"就有40余条，而且量刑极重。如规定士伍盗窃，其赃值110钱，就应"黥为城旦"。公室祭祀未毕，其祭品被盗，盗者最轻也要"耐为隶臣"。甚至规定：盗采人桑叶，赃不盈一钱，也要"赀徭三旬"。值得注意的是，秦律尤其重视对"群盗"的惩治。如规定，与盗者"不盈五人"，其赃"不盈二百廿以下到一钱"，只给予流放；但如"五人盗"，赃只"一钱以上"，也要"斩左止，有（又）黥以为城旦"。早在李悝制定《法经》时，就把《盗法》和《贼法》放在首位。历代封建统治者也主张"王者之政，莫急于盗贼"。这里所说的"盗贼"，在很大程度上往往是对农民的反抗斗争或农民暴动的诬称。秦律如此注重惩治"盗""贼"，实质上是其封建地主阶级法律属性的体现。

二、文字货币度量衡，三大统一定基准

秦始皇二十六年（公元前 221 年）开始的统一文字、度量衡以及货币，是秦始皇加强统治、维护统一诸项措施的重要组成部分。

1. 统一文字

我国文字产生之后，经过长期的发展，至春秋战国时代，由于社会政治、经济、文化的急剧变化，特别是分裂割据状态的形成与延续，以致出现了"言语异声，文字异形"的局面。当时，同一个字，不同的国家往往有不同的写法。甚至在一国之内，写法也不尽相同。

针对这种文字的紊乱状况，秦始皇统一六国后，便接受李斯的建议，立即采取了"书同文字"的措施。对此，东汉著名文字学家许慎曾明确写道：

秦始皇帝初并天下，丞相李斯乃奏同之，罢其不与秦文合者。斯作《仓颉篇》，中车府令赵高作《爰历篇》，太史令胡母敬作《博学篇》，皆取史籀大篆，或颇省改，所谓小篆者也。

这说明，秦始皇统一文字，主要是：一、以秦字为基础，废除与"秦文"不同的原六国的异体字；二、简化字形，斟酌简省繁杂的史籀大篆，整理为小篆，作为

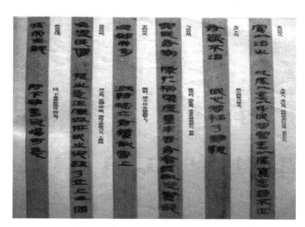

秦简中的隶书

秦小篆体十二字砖

全国规范化的文字；三、为推广小篆，命李斯、赵高、胡母敬分别撰《仓颉》《爱历》《博学》三篇，并用小篆写成，作为文字范本。

小篆的形成，是一项"有意识地对于几千年以来文字自然发展的一个总结"。尽管《仓颉》等三篇字书早已亡佚，但秦代的一些纪功刻石尚有字迹遗存，其中《泰山刻石》尚存九字，今嵌存于泰山下的岱庙中庭，《琅邪台刻石》尚存 86 字。《峄山刻石》有南唐徐铉摹本。这些字，相传为李斯所书，是标准的小篆范式。它字体整齐划一，布局紧凑，笔画匀称，明显改变了六国文字那种构造繁杂，难写难认的弱点。

在秦代，除法定的小篆外，在社会上还流行着一种更为简易的隶书。这种字体，前人以为作于程邈。实际上，它是人们在繁忙地抄录公文狱事时，在经常急促地不规则的草书篆体过程中，逐渐创造出来的。大抵这种"草篆"起初主要由狱吏用之于徒隶，故名隶书。《汉书·艺文志》说："是时始建隶书矣，起于官狱多事，苟趋省易，施之于徒隶也。"所以隶书不可能是程邈一人的发明，但他在群众创造的基础上加以整理，得到秦始皇的认可和采用，则是可能的。由于隶书笔画平正，结构趋于合理，便于书写辨认，因此在社会上广为传播，并成为全国常用的通行字体。连上述秦始皇关于统一度量衡的诏版，使用的也是"草篆"或"古隶"。而包括秦律和重要文书《语书》在内的睡虎地秦墓竹简，更是"全为墨书隶体"了。

秦代文字的统一，隶书的通用，有利于统一多民族国家的形成和文化的发展，在我国文字发展史上更是占有重要的地位。从此，汉字的字形结构基本定型，而秦代以前的"古文"则"由此绝矣"。

2. 统一度量衡

战国时期，各国的度量衡制度相当混乱，计量单位很不一致。以长度而言，在传世品中被认为属于战国时期的几种铜尺中，洛阳金村铜尺长23.1 厘米，安徽寿县楚铜尺长 22.5 厘米，长沙两件楚铜尺分别为 22.7 厘米和 22.3 厘米。单是这几件铜尺，就明显的长短不一，相差少则 0.4 厘米，多的竟达 0.8 厘米。在量制方面，魏以益、斗、斛为单位。齐以升、豆、区、釜、钟为单位，其中姜齐规定："四升为豆，各自其四，以登于釜，釜十则钟"；而陈（田）氏执政及其代齐后，则改为五升为豆，五豆为区，五区为釜，十釜为钟。"陈氏三量皆登一焉，钟乃大矣。"至于衡制则更为杂乱，连其单位名称都有相当大的差别。周以寽、折为单位，赵以钅斤、镒为单位，楚的衡器为天平砝码，以铢、两、斤为单位。根据楚墓出土的砝码实测，楚制一斤的平均值为 260.798 克。但现存楚制一斤砝码的实际重量低于此值，而郢爰金版的重量又往往略高于此值。

度量衡既是商品交换的必需工具，又和国家的赋税收入有着直接的关系。为了正常地进行这些活动，避免经济混乱限定劳动群众如数缴纳赋税，秦在商鞅变法时，就实行过"平斗桶（斛）权衡丈尺"的政策。传世的商鞅量（现藏上海博物馆），就是由商鞅颁发到重泉地方的标准升。这件方升的周围刻有铭文.

十八年，齐遥（率）卿大夫来聘，冬十二月乙酉，大良造鞅爰积十六尊（寸）五分尊（寸）壹为升。重泉。

"十八年"，即秦孝公十八年（公元前 344 年）。"大良造"，又称大上造，二十等爵的第十六级，同时又是一种高级官职，相当于其他诸侯国的相或国相。商鞅变法有功，曾由大庶长升任此职。由他监制和颁发的这种方升的容积，为十六又五分之一立方寸。这是法定的标准容量，它不仅适用于重泉，而且是可以通行于秦国各地的。继商鞅之后，直到战国末年，秦还多次地采取过"一度量，平权衡，正钧石，齐斗桶"的措施。如西安西郊阿房宫遗址就出土过一件铜权，据考订，这应是秦昭襄王三年（公元前304年），或秦庄襄王三年（公元前247年），或秦王政三年（公元前244年），颁发给高奴地方的标准衡器。

秦铜量

长期以来，由于秦国实行统一度量衡政策，度量衡器比较一致，因而统一六国后，秦始皇便以秦制为基础，下诏统一全国度量衡。其诏书云：

廿六年，皇帝尽并兼天下诸侯，黔首大安，立号为皇帝。乃诏丞相状、绾，法度量则不壹，歉疑者，皆明壹之。

这道诏书多铭刻在国家法定的度量衡的标准器和日用器上。上述商鞅方升和秦高奴铜权便都加刻了它的全文。这也说明，秦始皇统一度量衡，实际上就是以秦国原有度量衡器为标准和模式，并把它推行到全国。根据这些标准器，可以测出，在秦代，长度1寸为2.31厘米，1尺为23.1厘米；容量1升为201毫升，1斗为2010毫升；重量1斤为256.25克，1石（120斤）为30.75公斤。

诏文空心铜权

秦代统一度量衡制的推行，取得过明显的成效。据考古发现，陕西的西安、咸阳、礼泉、宝鸡，甘肃的泰安，江苏的盱眙，山东的邹县、诸城，山西的左云、右玉，都先后出土过秦代的标准衡器或量器，连东北的辽宁赤峰、吉林奈曼旗也发现了秦代瓦量。这说明，秦代这一制度确是在全国范围内实施了的。

3. 统一货币

战国时期的货币制度同样十分混乱。当时，不同的国家，对铸币权限往往有不同的规定。秦、楚由国家直接掌握铸币权。秦自惠文王二年（公元前336年）"初行钱"以后，就由国家统一铸币。但在魏、赵、韩、齐等国，除国家铸币外，地方及一些大城市也可以独自铸币，甚至还能铸出地名。赵晋阳的"晋阳化"（货）、"晋阳新化"（货）；齐即墨的"节墨之法化"（货）、安阳的"安阳之法化"（货），等等。由于诸侯割据，各国货币制度殊为不一，因而货币的形状、大小、轻重、使用价值以及计算单位，往往各不相同。仅就形制而言，即可分为以下四类：

（1）布币，形似农具中铲形的镈（布），主要流通于魏、赵、韩。这种布币又有空首布、圆肩方足圆跨布、方肩方足圆跨布、方肩尖尺圆跨布、方肩方足方跨布等多种。

（2）刀币，形状像刀，主要流行于齐、燕、赵三国。齐刀较大而多尖头，燕、赵刀较小而多方头或圆头。

（3）圆钱，形圆，中有孔，分方孔和圆孔两种。主要流行于秦、东周、西周以及赵、魏沿河地区。秦圆钱不铸地名，仅铸币值单位，如"重一两十四珠"（铢）、"重十二朱"（铢）"两甾""半两"等。东周、西周圆钱则铸有"东周""西周"字样。

（4）郢爰和铜贝，只流行于楚国。郢爰是一种铸有"郢爰""陈爰"等印文的金饼；铜贝作为郢爰等的辅币，形似海贝，俗称"蚁鼻钱"。

币制的混乱，不利于商品

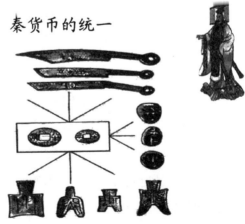

秦货币的统一

秦统一各国货币

交换，更不利于统一国家的财政收支和社会管理，因此，秦灭六国后，始皇下令统一全国货币。秦始皇统一货币的主要措施有三：

（1）由国家统一铸钱，并把秦传统的严禁地方和私人铸钱的法令，推行到统一后的全国。秦律明文规定：凡私自"盗铸"者，除"索其室"，没收其所铸之钱及钱范外，还应予以拘捕和严惩。

（2）法定全国通行两种货币：一为黄金，属上币，以镒为名，每镒20两；一为铜钱，属下币，圆形，方孔，有郭，径寸二分，铸文"半两"，"重如其文"，即每钱重12铢，这就是通称的"秦半两"。

（3）废除原六国的布币、刀币、郢爰、铜贝等各种货币，改铸秦以前的"重一两十四珠""重十二朱"（铢）"两甾"等旧币，不准以龟贝、珠玉、银锡之类充当货币。

秦始皇统一货币政策的实施，从根本上改变了长期以来币制中的混乱状态。秦钱遍行于全国，有利于商品经济的发展和国家的统一。此后，各封建皇朝大都掌握铸币权，钱的形制也保持着类似"秦半两"的圆形方孔模式。秦统一货币对后世影响之深远，由此可见一斑。

三、端正风俗行同伦，通行全国车同轨

1. 行同伦

"行同伦"就是端正风俗，建立起统一的伦理道德和行为规范。秦朝对此相当的重视。比如秦始皇二十八年（公元前219年），秦始皇来到泰山下。这里原是齐国故地，号称"礼仪之邦"。秦始皇就令人在泰山所刻的石上记下男女之间界限分明，以礼相待，女治内，男治外，各尽其责，从而给后代树立好的榜样，予以表彰。而始皇三十七年（公元前210年）在会稽刻石上留的铭文，则对当地盛行的淫泆之风，大加鞭笞，以杀奸夫无罪的条文来矫正吴越地区男女之大防不严的习俗。

2. 车同轨

在秦始皇统一中原之前，列国向来是没有统一的制度的，各地的马车

大小就不一样，因此车道也有宽有窄。国家统一了，车辆还要在不同的车道上行走，多不方便。从那时候起，规定车辆上两个轮子的距离一律改为六尺，使车轮的距离相同。这样，全国各地车辆往来就方便了。这叫作"车同轨"。

古时候都是土路，车轮反复碾压之后会形成与车轮宽度相同的两条硬地车道。马车长途运输的时候，让车轮一直放在硬地车道上，行走平稳，能够显著减少畜力消耗和车轴磨损，就如同现代车辆走在柏油马路上一样。秦朝制定车同轨法令，能够使全国各地的道路在几年之内压成宽度一样的硬地车道，不仅能够减少商品和旅客运输过程的成本，而且有利于帝国军队有能力带着物资快速到全国任何郡县。所以，车同轨是秦国统一的重要战略举措。

3. 修驰道与直道

在秦代统一多民族国家形成过程中，秦始皇为了加强对全国各地的控制，实行有效的行政管埋，便于巡游督察，传递号令文书，曾主持修筑了著名的驰道和直道。

驰道始修于秦皇朝建立后的第二年。《史记·秦始皇本纪》

秦驰道庄家庄河滩段遗迹

云：始皇二十七年（公元前 220 年），"治驰道"。《史记·集解》引应劭曰："驰道，天子道也，道若今之中道然。"实际上，这种驰骋车马的通道，中央供天子行驶，立树为界，两旁还是可任人行走的。秦驰道以国都咸阳为中心，东达今山东、河北和辽宁，南抵今湖北、湖南，东南至今安徽、江苏和浙江。而且路面极为宽阔，路基高厚，又以铁锤（金椎）夯筑得坚实平稳，还在道旁栽种了树木。在 2200 多年前，我国就能修筑如此宏伟的交通工程，实令人惊叹！

秦始皇三十五年（公元前212年），始皇又令蒙恬等修筑了从咸阳附近直通北边的"直道"。大史学家司马迁曾亲自考察并走过这条"直道"的全程，所以他在《史记》里多次写道：

（始皇）三十五年，除道，道九原，抵云阳，堑山堙谷，直通之。

（始皇）三十五年，为直道，道九原，通甘泉。

始皇欲游天下，道九原，直抵甘泉，乃使蒙恬通道，自九原抵甘泉，堑山堙谷，千八百里。

九原，即九原郡治所九原县，在今内蒙古包头市西。云阳在今陕西淳化县境，有甘泉山，以泉水甘美得名。附近古时风景秀丽，为天然避暑胜地，故秦曾在此建林光宫，汉亦建甘泉宫。关于直道的路线和途中经地，史籍记载不详。1975年，历史地理学家史念海先生进行一次实地考察后认定，它是从秦林光宫即今陕西淳化县铁王乡凉武帝村起，沿子午岭主脉北行，经旬邑县石门关及陕、甘两省交界处的五里墩至黄陵县沮源关后，再沿子午岭主脉西侧的甘肃省华池县东，又直北经陕西省定边县东南，复折东北方向达内蒙古乌审旗红庆河、东胜县西、昭君墓东，至包头市西的秦九原郡治所九原县。秦直道"堑山堙谷"，穿过沙漠草原，全长约700公里。这条重要通道的修筑，对于防御匈奴奴隶主贵族的南下侵扰，密切北边与内地的经济文化交流与政治联系，有着重要的战略价值。

四、万里长城今犹在，不见当年秦始皇

自从秦始皇消灭六国以后，中原地区算是平定了下来。可是匈奴人的骑兵却经常侵扰北部边境，严重威胁着秦王朝的安全。

匈奴是当时的少数民族，主要生活在蒙古高原，南至阴山，北至贝加尔湖附近。匈奴是一个游牧民族，哪里水草丰满，就到哪里放牧，这种飘忽不定的生活，养成了匈奴人勇猛好斗的剽悍性格。

战国以后，匈奴骑兵趁中原各国都在打仗的机会，在匈奴单于（匈奴君主的称号）的率领下，向南侵扰，占领了秦国的北方河套地区。

秦始皇在平定南方的同时，在公元前215年，派大将蒙恬率领30万大军北伐匈奴。

这一次，匈奴打了败仗，向黄河北岸退去。很快，蒙恬就收复了河套地区，接着，又率军渡过黄河，追击匈奴。匈奴单于见打不过蒙恬，就带着他的骑兵远远地逃到更北的地方去了。蒙恬夺回了被匈奴占领的大片土地。

收复了那些地区以后，秦始皇在那里设置了30个县，又重新设了九原郡。公元前211年，年秦始皇又迁徙了内地3万户人家到北方边境，充实边疆。这些都有利于边境的开发和民族的融合。

虽然匈奴被赶跑了，但他们还有很强的实力，要是匈奴又来侵犯可怎么办呢？

在战国时期，各个诸侯国为了军事上的需要，都在边境上修建长城。有的诸侯国为了阻挡匈奴的南侵，就在和匈奴交界的地方修筑了长城。例如燕、赵、魏就有这样的长城，秦国也有这样的长城。这些长城的规模都不太大，但在秦统一中国后，还在发挥着抵挡匈奴的作用。

想来想去，秦始皇决定重新修筑长城。这一次修筑长城，除了修缮原来的长城以外，在许多地段，还要增修的新的长城，工程规模大极了。为此，秦始皇让蒙恬作修筑长城的总指挥，从全国各地征调几十万民工。

在那个时候，没有先进的工具，一切都只能靠人力去完成。开山采石，建窑烧砖，搬运垒砌，都是民工的双手在劳动。民工痛苦的呻吟声中，不时夹杂着监工们挥舞着皮鞭的喝斥声。

夏天火热的太阳，冬天凛冽的寒风，一遍又一遍地折磨着他们。不知有多少人由少变老，不知有多少人死在了这里。这长城真是劳动人民用血肉筑起来的呀！

孟姜女哭长城是一个流传很广的民间传说，正是当时的百姓对修筑长城的控诉。

传说孟姜女与丈夫新婚燕尔，丈夫便被征去修筑长城，从此杳无音信。

万里长城

孟姜女思念丈夫，亲手缝制寒衣送到长城下，但丈夫已经累死了。

孟姜女抚摸着丈夫的遗体悲声恸哭，发泄了天下大众的愤怨。孟姜女的泪水感天动地，直哭了七天七夜，长城竟在这凄然哭声中轰然崩倒了800里。后人怜其不幸，在山海关建造姜女庙，撰联赋诗，表示同情。

劳动人民经过许多年的努力，终于修筑起了西起临洮，东至辽东，沿广阔的黄河，依峻峭的阴山，经蒙古高原，蜿蜒曲折长达5000多公里的长城。

万里长城修好后，蒙恬率军30万，屯驻上郡(今陕西榆林东南)10余年，声名赫赫，威震匈奴。"却匈奴七百余里，胡人不敢南下而牧马，士不敢弯弓而报怨。"

在秦代万里长城的基础上，经西汉、北魏、北齐、北周、隋唐、明朝历代增修，形成今天的西起嘉峪关，东至山海关，长11000余里的万里长城。

万里长城，对于抵御匈奴的骚扰，保障内地人民生产和生活的安定，起了重要的作用。从甘肃省岷县和大同县保留下来的长城遗址来看，长城的工程十分浩大。它是世界历史上最伟大的建筑之一和中国历史上七大奇迹之一。它充分体现了我国劳动人民的高度智慧和无限的创造力，成为中华文明悠久的象征。

五、焚烧诗书坑儒生，文化专制开恶例

为了提高皇权，维护秦皇朝的政治体制及其统治秩序，在文化意识领域，秦始皇也采取过加强思想控制，反对是古非今，打击异己势力的严厉措施。其中最主要的就是史籍经常提到的焚书坑儒。

1. 焚烧诗书

秦始皇北筑长城，南征百越，使得成千上万的人连年征战，还要负担永远也完不成的徭役，全国上下到处充满了怨恨秦始皇的声音。然而秦始皇却扬扬自得，更加专横了。

公元前213年，为庆祝攻打匈奴、平定百越的胜利，秦始皇又在咸阳宫里大摆宴席。宴会厅里，灯红酒绿，钟鼓和鸣。文武百官一个个容光焕发，争先恐后地向秦始皇敬酒，为秦始皇歌功颂德。

有一位叫周青臣的大臣，喝得满脸红通通的，举着酒杯，高声向秦始皇赞颂道："从前，秦国的地面不过是1000里那么大。因为陛下的英明神武，才兼并了六国，统一了天下，现在又打败了匈奴，平定了百越，凡是太阳和月亮能够照得到的地方，没有不听从陛下号令的。陛下又废除了分封制，实行了郡县制，消除了战乱的隐患，使得天下的老百姓都安居乐业。自古以来，有那么多帝王，可像陛下这样能有这么大的功德的，实在是没有啊，听都没听过。"

秦始皇本来就喜欢听奉承话，现在听周青臣的赞颂，心里实在是舒服极了，一面得意地笑着，一面夸奖周青臣是朝廷的忠臣。

可是，偏偏有个博士，叫淳于越的，本来是齐国人，后来到秦国当了博士。当初讨论实行分封制还是实行郡县制的时候，他就主张实行分封制。现在一听周青臣的话，说郡县制好，分封制不好，不由得站了起来，对秦始皇说："臣下听说，商、周两代，经历的时间很长，少则数百年，多则两千多年，这都是开国以后，实行分封制，大封诸侯，有各国诸侯共同辅佐王室的结果。可陛下统一

焚书台遗址

中国以后，不但没有分封子弟功臣做诸侯，反倒普遍实行起郡县制，在全国设置郡县。要是出了一个像原先齐国田常那样的乱臣贼子篡夺皇位，连个帮忙的人也没有，又怎么能挽回局面呢？"

秦始皇听着听着，就沉下脸来。可淳于越还继续在那里说道："总之，不按照古代的制度办事，就不可能把统治维持长久。周青臣不仅不规劝陛下，反倒一味地奉承拍马，只能加重陛下的过错。像他这样的人，又怎么能算得上忠臣呢？"

秦始皇听完淳于越的话，虽然已经生气了，但还是耐住性子，让文武大臣都来讨论一番。

有位大臣当即站了起来，大声启奏说："古今的时代不同，实行的制度也不一样。这是理所当然的。如今陛下亲手创下统一天下的大业，又建立开天辟地的法度，这些他们儒生又怎么能明白呢。淳于越说的，都是夏、商、周三代的事情，都已经过去那么多年了，又有什么值得效法的呢。现在天下安定，法令统一，老百姓应该好好地种田做工，读书人也应该努力学习现行的法令制度。可是就有那么一些读书人，总认为现在的制度没有古代的制度好，是古非今。他们到处造谣，利用古书上的记载来攻击现行的国家制度。这种情况不禁止，对陛下的统治，可就大大不利了。郡县制实行的情况很好，希望陛下不要动摇。"

秦始皇听了这番话，才又高兴了起来，继续喝了一会儿酒，才命令散席。

这提倡郡县制的大臣是谁呢？原来就是已经当了丞相的李斯。他在座位上听着淳于越的话，想：这推行郡县制，废除分封制的事情，当初是我出的主意。皇帝采纳了我的建议，实行了郡县制，这五六年来，情况很好。偏这个儒生又出来胡说八道，真是岂有此理！所以马上站起来，大大地驳斥了一番。

李斯散席之后，余恨未消，回到家里，立即提笔写了一道奏章，向秦始皇提出了"焚书"的建议。秦始皇一看，觉得很有道理，立即批准了这个建议，向全国发了一道"焚书令"：除秦国的历史书以外，所有的历史书，一律烧掉。除博士掌管的国家图书馆的图书以外，私人收藏的《诗》《书》和诸子百家的书，也都要烧掉，焚书令下达的三十天里，拒绝烧书的处以黥刑（在脸上刺字），罚做四年苦役。两个人以上一起谈论《诗》《书》的，一律斩首示众。借古讽今的，判处同样的刑罚。不过，医药、算卦、种树一类的，不在焚烧之列。

各地官员接到焚书令后，个个都非常积极地行动起来。派出许多士兵，挨门挨户地收缴和搜查图书，全国各地，到处点燃了焚烧书籍的烈火。

秦始皇放火烧书，本来是想压制不同意见，统一人们的思想和行动。可是结果却正相反，他这种愚蠢的做法，造成了对中国古代文化的严重摧残，激起了人们对他的强烈反对。

2. 坑杀儒生

一天，秦始皇在梁山宫游玩。忽然间，抬头看见对面山脚下，正走过一支队伍，有 1000 多人。有武士在前面开道，有侍从在后面跟随，士兵们都挎着兵器，举着大旗。队伍的正中间，一辆华丽的车子上坐着一个穿着宽袍大袖衣服的大官。秦始皇想看清楚那个大官是谁，可是离得太远了，实在看不清。秦始皇很纳闷：这人的仪仗都快赶上皇帝了。就问左右的侍从："那里是谁从山脚下走过？竟然有这么威风。"

在山脚下经过的是谁呢？原来那个大官就是丞相李斯。侍从们打听明白，连忙来回奏秦始皇。秦始皇得知后，有点生气地说："丞相的队伍仪仗，真的有那么威风吗？"

没想到这句话被一个侍从听到，报告给了李斯。李斯听了之后，心里感到很害怕。从此以后，就把出行的队伍减少，也不那么摆威风了。

又没想到，一次李斯出行，被秦始皇又看见了，发现仪仗少了，立即明白了："这是有人报告李斯了，所以李斯才会这么做的。"秦始皇是最恨别人泄密的，想到这里，不由得勃然大怒，把那天在梁山宫的侍从全都召集起来，问问是谁泄的密。

侍从们看见秦始皇大发脾气，有谁还敢承认，一个个都说不是自己。

这下可把秦始皇给惹火了，竟然命令把这些侍从一个不留，全都杀了。

这件事马上传了开去。从此以后，再没人敢多嘴了。

有一个方士，叫卢生，他听了这件事情后，非常害怕。因他借着求神仙，得长生不老药，在秦始皇面前装神弄鬼，一次又一次地骗秦始皇。卢生害怕秦始皇知道后，会严酷地惩罚自己。他就和另一个方士侯生暗地里商量说："秦始皇这个人，残忍无道。侥幸兼并六国，统一天下，就骄傲自满，专横无比。听不进大臣们的规劝，一个不顺心，就杀人。你和我现在虽然还被皇帝宠幸，可保不准哪天惹火了他，就会掉了脑袋的。不如找个机会逃走，免得到时候丢了性命。"

侯生一听，觉得卢生说的很有道理，两人商议了一阵后，带着骗来的钱财，人不知鬼不觉地逃走了。

等秦始皇发觉，追捕已经来不及了。他不由得怒火中烧，愤怒地对大臣们说："朕以前召集许多儒生方士，来到国都，无非是要他们辅佐朝政、炼求仙丹。结果，淳于越借古讽今，诽谤时政；徐福花了那么多钱，也没找到仙药；卢生、侯生，得了赏赐，反倒污蔑起朕来，还逃跑了。现在咸阳城里，还有那么多儒生，肯定在背地里骂朕。"说到这儿，马上传来御史大夫，下令道："马上追查诽谤朝廷的儒生，一个也不许放过！"

御史大夫接到旨意，马上抓来了数百个儒生审问。这些儒生哪里肯承认。御史大夫见没人招供，就动了大刑，把儒生们按倒在地，一个个打得皮开肉绽，鲜血直流。儒生们哪儿吃过这样的苦，只好招认，还互相告发。

于是，秦始皇亲自圈定了460多个

"坑儒谷"遗址

儒生的名字，全部处以死刑。

可怜这些儒生，全被捆绑着押到咸阳城外的一个深谷里。然后，行刑官命令人在两边山上往深谷里填土扔石，没多长时间，深谷就被土石填满了。一班读书人，就这样被坑杀了。

秦始皇的大儿子扶苏心善，认为这样处置儒生过于严厉，就劝秦始皇罢手。可惜，这个时候，秦始皇正在气头上，哪里听得进去。而扶苏并没有察觉父亲的不快，仍然苦口婆心地进言。忠言逆耳，无疑是火上浇油，秦始皇突然拍案而起，命令扶苏立即离开咸阳，到北方蒙恬那里去监军，便打发了扶苏。

这次坑杀儒生和前不久的焚烧诗书，在历史上称为秦始皇的"焚书坑儒"。秦始皇也就开了文化专制的坏先例。

秦始皇焚书坑儒，意在维护统一的集权政治，反对是古非今，打击方士荒诞不经的怪谈异说，但并未收到预期的效果。这一点和秦始皇采用的其他措施有所不同，是秦始皇、李斯所始料不及的。

第三章　南征北战

一、统一东南征百越，打通粮道开灵渠

我国早在先秦时期，就存在着众多的民族。各民族本身的发展和其相互间联系的日益加强，是秦兼并六国，实现统一的重要条件。而统一局面的出现和秦皇朝的建立，又进一步促进了民族关系的发展，促使我国开始成为一个统一多民族的国家。

在我国今天的浙江、福建、江西、广东、广西一带，很早就生息着一个人数众多、历史悠久的民族，这就是史籍上所说的越族。越族由于族属众多，种姓互异，各部族间存在着相当大的差别，故又称之为"百越"。

秦始皇在兼并六国，建立封建王朝之后，紧接着就开始了开拓岭南的大规模军事行动。当时，始皇使尉屠睢发兵卒50万，分为5军："一军塞镡城（今湖南靖县境）之岭，一军守九嶷（今湖南宁远南）之塞，一军处番禺（今广东广州）之都，一军守南野（今江西南康境），一军结余干（今江西余干境）之水。"秦军兵分5路，水陆并进，但抵达南岭后，却遭到了南越和西瓯人的顽强抵抗。史称：

越人逃入深山林丛，不可得攻。留军屯守空地，旷日引久，士卒劳倦。越出击之，秦兵大破。

越人皆入丛薄中，与禽兽处，莫肯为秦虏，相置桀骏以为将而夜攻秦人，

大破之。杀尉屠睢，伏尸流血数十万。

秦军经过残酷而持久的激战，"三年不解甲弛弩"，才打败南越，攻占了番禺。但西线的军队仍继续受到西瓯人的阻击。特别是军粮的转运受阻，致使秦军粮食匮乏，无力作战。为了解决这一严重问题，秦始

灵渠

皇乃命监御史禄（史称监禄或史禄）凿渠通道，修成了灵渠。

灵渠，又名零渠。以其曾部分利用灵（零）河水系的原有河道，故名。因开凿于秦，一名秦凿渠。又因位于今广西兴安县城附近，故近代或称之为兴安运河。灵渠是一条连接湘江与漓江的人工渠道，主要由铧嘴、大小天平石堤、南渠和北渠等工程构成。铧嘴是修建在湘江中的分水坝，用巨石叠砌而成，前锐后钝，形似犁铧。这是引湘入漓的关键工程，它有效地使湘江一分为二，一支顺南渠入漓江，一支沿北渠回流入湘江。南、北渠总长34公里，是灵渠的主体结构，是贯穿湘、漓二水的通道。在铧嘴尾端还筑有"∧"字的大小天平石堤，起着蓄水、溢洪，调剂水量的作用，能保证整个工程发挥正常的效益。

灵渠的兴修，是秦代南北劳动人民智慧的结晶，是我国古代水利史上的创举。历代以来，这项工作虽屡有修治，但"皆循其故道，因时而损益之，终不能独出新意，易其开辟之成规"。灵渠分湘入漓，北水南调，不仅沟通长江水系和珠江水系，形成了更为合理的生态环境，而且开拓了南北水运通道，扩大了我国内河航行范围，并为中原地区与岭南的经济文化交流和贸易往来，提供了有利条件。

灵渠大约修成于秦始皇二十八年（公元前219年）。这一工程的兴建，直接解决了军粮转输的困难。秦军得到沿湘江、经灵渠运抵岭南的大批粮

饷与物资的接济，才得以深入西瓯，继续作战，杀其君译吁宋，基本控制这一地区。在此基础上，秦始皇于三十三年（公元前214年）征发尝通亡人、赘婿及贾人继续"略取陆梁地"，即攻占岭南，并分置桂林（治今广西桂平附近）、象（治临尘，今广东崇左境）和南海（治番禺，今广东广州）三郡，基本上统一了岭南。次年，始皇又谪遣"治狱吏不直者"至"南越地"。与此同时，又曾征集15000名未婚妇女至岭南，"以为士卒衣补"；还一再大批地迁徙刑徒和内地民众到这里屯戍垦殖。据《汉书·晁错传》载：当时是"先发吏有谪及赘婿、贾人，后以尝有市籍者，又后以大父母、父母尝有市籍者，后入间取其左"。大批内迁民众南迁之后，与南越、西瓯人杂居共处，对于开发岭南，促进民族间的交往无疑是有积极的意义。

在攻取岭南的同时，秦始皇派兵修筑通往云贵的道路，道宽五尺，称五尺道。秦军通过五尺道进入西南地区，迅速征服了当地少数民族，设郡立县，委任官吏统治这一地区。

二、南征北讨拓疆土，统一大国多民族

1. 通西南夷

自先秦以来，我国西南的广大地区，主要是今贵州、云南、四川一带，分布着许多少数民族，秦汉时期统称之为西南夷。

根据司马迁《史记·西南夷列传》的记载，居住在今贵州中部和西部的有且兰和夜郎；在云南东川、曲靖一带有靡莫，滇池沿岸有滇人，洱海地区有昆明、嶲；四川西南部有筰、邛都，西部有徙，西北部有冉駹。甘肃南部的白马氏，当时也列在西南夷中。这些民族，由于历史发展阶段的不同，分布区域的差异，往往过着不同的社会经济生活，有着不同的习俗。夜郎、滇都等族人民束发为髻，从事农业生产，过着定居生活，并已进入奴隶社会，有了君长和政权机构。嶲、昆明人习尚编发、畜牧为生，随水草迁徙，无君长，尚处于原始社会阶段。徙、邛都、冉駹人亦有君长，其中有的过着农业定居生活，有的则仍以游牧为生。

西南各族人民和内地有着长期的交往。战国末年，楚顷襄王（公元前298—公元前263年）曾使将军庄蹻将兵循沅江而上、经略黔中（郡治在今湖南沅陵）、且兰（今贵州黄平）、夜郎（今贵州西

石城山古栈道

部），直抵滇池。滇池"方三百里，旁平地，肥饶数千里"。庄蹻平定这一地区后，本欲归报于楚王。适逢这时秦击夺了楚的黔中郡，归路被截断，庄蹻便重返滇池，乘机自立为王，建牂柯国。史称庄蹻"以其众王滇，变服，从其俗，以长之"。"夜郎既降楚，而秦夺楚黔中地，（庄蹻）无地得返，遂留王滇地且兰，为牂柯国。"

秦并六国后，始皇派常頞通西南夷。常頞以其交通受阻，乃发众开凿了一条从今四川宜宾通往云南滇池一带的栈道，因"其处险厄"，"道广才五尺"，故名五尺道。栈道开通后，秦皇朝的势力直接抵达且兰、夜郎、邛都、昆明等地，并在这里设官"置吏"，建立了行政机构。与此同时，秦又经蜀郡（郡治今四川成都），加强了与邛都、筰、冉駹的联系，并使之纳入了郡县制的行政系统。故汉司马相如曰："邛、筰、冉駹者，近蜀，道亦易通，秦时常通为郡县，至汉兴而罢。"从此，西南少数民族地区不仅密切了与内地的关系，而且成为了统一多民族国家的一部分。秦皇朝对东南、岭南、西南以及北方等边远地区的开拓，使它的势力"东至海暨朝鲜，西至临洮、羌中，南至北向户，北据河为塞，并阴山至辽东"。在这辽阔的疆域里，在一个国家政权的管理下，生活着各族人民，形成为一个统一多民族的大国，这不论是在中国史还是世界史上都具有极为巨大而深远的意义。

2. 北击匈奴

匈奴，是我国古代多民族国家的一个强大的游牧民族，主要活动于蒙古高原和南至阴山、北抵贝加尔湖的广袤地区。由于社会生产力的提高，特别是铁工具的使用，匈奴大约在公元前3

秦始皇阅兵场景图

世纪前后，产生了私有制，出现了奴隶制，建立了奴隶主贵族统治的政权。其最高首领为单于。单于总揽军政及对外一切大权，由左右骨都侯辅政。单于之下，置左右贤王、左右谷蠡王、左右大将等。随着奴隶制的发展和国家的强大，加之中原地区正处于战乱割据状态之中，因而匈奴奴隶主贵族时而侵扰赵、燕的边境，抢劫财物，掳掠人口作为奴隶。战国末年，赵名将李牧曾选练战骑武卒，"大破杀匈奴十余万骑"，迫使它一度"不敢近赵边城"。但以后由于内地兼并战争日趋激烈，赵、燕北边的防御力量削弱，以头曼单于为代表的匈奴贵族统治者，便乘机占据了赵自阴山至"河南地"（今内蒙古河套南伊克昭盟一带）的大片区域，并继续南下侵扰。这是对刚刚建立的秦皇朝北边的严重的威胁。

为了解除侵扰，安定北边，维护国家的统一，秦始皇本想在兼并六国之后，立即出师北伐。但李斯却不以为然。他进谏道：

夫匈奴无城郭之居，委积之守，迁徙鸟举，难得而制也。轻兵深入，粮食必绝；踵粮以行，重不及事。得其地不足以为利也。遇其民不可役而守也。胜必杀之，非民父母也。靡敝中国，快心匈奴，非长策也。

李斯的谏议，显然是不恰当的。但由于当时兼并六国的战争刚刚结束，秦皇朝草创伊始，大规模的对匈战争的条件还不具备。因此，秦始皇除委任蒙恬、王离、杨翁子加强对北边的屯戍外，在整个对匈奴的军事部署上，在开始的一段时间内，基本上还是采取积极防御的策略。真正的反击战是在秦皇朝建立五六年之后才开始的。

秦始皇三十二年（公元前215年），他巡视北边，亲临上郡（治肤施，今陕西榆林南）。这时，一方面，匈奴奴隶主贵族的侵扰日益加剧；另一方面，秦的反击时机已经成熟。适逢燕人卢生使入海求仙后还咸阳，以鬼神事，曾奏录图书，云："亡秦者胡也。"始皇以为胡人即匈奴，于是乃命蒙恬发兵30万，大举出击。在反击战中，蒙恬的第一个目标是收复河南地。他采用集中兵力，穷追猛打，速战速决的作战原则，很快就收复了河南地以及榆中（今内蒙古伊金霍洛旗以北）一带的广大地区。接着，他率军渡过黄河，乘胜追击，于秦始皇三十三年（公元前214年），进抵高阙。高阙即今内蒙古临河区北的狼山口。这里山脉中断，地势险峻，原是赵的军事要地。秦军夺回高阙后，又收复了阳山和北假（均在今内蒙古乌加河以北和乌梁素海一带），直抵阴山一带的广大地区，并在这里分设34（一作44）县，重新建立九原郡（治九原，今内蒙古包头市西北），使其统辖北抵阴山，南至"河南地"北（今河套北部）西过大河，东邻云中（今内蒙古呼和浩特市西南）的大片边地。同时，朝廷又徙去大批刑徒，"实之初县"。秦始皇三十五年（公元前212年），进一步增加了徙边的人数。除谪徙刑徒外，还鼓励　般民众移居边地。这些过去的民众与刑徒，一面屯垦，一面戍边，对于开发北方边地，充实武备，发挥了重要作用。

秦皇朝反击匈奴的胜利，是对匈奴贵族侵扰势力第一次最沉重的打击。匈奴单于"头曼不胜秦"，被迫"北徙"10余年。故汉初著名政论家贾谊称其"却匈奴七百余里，胡人不敢南下而牧马，士不敢弯弓而报怨"。桑弘羊也说：经蒙恬反击之后，"匈奴势慑，不敢南面而望十余年"。这场反击战，解除了匈奴奴隶主贵族的侵扰与破坏，"悉收河南地"，使今河套内外，大河南北的广大地区，在一个相当长的时间内摆脱了兵祸的灾难。这对于我国古代统一多民族国家的形成，促进这些边远地区经济文化的发展，

卡夫卡《中国长城建造时》

保护包括匈奴人民在内的各族人民生命财产的安全，是有积极意义的。

经过长达10多年的南征北讨，秦始皇大大扩展了秦朝的疆域，秦王朝的版图东临大海，西至甘肃、青海一带，南抵南海，北到内蒙古以及辽东，成为一个幅员辽阔、人口众多的大帝国。

三、蒙恬掌军外统兵，蒙毅掌朝内辅政

蒙恬管军事在外统兵，蒙毅掌朝政在内辅佐秦始皇，兄弟二人一文一武，共保大秦江山，却都未得善终。

1.北击匈奴的名将蒙恬

蒙恬（约公元前259—公元前210年），姬姓，蒙氏，名恬，祖籍齐国（今山东省临沂市蒙阴县）人，秦朝著名将领。

蒙恬出身于一个世代名将之家。蒙恬的祖父蒙骜于齐投靠秦昭襄王，领军攻打韩、赵，累官至"上卿"。父亲蒙武也为秦将，曾任秦内史，与秦将王翦联手灭掉楚国。蒙恬成长于武将之家，深受家庭环境的熏陶，自幼胸怀大志，立志冲锋陷阵，报效国家。他天资聪颖，熟读兵书，逐渐培养了较高的军事素养。

秦始皇帝二十六年（公元前221年），蒙恬被封为将军，攻打齐国，因破齐有功被拜为内史（秦朝京城的最高行政长官）。

大一统的秦帝国刚刚缔造，大将军蒙恬却来不及享受一位开国功臣应得的荣华，因为他接到了一项艰巨的任务——北定匈奴。

公元前215年，蒙恬率领30万能征善战的秦军，日夜兼程赶到边关。

大营扎下，蒙恬一边派人侦察敌情，一边亲自翻上山岭，察看当地地形。第一次交战就杀得匈奴人仰马翻。

第二年春天，蒙恬又在黄河以北与匈奴人进行了数次战斗，匈奴主力部受创严重，已经不是秦军的对手。最后不得不向无限的北边逃窜700余里。

蒙恬不负众望，一举拿下河套，还把匈奴人打得魂飞魄散，10年不敢南下牧马。以至于后来中原再次大乱，匈奴都不敢深入汉境。

此次战役中，秦军有一个最核心的武器，就是弩。秦军装备的重装战车，

蒙恬塑像

体型高大，上面装着各式弩箭，发射起来密集如雨。它所产生的效果就如今天的坦克在战场上的作用，单枪匹马的匈奴骑兵自然无法抵抗。

我们知道，后来的汉朝反击匈奴打了整整20年，直到漠北会战才解除了匈奴的威胁。而秦国只经此一战，就使"胡人不敢南下而牧马，士不敢弯弓而报怨"，尽管就当时的实力对比来说，两者不可同等而论，但我们也不能轻视秦国此时的强大。

当然，蒙恬的个人才能也是不能忽视的。在蒙恬驻守边疆，和匈奴的多次对战中，渐渐熟悉了他们打仗的方法，于是便专门针对匈奴研究出了对付他们的战术，这些都为蒙恬一战匈奴定乾坤奠定了很好的基础。

在蒙恬打败匈奴，拒敌千里后，依旧带兵续守边陲，根据"用险制塞"的策略以城墙来制骑兵的战术，调动几十万军队和百姓筑长城，把战国时秦、赵、燕三国北边的防护城墙连接起来，并重新加以整修和加固。建起了西起临洮，东到辽东，长达5000多公里的军事壁垒——万里长城。

所以说蒙恬在修筑万里长城的壮举中，起到了主要的作用。这延绵万

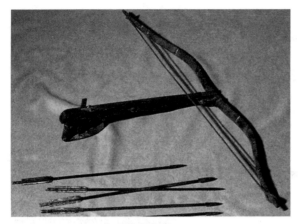

古代弩箭

余里的长城，是留给后人巨大的文化瑰宝。

蒙恬沿着黄河河套平原一共设置了44个县，由九原郡统一管理，同时还建立了一套治理边防的行政机构，将这种统治进一步稳固起来。

公元前211年，蒙恬又发遣3万多名罪犯到洮河、榆中一带开荒种植，大力发展当地经济，加强军事后备力量。他所采取的这一系列措施，大大加强了边防力量，对秦王朝的边疆巩固起到了积极的作用。

随后，蒙恬又派遣人马，从秦国的都城咸阳一直到九原，修筑了宽阔的秦直道，一举解决了九原交通闭塞的困境。这一措施，在加强北方各族经济、文化的交流和融合的同时，对于调动军队，运送粮草器械物资等具有更加重要的战略意义，使得秦王朝将这些土地牢牢掌控在了手中。

时光荏苒，光阴如梭，蒙恬驻守九郡长达10余年，威震匈奴，得到了秦始皇的推崇和信任。

然而，自古以来英雄背后往往都隐藏着各色的小人，致使他们经常不是战死在沙场，马革裹尸，而是饮恨在朝堂，枉死于刀笔吏的口诛笔伐之下，不得善终。蒙恬虽然战功赫赫，为秦王朝的统一奉献了自己的全部力量，但他的死也不例外，带着一个勇士的悲壮、无奈与叹惋。

秦始皇统一全国后，为了进一步巩固统治，大举焚烧书籍，坑杀术士，长子扶苏是有识之士，知道这样干要不得，就站出来竭力阻止，不料因此惹恼了秦始皇，反而把他贬到边关，让他监督蒙恬守卫边塞，从此，扶苏和蒙恬结下了不解之缘。

后来，秦始皇病死在沙丘宫平台，赵高与丞相李斯合谋，篡权拥立胡亥为帝，一纸书信害死公子扶苏，并株连蒙恬，把他抓捕入狱。

蒙恬死前曾说，自他的祖先开始，为秦王朝出生入死已有三代，辖下统领 30 万大军，虽身遭囚禁，可他手下的将士足以背叛，并撼动秦朝基业。但他心里清楚，自己必须守义而死，不能成为这个国家的罪人。说完，他便服毒自尽，一代英雄就这样枉死狱中。

这样一位功臣名将，最后在奸臣的算计下不得不守义而亡，引人不胜唏嘘。蒙恬一死，他下辖的 30 万秦军失去了主心骨，迅速溃散，秦帝国灭亡的事实，在这一刻就注定了。

2. 内掌朝政的蒙毅

蒙毅（？—公元前 210 年），蒙恬之弟，秦朝大臣。

蒙恬驻守在上郡 10 余年，威震匈奴。秦始皇非常尊宠蒙氏，信任夸奖蒙恬的才干，也十分亲近其弟蒙毅。蒙毅官至上卿，外出则陪秦始皇同乘一辆车子，居内则侍从在秦始皇的跟前。

曾经有一次，中车府令赵高犯了大罪，秦始皇让蒙毅依法惩治他。蒙毅不敢枉曲法律，判定赵高死罪，剥夺他的官职。秦始皇顾念赵高平时做事很认真，就赦免并恢复他的官职。

秦始皇三十七年（公元前 210 年）冬天，秦始皇巡游会稽，取道海上，北走琅邪。途中突然患病，便派遣蒙毅折回会稽祷告山川。蒙毅还未返回，秦始皇行至沙丘便已病死。秦始皇病死的消息被封锁，文武百官都不知道。当时丞相李斯、公子胡亥、赵高，经常陪侍在秦始皇左右。赵高很得胡亥的宠幸，想要立胡亥来继承帝位，又怨恨蒙毅前次依法惩治他而不帮助他，因而存有残害蒙毅之心，就和丞相李斯、公子胡亥暗地谋划，立胡亥为太子。太子既已立毕，便派使者，捏造罪名，赐秦始皇长子公子扶苏和蒙恬死罪。扶苏自杀身亡，蒙恬内心存疑，请求复诉。使者把蒙恬交给官吏，另外派人来接替他的职位，胡亥任用李斯的舍人担任护军，代替蒙恬掌兵。等到使者回来呈报，胡亥听说扶苏已死，便想要释放蒙恬，但赵高唯恐蒙氏再次贵宠用事，仍旧怨恨未消。

战国人首纹青铜剑

蒙毅祷告山川回来后，赵高就趁此机会，为了向胡亥表示尽忠，便要消灭蒙氏，就对胡亥说："我听说先帝要举用贤能，册立你为太子已经很久，蒙毅却进谏说不可。如果他知道你贤能而逾久不立，那是对你不忠而且迷惑先帝！依我愚昧的看法，不如把他杀了。"胡亥听从赵高的话，就在代郡囚禁蒙毅。而在此之前，已先在阳周囚禁蒙恬。等到车驾回到咸阳，发丧安葬秦始皇，胡亥即位，是为秦二世。赵高最受秦二世宠信，日夜诽谤蒙氏，寻找罪名加以弹劾。

子婴向秦二世进谏说："我听说以前赵王迁杀良臣李牧，而改用颜聚；燕王喜暗用荆轲的计策，而违背秦国的条约；齐王建杀他的先世忠臣，而用后胜的谋议。这三位君王，都各自因为改变旧规而丧失国家，殃祸降到自身。现在蒙氏一族，都是秦国的大臣和谋士，君主却要在一时之内舍弃他们，除掉他们，我私下认为这不可以。我听说轻于思虑的人不可以治理国家，不能广纳众智的人不可以保全君王。诛杀忠臣而任用没有节操品行的人，这是对内让群臣不能相互信任，对外让战士的斗志分离！我私下认为不可以这样。"

胡亥没有采纳子婴的建议，却派遣御史曲宫乘坐驿车前往代郡，命令蒙毅说："先王要立太子，而你却加以阻拦。现在丞相认为你不忠，判决你灭族之罪。我不忍心这样，只赐你一死，也算是很庆幸了。希望你自己打算一下。"蒙毅回答说："假如以我不能博得先主的欢心，那么我从年轻开始做官，顺意蒙幸，直到先主去世，可算是了解先主的心意。假如以我不知道太子的才干，那么太子能独守宠幸，陪侍先主，周游天下，比起其他诸公子来，相差绝远，我还有什么可疑的。先主要举用太子，已经有好几年的积心了，我还敢进谏什么谗言，还敢出些什么计策呢！我不敢找借口来求全苟活，只是为了怕羞累先主的声名，所以希望你替我费点儿心思，让我能够为实情而死。何况古有明训：顺意成全，是正道所尊贵的；严刑杀戮，是正道所鄙贱的。从前秦穆公用子车氏三位良臣殉葬。处罚百里奚不当其罪，因此立号为'缪'。秦昭襄王杀武安君白起，楚平王杀伍奢，吴王夫差杀伍子胥，这四位君王，都犯了大过失，使得天下人批评他们的不是，说他们的君王不够贤明，因而这四位君王的恶声，都被记载于诸侯的史籍上。所以说用正道治国的人，不杀害无罪者，刑罚也不加到无辜者的身上。希望你细心地想一想！"使者知道胡亥的心意，没有听蒙毅的话，于是将他杀死。

蒙氏家族三代仕秦，攻城略地，出生入死，为秦始皇统一六国，开疆拓土，立下了汗马功劳。

第四章 大厦将倾

帝师张良为什么一生都在反秦？为什么从博浪沙一击，到辅佐刘邦推翻暴秦，再到天下大定，推辞汉高祖三万户的封赏，他始终声称自己的努力无非是"为韩报仇强秦"？

一、炫耀武功察边防，五次出巡半路亡

秦始皇出于炫耀威德、慑服四方的需要，曾先后五次巡行各地。

1. 第一次巡行陇西、北地

秦始皇二十七年（公元前 220 年），即兼并六国的次年，始皇便马不停蹄地首次出巡，西至陇西（郡治今甘肃临洮）、北地（郡治今甘肃庆阳西南），出鸡头山（六盘山），过回中（今陕西陇县西北）。

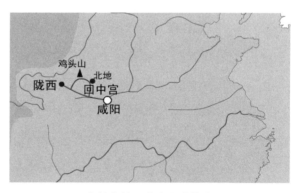

秦始皇第一次出巡路线图

陇西、北地两郡，地在今宁夏和甘肃东部，原是西戎族游牧区域，属秦的西部边陲。始皇到这一带巡视，显然是为了督察边防，解除后顾之忧。

2. 第二次巡行东南齐、楚故地

在治驰道的次年、秦始皇二十八年（公元前 219 年），又把视线投向东方和南方的齐、楚故地，开始了第二次巡行。这一次的随行文武大臣，有列侯武城侯工离、列侯通武侯王贲、伦侯建成侯赵亥、伦侯昌武侯成、伦侯武信侯冯毋择、丞相隗林（状）、丞相王绾、卿李斯、卿王戊、五大夫赵婴、五大夫杨楞等。这帮人簇拥着秦始皇，浩浩荡荡地从咸阳出发，沿着渭河南岸的驰道东行，过函谷关（今陕西灵宝东北），经洛阳、定陶（今山东定陶），直抵邹县峄山（今山东邹县南），并在这里"立石，与鲁诸儒生议，刻石颂秦德"，其铭文云：

登于峄山，群臣从者，咸思攸长。追念乱世，分土建邦，以开争理。功战日作，流血于野。自泰古始，世无万数，他及五帝，莫能禁止。乃今皇帝，壹家天下，兵不复起。灾害灭除，黔首康定，利泽长久。

原来，秦始皇这次出巡，既是为"东抚东土"，也是为了封祀于泰山。封禅是帝王的祭祀大典。在泰山顶上筑坛祭天曰"封"，在泰山下的小山梁父辟土祭地曰"禅"。春秋战国以来，人们多认为只有举行这种典礼，才算受命于天。秦始皇作为一名封建皇帝，自然也不例外。为此，他"于是征从齐鲁儒生博士七十人"，共议封禅事。无奈这些儒生也不知其具体做法，只是妄生异议。始皇"闻此议各乖异，难施用"，乃愤然黜退儒生，沿用秦往日祭祀上帝的礼仪匆促了结这一活动。同时又刻所立石，强调"大义休明，垂于后世，顺承勿革"；"训经宣达，远近毕理，咸承圣志"；"贵贱分明，男女礼顺，慎遵职事"。看来，秦始皇固然重封禅，但更注重的还是加强皇权，维护封建等级制度和秦皇朝的现实统治。

秦始皇封禅之后，随即过黄（今山东黄县东南）、腄（今山东福山东南），穷成山（今山东成山角），登芝罘（今山东芝罘半岛），立石颂秦德，然后南行至琅邪（今山东胶南市境）。秦始皇在琅邪停留了三个月，还在这里修琅邪台，"徙黔首三万户琅邪台下，复十二岁"。又立石刻于台上，宣称："六合之内，皇帝之土。西涉流沙，南尽北户。东有

秦始皇第二次巡行线路图

东海，北过大夏。人迹所至，无不臣者。"《琅邪台刻石》明显反映了当时秦始皇踌躇满志、悠然"自得"的情趣。这时，适逢齐人徐福等人上书，言海中有蓬莱、方丈、瀛洲三神山，有仙人居其上，请与童男女以求之。始皇于是遣徐福发童男女数千人，入海求仙人。求仙不可得，始皇便南下进入故楚地。

秦灭楚后，楚地一直潜藏着相当强大的反秦势力。故镇服楚地，是秦始皇这次出巡的重要目的之一。始皇过彭城（今江苏徐州）时，因传闻象征天子权力的周鼎沉于泗水，乃使千人入水打捞，结果毫无所得。于是西南渡淮水，"过安陆"（今湖北云梦一带），抵衡山（郡治邾城，今湖北黄冈北）。再乘船沿江而下，至湘山（今洞庭湖君山）。途中遇大风，"几不得渡"。始皇听说，湘君神为尧之女，舜之妻，大怒，竟使刑徒3000人"皆伐湘山树，赭其山"。然后便至南郡（治江陵，今湖北江陵），取道南阳、武关（今陕西丹凤县东南）而归咸阳。

3. 第三次巡行芝罘、恒山和上党

秦始皇二十九年（公元前218年），"时在中春，阳和方起"，始皇再次东游。当车驾出函谷关，行至阳武博浪沙（今河南中牟北）时，突然遭到了张良及其刺客的狙击。张良出身于原韩国公族，其祖父、父亲曾相韩王五世。秦灭韩时，张良虽年少"未宦事韩"，但为了报亡国之仇，乃"弟死不葬"，并不惜倾其全部家财"求客刺秦王"。后果得一力士，又准备了重120斤的大铁椎，然后张良便与力士在博浪沙中狙击秦始皇，"误中副车"。始皇大怒，下令大索天下10日，张良更换姓名后逃走。

秦始皇在博浪沙"为盗所惊"之后，仍继续东进。他先到芝罘，

补刻了上一年所立之石，旋即赴琅邪，然后北上至恒山（郡治东垣，在今河北石家庄市东北），转上党（郡治长子，在今山西长治市西南）后回咸阳。

4. 第四次巡行碣石和北边

秦始皇三十二年（公元前215年），始皇第四次出巡。巡行的第一个目的地是碣石（今河北昌黎县境内）。他北渡黄河，走过韩、魏、赵、燕故地，目睹往日遗留下来的城郭、关塞和川防，深感这些陈旧的防御设施，不仅妨碍了交通和社会生产与生活，而且很可能为各种反秦势力所利用。为此，始皇下令"坏城郭，决通堤防"。《碣石刻石》所说"堕坏城郭，决通川防，夷去险阻"，就是这一重要措施的最早记载。

秦始皇至碣石后，曾使燕人卢生求访古仙人，又遣韩终、侯公、石生求仙人不死之药。不久，他便北巡北边。这次"巡北边"的具体地点，史载不详，但右北平、渔阳、上谷、代、雁门等郡及其治所，大抵是会去的。始皇此行的意图主要是为了加强边防，做北击匈奴的战略准备。所以当他从上郡（郡治肤施，今陕西榆林东南）返回咸阳之后，很快就遣蒙恬发兵30万，开始了对匈奴奴隶主贵族的战争。

5. 第五次巡行东南地区

继第四次出巡之后，秦始皇还于三十七年（公元前210年）进行了第五次也是最后一次巡行。秦始皇由丞相李斯、中车府令赵高及其少子胡亥随同巡行，方向是向东南地区。由咸阳出武关至云梦，再沿长江东下，经丹阳到钱塘，在浙江改由狭中（浙江杭州富阳区）渡水登会稽山，祭祀大禹并刻石。又从会稽北上，由江乘（江苏镇江北）渡江，经海路北上到琅邪，取道临淄西归。行至平原津（山东平原县南）得了重病，因秦始皇怕死，更忌讳说死字，因此群臣"莫敢言死事"。秦始皇病情日益加重，最后只好排后事，令中车府令赵高给在蒙恬军中的公子扶苏写信，叫他赶回咸阳参加葬礼。信还没有交给使者送出，于七月丙寅日死于沙丘平台（河北巨鹿东南），终年50岁。

二、泰山封禅刻石记，琅邪筑台颂功德

1. 泰山封禅

天下平定了，王朝建立了，各项法规制度也都实行了。秦始皇面对着大好河山，怀着骄傲自满的心情，他要外出巡游，去看看那山清水秀的原野，高耸入云的大山，澄平宽阔的海面。他要借着巡游显示出自己的强大，炫耀自己的威名。他要让各地反对他的人都害怕于帝国的声威。

带着这样的目的，公元前220年，就是统一中国后的第二年，秦始皇开始了第一次巡游。

这一次是到咸阳以西。他视察了陇西郡和北地郡（今甘肃省东南部和东北部），这次西巡，向当地臣民，也向西域各国炫耀了秦始皇的武功，又通过他们把秦始皇的威名传向遥远的西方。

公元前219年，秦始皇开始向东方和南方巡游。

秦始皇带着随行的官员，浩浩荡荡地从咸阳出发。这时正是春光明媚的季节。驰道宽阔平坦，通向远方；两旁的青松枝叶苍翠，到处鸟语花香。秦始皇端坐在那辆精美的车子里，嘴角露出得意的笑容。

一路走来，这一天，就到了邹峄山（山东邹县南）。秦始皇长途跋涉来到这里，除了巡视州县，宣扬皇威外，还因为一件重要的事情——封禅。

在春秋战国时期，山东一带是齐国和鲁国的地方。在齐国人和鲁国人心目中，泰山是最高的山。因此，人间的帝王都应该到泰山上去祭天，举行"封禅"大典。那么，什么是封禅呢？封禅就是一种祭祀天地的仪式。在泰山顶上筑起一座高台子，在那儿祭天，叫作"封"。

然后，到泰山脚下一座叫梁父的小山上，清扫一块地方，在那儿举行祭地仪式，叫作"禅"，人间的帝王举行了封禅仪式，就算是正式承受了天命，从此就可以名正言顺地统治天下了。

虽然秦始皇不是齐鲁人，但也非常相信封禅的说法，所以他要千里迢迢到泰山来。

秦始皇到了邹峄山，问大臣们："三皇五帝举行封禅大典的制度有谁知道？"大臣们听了，一个个你看看我，我看看你，谁也答不上来，只好说年代太久远了，已经没办法查考了。秦始皇见大臣们都答不上来，就有点生气了，大声说："快去找些儒生来。这里是孔子和孟子的故乡，这些儒生肯定博古通今，知道怎样举行封禅大典。"手下人一听，赶紧去找儒生了。

秦始皇又对大臣们说："朕到了这里，也应该作篇文章，刻在石碑上，作为纪念，也好留传后世。"李斯听了，连忙赶写了一篇文章，不过是歌颂秦始皇功德的辞句，刻在石碑上，立在了邹峄山。

李斯《峄山碑》

70多个儒生很快找来了。秦始皇就问他们封禅的事。虽然这些儒生知识都很渊博，可是封禅仪式有七八百年没有举行了，谁也不知道它究竟该怎么搞。其中有个老头，壮着胆子说道："古时候举行封禅大典，仪式可隆重了。天子登山时，为了避免伤生，用的乘舆，都用蒲草包住轮子，以此来显示天子的仁德。"

秦始皇是个残暴的皇帝，一听这话，就觉得是在骂他，马上就沉下脸来，很不高兴。说："朕登山祭天，是什么东西都不该阻挡的，哪里还要让着草木，你们赶快斩树除草，开山劈石，开出一条路来！"

一帮士兵赶紧挥舞着兵器，开起路来。秦始皇跟在后面，带着大大小小的官员爬到泰山顶上，煞有介事地祈祷了一番，就算是举行了封礼。

然后又率领众人堂堂皇皇地走下山来。打算再到梁父山去举行禅礼。

谁知天公不作美，刚到半山腰，突然下起雨来。豆大的雨点，伴着狂风，打得人生痛。那么大的旗子，也被风卷到了半空中。转眼间，人都成了落汤鸡似的，拖泥带水。

幸好，不远处有五棵大松树，棵棵枝繁叶茂，好像五把大雨伞，可以躲雨，秦始皇赶紧在大松树底下躲起雨来。

不一会儿，雨过天晴，秦始皇才带着湿淋淋的一班人匆匆忙忙赶到梁父山，草草举行了禅礼。

事后，秦始皇觉得这五棵大松树护驾有功，于是封这五棵松树作"五大夫"。人们为了纪念这件事，就把这五棵松树叫作"五大夫松"。

这次封禅，虽然挨了风吹雨淋，可秦始皇觉得自己和古代帝王一样完成了祭天祭地的大事。

所以，命令李斯等人精心撰写了一篇文章，纪念这件事，李斯书写之后，刻在一块三丈多高的大石碑上，把它立在了泰山顶上，用来歌颂秦始皇的功德。这就是举世闻名的泰山刻石。

2. 琅邪筑台

秦始皇举行了封禅典礼，游兴未尽，继续游览了山东半岛的许多地方。这一天，来到了琅邪山（今山东省胶南市南），就在那里停留了下来。

琅邪筑台

琅邪山濒临大海，山水相连，别有一番风光。当年，越王勾践称霸中原的时候，曾经在琅邪山上兴建了一座观海台，站在台上，可以眺望大海的壮丽景色。

到了秦统一天下的时候，已经过去数百年了，这座高台已经年久失修，失去了原来的壮观。

秦始皇得知这座观海台的来历后，说："越王勾践不过偏僻地方的一个小国君，他尚且能够称霸中原，修筑了这样一座雄伟的观海台，朕扫灭六国，平定天下，难道还比不上勾践吗？"说着，就下令把越王勾践修的旧台给拆了，然后，在原来的地方再建一座新台，规模要比原来的大上几倍。

试想一下，这是多么大的一项工程啊。有一个大臣对秦始皇说："陛下，这么大的工程，没有半年十个月是完不成的。"秦始皇一听，马上就不高兴了："才这么大的一个台子，也要用那么长的时间？朕准备在琅邪住一段时间，亲自监督修造，看看到底多少时间可以完成。"

秦始皇这么一来，大臣们都不敢再说什么了，只好分头调集民工修筑。这些民工日夜不停地劳作，可秦始皇还是嫌慢，1万人不够，就加1万人；2万人不够，再加1万人。3万人一齐动手，艰苦地干了3个月，终于修筑成了一座琅邪台。整个琅邪台分作3层，每一层都有5丈高，造得非常雄壮美丽。秦始皇满意极了，下令奖励参加工程的民工，让3万人带上家属，迁徙到琅邪台居住，免除他们12年的徭役，又在琅邪台刻下石碑，歌颂自己的功德。

三、徐福东渡求仙丹，始皇火烧湘山祠

1. 徐福东渡

秦始皇帝二十九年（公元前218年），秦始皇东巡到了山东沿海的琅邪（今诸城东南），齐人徐福（也称徐市）与一些士人上书秦始皇，声称海中有三神山，请求秦始皇派童男女和他一起去求长生不死之药。秦始皇听信了他的谎言，派数千童男女随他乘船出航。历时几年，花去了大量费用，并没有得到神药。

秦始皇帝三十七年（公元前210年），秦始皇再次巡至琅邪时，徐福恐怕受到责备，便又说是途中由于海中有大鲛鱼，受到阻拦，一定要派善于使用连弩的射手去才能排除困难。于是秦始皇又派徐福率童男女3000人，装载五谷种子、技艺百工下海。徐福及徐福船队在抵达日本北九州的大岛后，进入濑户内海，远达纪伊半岛。

徐福及其伙伴从大陆输送到日本的新颖的海船、秫米和农耕技术，以及青铜和铁器冶炼技术，使得早先已有零星传入的中国文化，在日本列岛

上得以巩固和延续，促使日本在绳纹文化的末期，突然展开了一种与原先的文化面貌和发展水平截然不同的新文化，这一文化便是以弥生式陶器和中国铁器为特征，和原来列岛上固有的绳纹文化同时并存、共同开始它的进程的弥生文化。直到今天，在和歌山新宫町东南有蓬莱山，还有徐福墓，墓前石碑上刻有"秦徐福之墓"五个汉字。日本佐贺县的金兰山顶有祭祀徐福的"金兰神社"，自公元前2世纪至如今，每隔50年举行一次大的祭典。

2. 火烧湘妃祠

秦始皇离开了山东，又向南方巡游去了。

这一天路过彭城（今江苏省徐州市）。秦始皇又突然下令要人到泗水河里去捞一个鼎。

原来，周代建立以后，铸了九只大青铜鼎，用来表示周天子统治的九州。后来，这九只周鼎就成了天子权力的象征。到了秦昭襄王的时候，他夺取了这九只鼎，把它们运到咸阳。可是，在运的路上，有一只鼎掉到泗水河里去了。只有八只运到了咸阳。

这一次，秦始皇就是要把那只掉到泗水河里的鼎捞上来，运到咸阳，凑上九鼎之数。秦始皇下令召集了1000名水手，下水打捞。但是，好像大海捞针一样，连周鼎的影子都见不到。结果又是一无所获，秦始皇索然无味，只好南下。

求仙丹求不到，找周鼎又找不着。秦始皇的心里可够不痛快的。一遇到不顺心的事，就要大发脾气。

一天，秦始皇巡游的船队航行到湘山（又叫君山，在今湖南省岳阳市西南洞庭湖中）脚下，突然，水面上刮起了一阵狂风，掀起层层惊涛骇浪，搅得大船左右颠簸，差点儿把秦始皇翻到水里去。船工们连忙把船靠到岸边，抛锚停船。

秦始皇正不顺心呢，这场大风又惹起了秦始皇的无名之火。他恼火极了。抬头之间，看见湘山顶上有一座古老的祠堂。就问身边的大臣，那儿是什么地方。一个博士（皇帝的顾问）回答说："陛下，那座祠堂，就是有名的湘君祠，供奉的是湘君。"

秦始皇听了，还是不明白："那湘君又是谁呢？"

"湘君本来是尧的两个女儿"，博士接着回答说，"名字叫娥皇、女英。她姐妹两个，都嫁给了舜做妻子。后来，舜在视察江南的时候，

湘妃祠

得病死了。娥皇、女英到江南寻找丈夫，也因为悲伤过度，死在了湘山。后人为了纪念娥皇、女英，就在这湘山上修了湘君祠，尊奉她姐妹两个为湘君。"

博士的话音刚落，秦始皇就吹胡子瞪眼地发起了脾气，他觉得刚才那一阵狂风就是娥皇和女英跟他过不去，故意捣的鬼。秦始皇厉声喝斥道："娥皇、女英，不过是两个妃子，称得起什么湘君！皇帝出巡，神仙都来开道，一个小小的湘君，却跑来兴风作浪，真是岂有此理！"说到这儿，秦始皇马上叫来随从的官员，命令他们调来3000名犯人，把湘山上的树全都给砍了。秦始皇还没有解气，又让放了一把火，把湘山祠烧成了一片废墟，这才下令起驾，西归咸阳去了。

秦始皇的这第二次巡游，经历了差不多一年时间，到处游山玩水、求神拜仙，干了许多荒唐的事情。秦始皇越来越不得人心了。

四、张良复仇募力士，始皇遇刺博浪沙

自秦始皇统一了天下，心里也清楚，六国剩下的那些遗老遗少随时都可能起来反对他。于是就下令将天下12万户豪富人家一律搬到咸阳来定居，认为只要在他的眼皮子底下，这些人就不敢轻举妄动。

然后，为了从根源上剪除这些六国旧贵族谋反的可能，秦始皇下令将民间兵器全部收缴一空，铸成了12个24万斤重的巨大铜人和一批大钟，用来震慑和剥夺他们造反的凭仗。

没有了武器，又拿什么来跟秦始皇叫板呢？

另外，为了彰显自己的丰功伟绩，显示自己的威风，秦始皇效仿古代帝王，常常到各处巡游。

公元前218年春天，春寒料峭，秦始皇的车队到达了博浪沙这个地方。车队缓缓前进，猛然一声巨响，打碎了原有的宁静，一辆副车被飞来的大铁锤击得粉碎，乘车之人当场毙命。车队戛然而止，武士们神色慌张地到处搜查，可刺客早已从芦苇荡中逃之夭夭了。

荆轲刺秦已时隔多年，现在又再次遭到刺客袭击，秦始皇勃然大怒，当即下令将博浪沙各处交通要道全部设立关卡进行盘查，一定要把胆大包天的刺客捉拿归案。

然而，足足搜查了10天，却连刺客的半个影子都没有找到，最后只好不了了之。

那么，这名刺客究竟是谁？他就是历史上赫赫有名的汉留侯张良，汉高祖刘邦的军师。

张良，字子房，他的祖父和父亲都做过韩国的宰相，深受王恩，如果不是秦始皇灭了六国，原本他的前途可谓一片光明。然而，韩国覆灭，也把张良美好的愿望砸得粉碎。从此以后，他的目标只有两个，"为韩报仇"和"封万户、位列侯"。所谓"君子报仇，十年不晚"，韩国被灭的时候，张良还很年轻，知道凭一己之力，无法报国仇家恨，于是决定交游天下，寻找奇人异士徐徐图之。

史料上说，为了报仇，张良"弟死不葬"。现在看来，这里的不葬恐怕并非不埋葬，而是指不厚葬。大概在张良眼中，与其将钱财用在一个死去的人身上，不如用它来做更有意义的事情，于是将弟弟草草收殓后，变卖家产，继续寻找能够帮助他完成复仇大业的人。

后来张良来到了东边，拜见了沧海君，得到了一名大力士。这大力士可非同凡响，能够舞动120斤（相当于现在的25千克）的大铁锤。

张良觉得这样的猛士不去刺杀秦始皇实在是太浪费了，于是便制订了刺杀计划，准备在秦始皇的车队经过博浪沙这个地方时进行伏击。

按照君臣车辇规定，天子六驾，即秦始皇所乘的车辇由六匹马拉，其他大臣则只能是四匹马拉车。因此，这次在博浪沙进行刺杀的目标就非常明确了。

原本张良以为自己的计划万无一失，可他哪儿知道秦始皇也是一只老狐狸，处处提防着呢。

等到秦始皇车队走来，张良抬眼一扫，顿时傻了眼，原来队伍中所有车辇全为四驾，根本分不清哪一辆是秦始皇的座驾。

张 良

可箭已上弦，不得不发。张良一看车队最中间的那辆马车周围把守的士兵似乎多一些，于是认定这就是秦始皇的座驾，指挥大力士抡起一个大铁锤便向该车击去。

大力士技术不错，一击必中，哐啷一声，马车粉碎，乘车者当场毙命。

大队人马戛然而止，护卫们开始四处寻找刺客。

张良一见得手，没等士兵们反应过来，二人就从早已选定的逃跑路线，钻入芦苇丛逃之夭夭。然而，他却不知被猛士击中毙命者是坐在副车上的替身，秦始皇始终安然无恙。

秦始皇一生中曾经多次遇刺，早就有了防备，不但所有车辇全部四驾，还时常换乘座驾，甚至连与之同行的人都很少知道他究竟会乘坐哪一辆车，因此张良又哪里知道哪辆车才是真正的正主儿呢。

这次刺杀失败，张良隐姓埋名，一直逃到下邳。之所以如此顺利，主要还是得益于他的长相。

通常情况下，能够舞动120斤大铁锤的必然是满脸胡须，肌肉虬结的大汉吧。就像那大力士，在逃跑时就如暗夜中的萤火虫，秦军想不注意都难，

在芦苇丛中便被乱箭射死。

而张良，即便说不上面如冠玉，貌赛潘安，至少也是风度翩翩，仪表不凡。因此，那些负责缉拿的士兵很难将他与刺杀秦始皇的刺客联系在一起，于是一路上，他也没受到什么盘查就顺利逃脱了。

五、笑劝始皇倡优旃，大商贞妇寡妇清

1. 倡人优旃

秦朝有个倡人，叫优旃，是个侏儒。虽然他其貌不扬，却聪明机智；虽然他只是个侍奉秦始皇的艺人，却胆识过人。优旃非常善于开玩笑，但在玩笑之间劝谏始皇，起到大臣们起不到的作用。

秦始皇有一次在下雨天设置酒宴，陛盾郎（在宫殿外阶下警卫的战士）冒雨当值。一个个被淋得湿透，冻得浑身发抖。优旃很同情他们，就问道："你们想休息吗？"

陛盾郎们都说："要是能休息可真是太好了。"

优旃说："那我一会儿叫你们，你们要马上答应。"

优旃塑像

过了一会儿，大臣们在殿内为始皇祝酒，高呼万岁。优旃站在殿外的门槛上大声叫喊："陛盾郎！"

陛盾郎们齐声答应："在！"

优旃笑着说："你们虽然身材高大，又有什么用？还不是要冒雨而立？我虽然身材短小，却乐得逍遥自在。"

始皇一听，连忙下令，让陛盾郎轮流着下去休息。

又有一次，秦始皇让群臣们议论，打算扩大苑囿，东到函谷关、西到雍县、陈仓，全都要划为禁区。大臣们

有的同意，有的闭口不说，就是没有表示反对的。

优旃这时候说话了："好！这主意好！这样一来，苑囿里就可以有更多的禽兽，一旦敌人从东方入侵，让麋鹿用角撞他们就可以了。"

始皇听了，琢磨过味来，就放弃了扩大苑囿的念头。

2. 中国最早的女企业家

巴寡妇清为秦朝初期我国南方著名的大工商业主。据史籍记载，巴寡妇清家数代采炼丹砂，因此积聚了数不清的财富。到了她掌管经营家业后，更至"僮仆千人"，成为中国历史上第一位女企业家。

相传，她曾凭借财力保一方平安，并在国家修筑万里长城时给予大力资助，秦始皇因此十分看重她，尊其为贞妇，将她接到宫中，与自己平起平坐。

有专家分析，秦始皇礼待巴寡妇清是出于政治军事因素的考虑，在军

巴寡妇清

事政治上，地方豪强代表势力是秦帝国统一的一环。公元前316年，秦国定巴蜀，巴蜀正位于秦国与楚国的交界地带，成为秦国完成统一大业的战略地带，因此秦始皇以及秦国的历代君王对巴渝地区实行优宠政策，对于当地的豪门大族实行原有的管理办法，允许他们拥有产业，部族和私人武装，寡妇清家族是地方豪强的代表，理所当然是笼络的对象。秦始皇执政后统一战争进入关键时期，中井积德也认为秦皇礼遇寡妇清是"故军兴有资于其力也，非徒嘉其富厚"。

秦始皇统一六国后加强专制统治，地方豪强的私人武装被秦始皇收缴，贵族和豪强大户被迫迁往他处，使其不能在原处纠集势力抵制中央统治，其中迁12万户到咸阳，寡妇清也在此之列，国家为他们修建宫殿，把他

们置于中央政府的监控之下，也是秦始皇推行郡县制对地方豪强的措施。

巴寡妇清死后，埋葬在家乡千佛寨沟龙寨山，秦始皇因为怀念她，又下令在其葬地筑怀清台，以表彰她的贞洁之名。

3. 风流人物乌氏倮

顺便再提一个当时也是比较著名的大商人。

历史上第一个明确记载的固原人为乌氏倮，他被写入正史，与辉煌的历史巨著《史记》共同流传下来。秦始皇在公元前 220 年巡视陇西、北地郡，途经六盘山地区时，耳闻目睹了乌氏倮经商发展畜牧的事迹，当即给倮以"比封君"的优待，也就是说，对他的礼遇等同王侯，他可以和秦国的大臣们一样，进宫朝见，参与议事，享有相当高的政治待遇和荣誉。乌氏倮从事畜牧业，牲畜养到很多时就全部卖掉，然后用卖牲畜的钱物购求各种奇异物和丝织品，暗中献给戎王。戎王还赠他 10 倍于所献物品买价的牲畜，所给牲畜多到用山谷为单位来计算数量。在重农轻商的封建时代，作为一个牧主与商人，乌氏倮能取得这样高的政治地位是非常少见的。大概是因为乌氏倮饲养的马匹也为朝廷提供了大批军马，对秦国的政治经济有极大的贡献，所以才受到秦始皇的格外恩宠。

六、生前欲享阿房宫，死后陪葬兵马俑

1. 阿房宫

咸阳宫殿中，最负有盛名的无疑是阿房宫，它是秦始皇三十五年（公元前 212 年）开始兴建的宫殿朝宫的前殿，位于渭河南岸的上林苑中。据《史记·秦始皇本纪》中描述：

"始皇以为咸阳人多，先王之宫廷小，吾闻周文王都丰，武王都镐，丰镐之间，帝王之都也。乃营作朝宫渭南上林苑中，先作前殿阿房，东西五百步，南北五十丈，上可以坐万人，下可以建五丈旗。周驰为阁道，自殿下直抵南山。表南山之巅以为阙。"《关中记》则载其"殿东西千步，南北三百步，庭中受万人"。其他古文献亦多有述及，但尺度出入甚大。从

实地考古调查来看，尚存东西广 1400 米、南北长 450 米、后部有残高 7—8 米的巨大夯土台，面积与《关中记》记载相近。

本来，咸阳就是秦国的都城。早在秦始皇即位以前，这里就已经布满了豪华壮丽的宫殿。秦始皇统一天下以后，就觉得天下可以从此太平了，他也乐得寻些开心快乐，享受享受。

于是，秦始皇命令在咸阳城北边，开辟了一大块空旷的地方，依照六国宫殿的样式，兴建了许多更好的宫殿。殿宇、楼台、台榭，层接不穷。落成以后，秦始皇又把灭六国时，从六国抢来的成千上万的美女，安置在这些宫殿里，没有一处没有美女，没有一处没有音乐。秦始皇就在这里面寻欢作乐。

可是，秦始皇还嫌这宫殿太过狭小，才过了一年，又在渭河以南造了一座行宫。不久，又改名叫"极庙"。又从极庙到骊山，造一座非常大的宫殿，叫作甘泉前殿。但是，秦始皇还嫌不够。

一天晚上，秦始皇在龙榻上，迷迷糊糊似睡非睡之中，走进了一座宫殿。只见楼阁高耸，轩窗掩映，千门万户，金碧辉煌。更看见成群美女轻歌曼舞，金宝珠玉，令人陶醉。走出殿门，前面绿水环境，花木繁茂，苍松翠竹，再往前，又是重重宫殿。秦始皇兴奋极了，醒了过来，原来是一场梦。

秦始皇无论如何都忘不了那梦中的情景。真是太美了，激起了他心中的狂涛，他认为这是上天要他这位自古以来的始皇帝显威。他决心凭权势和威力，建造一座天底下最壮丽的辉煌的宫殿。

秦始皇迫不及待地召集大臣们，宣布说："咸阳城里，人口越来越多，朕是天下的主人，平时居住的地方，才这么几所宫殿，实在是太狭小了。朕要营建一所更大更好的宫殿，你们看呢？"大臣们一听，哪个敢说"不"字，都连声说好。于是在渭河南边的上林苑中动工修建庞大的宫殿。首先，就是要造起壮丽的前殿阿房宫。

这阿房宫东西宽 300 丈，南北长 50 丈，殿里可以坐下 1 万个人，殿下可以树立起五丈高的大旗。还从殿前修了一条大道直抵南山。又从殿后修一条大道，渡过渭河，直达咸阳。这巨大的工程，要花多少人力物力！

秦始皇可不管这些。做工的夫役征调了一次又一次，最多的时候，有70多万人。但是，这工程实在是太大了，所以在不久以后，秦始皇病死时，也没有完工。

秦二世元年（公元前209年）四月，秦始皇陵主体工程基本完工，而此时的阿房宫工程已停工了7个月。为实现先帝的遗愿，秦二世从陵墓工程中调出部分人力继续修筑阿房宫。

秦二世元年（公元前209年）七月，陈胜、吴广起义爆发，秦帝国危在旦夕。在当时天下赋税繁重、民不聊生和战事危急的状态下，阿房宫工程即使不停工，也不可能按部就班地施工下去了。于是，秦朝统治集团内部在阿房宫是否继续修建这个问题上产生了严重的意见分歧。右丞相冯去疾、左丞相李斯、将军冯劫劝阻秦二世停止修建阿房宫，触怒二世，三人被送交司法官署问罪处死。

秦二世三年（公元前207年）八月，赵高作乱，将二世劫持在望夷宫，逼迫二世自杀。二世既死，阿房宫最终完全停工，直到秦帝国灭亡。

阿房宫虽然没有完全建成，但其部分附属建筑"阿城"等仍然存留了很长时间。

阿房宫不过是朝宫的前殿，就已成为历代文人屡述之物。最著名的当属唐代杜牧的《阿房宫赋》："六王毕，四海一，蜀山兀，阿房出，覆压三百余里，隔离天日。五步一楼，十步一阁。廊腰缦回，檐牙高啄，各抱地势，钩心斗角……长桥卧波，未云何龙？复道行空，不霁何虹？高低冥迷，不知西东。歌台暖响，春光融融；舞殿冷袖，风雨凄凄。一日之内，一宫之间，而气候不齐。"对其奢华

秦阿房宫遗址

极尽描绘之能事，虽已无实物可证，但足见其工程规模之巨，气势之宏伟，人、财、物力耗费之多。根据文献和考古研究，基本认为宫殿四周修有阁道，向南直抵终南山，向北跨过渭水，与咸阳宫相接。阿房宫殿前排立着12个重达万斤的铜铸"金狄"，殿北设置磁石门，是为防止私带武器采取的安全措施。殿的东、西、北三面筑有城墙，称为"阿城"。

阿房宫遗址位于今西安城西郊约15公里的三桥镇之南，赵家堡和大古村之间，附近有大量夯土台，还散落有大量秦砖汉瓦，考古学者推测其遗址区面积约有60公顷。阿房宫不过是朝宫的前殿，阿房也只是暂设的名称，意思是咸阳附近的宫殿，建成后或应另择新名，可见秦始皇原计划建设朝宫之规模空前。

此外，秦始皇还修建了一大批宫殿，一座宫殿连着一座宫殿，像蜂窝那么密。每座宫殿，都各有特点。即使秦始皇一天换一个地方，一直到他临死的时候，也不可能住遍所有的宫殿。

这么多宫殿，都有互相连接的通道。秦始皇每天住哪所宫殿，是不固定的，外人不会知道。如果秦始皇的侍从泄密，要被处以死刑。

这些豪华的宫殿，对秦始皇来说，自然是无比的享受；而对广大的劳动人民来说，就是一场大灾难。在当时，民间流传着这样一句话：阿房阿房亡始皇。可见，人民对阿房宫，对秦始皇是多么地怨恨。

项羽攻秦的时候，放火烧了阿房宫，这场大火竟整整烧了三个月，阿房宫和它周围的宫殿，规模是多么地大呀！

2. 兵马俑

自从卢生和侯生逃跑以后，秦始皇就越来越害怕一件事情，就是自己终有一天要死去的。

秦始皇虽然很害怕，可他又不能不为自己死了以后的生活考虑。他觉得自己活着的时候有那么多宫殿，死了以后，也要住在一座非常大的宫殿里。

于是，秦始皇在地面上大兴土木的同时，又苦心经营地下宫殿，以保证他死后能够安稳长眠，保证他死后也能享乐。

在秦始皇刚刚即位的时候，就在骊山（今陕西临潼县城东南）开工挖掘自己的坟墓。统一六国以后，又继续征发刑徒、民工大规模地修建。

这座骊山陵墓，高50多丈，周围有5里多，上面种着花草树木，像一座山林。墓室已经有了轮廓。顶上嵌着绝大的珍珠宝石当作日月星辰；又灌进了许多水银，当作江河湖海。地宫中修建了设置百官座次的殿堂。地宫里还存放了许许多多珍贵稀奇的东西。

秦始皇简直就是想把天地宇宙具体而微妙地装进他的坟墓里，以便他死后，也能保持皇帝的至尊。

为了防止人盗墓，秦始皇还让工匠制造了"机矢弩"的机械装置。据说，只要误触了机关，就会被暗藏的弓弩射伤。

在骊山墓周围，还修建有内城和外城。内城是方形，周围有5里多，东、西、北三面，都有城门。当时，秦始皇命令工匠专门烧制兵马陶俑，排成整齐雄伟的方阵，埋在城的周围。那武士身穿铠甲，手执各式各样的精良武器。那陶马四匹一组，拉着战车。人高有8尺，马长有1丈，人马相间，威武雄壮。完美地再现了当年秦国军队横扫六国的无比雄壮雷霆万钧的气势。

秦始皇陵兵马俑群，是昔日秦王朝强大国力和军威的象征。它集中体现了我国古代劳动人民高超的烧陶技巧和智慧，为后人研究秦史提供了丰富的原始资料。

为修建骊山墓，征发了七八十万民工，不论寒冬炎夏，刮风下雨，经年累月，劳作不止。监工的皮鞭经常抽打在他们身上，老百姓强忍着无限的苦难，饮恨吞声。但是，秦始皇却不顾一切地残暴地统治着人民。忍耐是有限度的，到了

秦始皇陵兵马俑

忍无可忍的时候，人民终于是要起来反抗的。

七、六国佳丽盈后宫，主位虚悬三十年

史书上记载，秦始皇是 13 岁时即位，22 岁亲政，中间做了 9 年太平天子。这段时间，正是古代男子娶妻之时，在即位 3 年后，秦始皇便拥有了立后的资格，但为何前后九年，秦始皇都未提立后之事？

之后，从 22 岁到 39 岁的 17 年里，秦始皇独自掌权、横扫六国。尽管此时国事繁忙，但在后方立个皇后应该并不费事。

然后自 39 岁到 50 岁时，秦始皇多在巡游路上，但此时立个皇后来"母仪天下"同样花不了多少时间。因此，秦朝虽短，秦始皇还是有足够的时间来立皇后的。

那么就此看来，秦始皇并不是来不及立皇后，而是他压根就没有这种打算。但为什么秦始皇亲自明确了立后制度，自己却反倒率先违反呢？我们想要揭开这个千古之谜，只能凭借当时的点滴资料和想象来猜测了。

1. 赵姬失检

最有可能，也是对秦始皇影响最大的，可能是秦始皇母亲赵姬行为上的不检点，给他带来的心灵创伤。

根据史书上的说法，赵姬行为失检，先做了"奇货可居"的大投机商吕不韦的小妾，怀孕两月后，又被献给当时在邯郸做人质的秦国王孙异人，也就是后来的秦庄襄王。秦庄襄王死后，身为太后的赵姬耐不住寂寞，常与丞相吕不韦重温旧梦，后又与嫪毐私通，诞下二子。

有一次，嫪毐于酒后对奚落他的众臣大骂道，我是秦王嬴政的假父，尔等敢与我斗口乎？

母亲的失检，使得秦始皇恼羞成怒，感觉到无地自容，但是又无法弑杀母亲，背上不孝的骂名，于是在这种心理压抑之下，性格变得极为复杂，逐渐向失去理性的暴君演变，最终彻底暴发，杀了两个私生子弟弟，将赵姬赶出咸阳，并迁怒始作俑者吕不韦，罢了他的相国之位，然后迫使其服

毒自尽。

因母亲而造成的心理阴影一直伴随着秦始皇，逐渐由对母亲的怨愤，发展和泛化成对女性的仇视，造成他在婚姻上的偏执。尽管后宫内充斥着六国佳丽，但他只把她们当作发泄对女人仇视的对象，或者满足生理需要的工具。

2. 高标准

秦始皇是第一个将中国一统的帝王，他自认功德更甚三皇五帝，对皇后的要求自然也就非常高了。具体高到什么程度，恐怕连他自己也说不清楚，于是左看右看，找了又找，发现后宫三千佳丽中竟无一人符合他的标准。

不过，有这么一个女人却让一代帝王秦始皇始终礼遇有加，无比恭顺。她是谁呢？她就是著名的巴寡妇清。

实际上，秦始皇对统一六国后收入后宫的佳丽非常鄙视，痛恨她们抛弃亡国之辱而媚悦新主的行径，但对守贞重节的女子却倍加赞赏。当他得知有一个年轻寡妇名清，数年如一日遵守妇节，便将她请入宫中，作为女性的典范。

秦始皇赐令她"旁座"，与自己平起平坐，这是当朝丞相也不曾享受的殊荣。原本，这样的待遇应该是皇太后才有的，可惜赵姬因为行为不检点被秦始皇赶出了咸阳，于是便转嫁到了巴寡妇清的身上。

秦始皇

后来巴寡妇清病重，秦始皇亲自在她的病榻之前守候，御医告知已然无力回天的时候，这位千古一帝甚至为她潸然泪下，茶饭不思。

为了纪念这位贞洁的女性，秦始皇还为她修筑了一座"怀清台"，以彰扬其事迹。

3. 心怀天下，牺牲私欲

由于身世及环境的影响，秦始

皇从小养成了刻薄、多疑的性格。他可能担心立了皇后会对他有所掣肘，妨碍他实现远大的理想。

这不难理解，那个时候，一国之君的正妻必然是豪门勋贵的女子，代表着某个集团的利益。这样的婚姻包含着太多的政治因素，是秦始皇绝不希望的。

那么，一个将全部精力都转移到政治理想上去的人，理想对他来讲意味着什么？而为了实现远大的理想和抱负，牺牲一点私欲又有什么舍不得呢？

秦始皇可以称得上是工作狂，日理万机，白天审理重要的案件，晚上则批阅当天的公文，而且，他还给自己定下了相当大的工作量，每天必须批完一石公文才能休息。我们算了一下，当时的一石大概相当于现在的60斤。一个人每天批阅这么一大堆竹简，体力的消耗当然不小。

除了埋头工作以转移注意力，秦始皇还经常带着队伍在全国范围内游玩，巡视六国故地，看看他治理下的大好河山。再不然，他要是心血来潮，就借着巩固政权的由头，暴施天下，一道"焚书坑儒"的指令，搞得整个华夏大地上赭衣满道，黑狱丛冤，因此哪里还有多余的精力放在女人身上呢？

4.长生不老的诱惑

秦始皇追求长生不老，对方术、炼丹术情有独钟。

翻阅史书，我们就不难知道，秦始皇五次出巡，其中三次都会见了徐福等方士，以求长生不老之药。此外，他还派徐福率领3000名童男童女赴东海神山求药。

徐福当然知道那些海外仙山、蓬莱仙岛的故事是他信口开河的说辞，可是，为了自圆其说，秦始皇让他去求药，他不得不去。

于是在大海上转悠了一阵子，觉得时间差不多了，就准备回去。

当然，这段时间他可是没有闲着，一个劲儿地思索如何骗过秦始皇，不然，如此大的耗费，秦始皇一旦知道他求药无果，还不把他生吞活剥了。

徐福满面风尘，见到了翘首以待的秦始皇。他将早就想好的谎言一股脑儿倒了出来，谎称海上常有巨鲛出没，无法靠近，请派神箭手用连弩射

杀巨鲛，以便扫清障碍，求取长生不老之药。

秦始皇虽然有些怀疑，但是看徐福不像是说谎，便令人捕杀巨鱼，还亲自到海边观测大鱼出没，甚至想入海尝试求仙。这种对长生不老孜孜不倦的追求，在一定程度上也抑制了他对其他事情的兴趣，导致了立后一事被置于脑后。

八、始皇暴毙有征兆，蹊跷身亡三怪事

秦始皇在他39岁的时候完成统一大业，原本打算安安心心地尽享万世之尊，却在50岁进行第五次大巡游时，暴毙身亡，蹊跷地死在了巡游途中。在《史记》中，明确记载着秦始皇身亡前曾经发生过3件怪事。

1. 荧惑守心

中国历代帝王对天象都极为重视，无不认为天意是通过天象来表达。因此设立了专门的机构，让官员解读这些玄妙的天象。而各种天象中有两种是备受关注的，一是五星连珠，二是荧惑守心。

就在秦始皇三十六年（公元前211年），一连发生了三起让秦始皇非常郁闷的事件，第一件事就是"荧惑守心"。

我们先说五星连珠，史书明确记载的一次五星连珠，是汉高祖刘邦登基那一年。

所谓五星连珠，就是金、木、水、火、土五颗行星排成一条直线，这被看成是最吉利的天象。

当然，我们知道，史书是人写成的，因此不排除是有人为帝王将相作家谱，很多事情的真实性就要多存一份疑。

本着实事求是的精神，现代天文学家利用计算机推演，证明了五星连珠发生在刘邦继位第二年。

根据计算机推演的结果，中国历史上应该还有两次五星连珠。

一次发生在吕后称制之时，一次发生在武则天称帝之时。大概是史学家不想让五星连珠证明这两位女性掌控国家朝政也是顺应天命的，所以即

使出现五星连珠也不加以记载。

但是我们能够想象，当时两位大权在握的女性肯定是欣喜万分的，甚至正是因为得到了这种"上天的启示"认为自己是天命所归，这才敢于打破女子不得干政的惯例，独揽朝政。

恐怕是因为后世的封建统治者不愿意再出现女性当政，因此勒令将这两次大吉的天象从史书中剪除了出去，因此我们才无法在史书中找到。这也再次佐证了我们读史书必须存疑的思想。

比起前面我们提及的这些人来，秦始皇的运气似乎就不那么好了。我们可以在《史记·秦始皇本纪》中找到这样一段文字：三十六年荧惑守心。

"荧惑守心"是什么？与大吉之象的"五星连珠"恰恰相反，它就是最不吉利的天象，历代帝王避之唯恐不及。因此不难想象，秦始皇在得知这个消息后的心情该是多么不爽。

然而，天象就是天象，绝不会因为个人的意志而转变。说了半天，这荧惑守心究竟是什么呢？

原来，古人把火星称作荧惑。那么，为什么称荧惑呢？这是由于在地球上看到火星荧荧似火，行踪捉摸不定。而无论在东方或是西方，火星都被认为是战争、死亡的意义，因此它又有赤星、罚星、执法等不同的称谓。

守心，什么又叫作"心"呢？

这里的心是二十八宿中"心宿"的简称，特指天蝎座中的红色一等亮星——心宿二，由于它红光如血似火，故我国称它为大火。心宿有三颗星，分别代表了皇帝和皇子以及皇室外最重要的成员，即丞相。

我们知道，正常情况下火星总是在黄道附近移动，火星留守在天蝎座属于极其罕见的天象。不祥的火星在心宿徘徊不去，则两星相互辉映，争"红"斗艳，这就叫"荧惑守心"。而正是这种罕见的天象在中国的占星学上被认为是最不祥的，象征皇帝驾崩，丞相下台。

今天的人可能很难理解荧惑守心的天象在古人心中所产生的恐惧，但是我们不妨来看看西汉末年的一个例子，就能够想象一下当初秦始皇面对

这个大凶天象时的心情究竟如何了。

公元前7年仲春，占星官上奏汉成帝说，天象发生了异变，国运将会大祸临头，如果不移祸给大臣，国家将要陷于危难。汉成帝一听，自然惊慌失措，当即决定让丞相当替罪羊。

汉成帝召丞相上朝，斥责他为相多年，不能调理好阴阳，导致天象出现异变，国家也要因此陷于危难。丞相回到家中，惶惶不可终日，他知道这次算是在劫难逃了。

果然，第二天一大早，汉成帝便派人给丞相送去诏书，上面写道：本来认为你清明、勇敢，希望你能帮助我治理好国家，但是你当了10年丞相，不仅没有显赫功绩，还给国家带来了灾难。姑念你为国奉献多年，没有功劳也有苦劳，我不忍心罢你官，希望你能忧国如家。

听了这话，丞相原本以为可以免死。不料使者又说，皇帝赐给你好酒好肉，一看，竟然是上等的黄牛肉和好酒。

丞相心里咯噔一下，一屁股便坐倒在地。

原来按汉朝惯例，皇帝赐给大臣牛和酒，即是赐死。古代君权至上，从来都是君要臣死臣不得不死，否则就是大逆不道。倒霉的丞相知道了皇上的用意，又没办法可以破解，只好饮鸩自尽。

丞相自杀后，汉成帝这才稍稍放宽了心，赶忙发布消息说，丞相暴病身亡，下令厚加抚恤。汉成帝还亲自到丞相家中进行吊唁，他认为从此之后国运可以亨通，自己也可以天命永固了。但是不到一年，这个嫁祸于人的汉成帝也暴毙了。

嫁祸于丞相都不能避免皇帝死亡的事实，更让后代帝王感觉到"荧惑守心"的可怕。

这个故事虽然发生在秦始皇之后，但是通过这个事件，我们可以体会到这大凶之兆对皇帝们的影响有多大。

2. 陨石天降

俗话说得好，福无双至，祸不单行。荧惑守心的天象出现后不久，一颗流星不偏不倚地砸向东郡。本来呢，陨石落地也没什么大不了的，可怕的是这从天而降的陨石上面竟然刻着七个大字——始皇帝死而地分。

这样，这个陨石就变得非同凡响了。它似乎承载着上天的旨意，预示着秦始皇命不久矣，大秦帝国随之将土崩瓦解。

出现了这种事情，地方官自然不敢隐瞒不报，于是消息像长了翅膀一样，迅速飞进咸阳城，传到了正在为荧惑守心而心事重重的秦始皇耳中。

秦始皇雕像

秦始皇一听，手中批阅的奏章啪的一声掉在地上。

不过，秦始皇毕竟是秦始皇，能够一统天下的千古一帝哪里会这么容易就被击倒。他很快就镇定下来，心想，这是不是有人借着荧惑守心的事情搞鬼，故意要跟自己过不去？

这样一想，他就觉得简直是确凿无疑的，一定是有人想要造谣生事，借机破坏秦帝国的稳定，然后浑水摸鱼，必须制止这种险恶的用心。

他赶紧派御史到事发当地逐户排查，务必找出刻字之人，可是，就算这事儿真是人为的，哪里还会待在原地，结果自然是一无所获。

愤怒的秦始皇当即下令，处死这块陨石旁所有的人家，并立即焚毁这块刻字的陨石。官员们自然不敢怠慢，遵照秦始皇的旨意处死了方圆几十里的人家，并用烈火将天降陨石焚毁了。

然而，秦始皇心中的阴影并没有随之而去，他知道，无论杀人还是毁石其实都是为了减少舆论的压力。那颗刻着"始皇帝死而地分"的陨石如同一个挥之不去的梦魇，与之前的荧惑守心一起啃噬着这位千古一帝的内心。

3. 沉璧复返

本来说，事不过三，可是似乎还真有那么一只黑手在暗地推波助澜，就在这年秋天，又一件事情让秦始皇原本就郁郁寡欢的心沉到了谷底。

一位使者因为有要紧事需送信到咸阳城，夜晚赶路从东经华阴的时候，突然被一个手持玉璧的人拦住。陌生人对使者说，这块玉璧是君王遗落在水神滈池君那的，请你把玉璧送回，并说今年祖龙要死。使者觉得莫名其妙，连忙问他"祖龙要死"究竟是什么意思，但对方留下玉璧转眼就消失在了夜幕中。

使者无奈，只好带着玉璧回到咸阳，并将整件事情的经过仔仔细细向秦始皇做了汇报。秦始皇第一反应就是这句话中的"祖龙"指他自己，沉默了好一会儿，他才说，山鬼至多知年事。

退朝之后，秦始皇对手下说，祖龙其实是指人的祖先。他说这话的时候，虽然口气听起来似乎很硬的样子，但谁都看得出来，他其实也是无可奈何。

随后，还抱着一丝侥幸的秦始皇，派人将使者捎回来的玉璧送去察验，希望从这玉璧上找到一些蛛丝马迹，证明其实是人伪造的，也好让自己找回一点慰藉。否则这样下去，不等死期到来，自己恐怕就会因为沉重的心理压力崩溃了。

然而，鉴定的结果无疑再次打击了可怜的秦始皇，这块玉璧还真是他10年前巡游渡江之时，祭祀水神而投到江中的那块！

10年前祭祀水神的玉璧怎么又被一个不明身份的人给送回来了呢？秦始皇瘫坐在龙椅之上，大口大口地喘着粗气，等他惊醒，才发现浑身都被惊出的冷汗湿透了。

祸不单行，可一年之中却连续发生三件怪事，闹得秦始皇心里非常郁闷。为了避凶，秦始皇专门举行了占卜，得出的结果是出巡和迁徙百姓才能避凶趋吉。

于是，秦始皇下令迁移3万户人家到北河、榆中地区，并且给每位迁徙户赠送爵位。而自己也开始了第五次巡游，希望可以趋吉避凶，解除灾难。

第三编

二世而终，穷途末路

　　秦朝是我国历史上第一个封建王朝，秦始皇是我国历史上第一位封建皇帝。扑朔迷离的身世，曲折惊险的帝王历程，锻炼了他横扫六合、气吞八荒的气势。但秦始皇"二世三世至于万世"的梦想却埋葬于根基不稳的沙丘之上，荒淫无道且无能的秦二世打碎了这个美丽的梦想……随着陈胜吴广在大泽乡打响了农民起义的第一枪之后，各地造反的人立即响应号召，纷纷揭竿而起，造就了一个风云际会、英雄辈出的乱世格局。俗话说得好，不是冤家不聚头。后世两个最著名的人项羽和刘邦，也在起义后不久，踏上了一段从战友到仇敌的争雄路程。

第一章 昏庸二世

一、赵高李斯阴篡位，沙丘政变立胡亥

公元前 210 年，为祛邪避凶，秦始皇决定第五次出巡，由丞相李斯、宦官赵高陪同前往。他的小儿子胡亥贪玩，求秦始皇带他一起出去见见世面，秦始皇出于爱护之心，便点头应允了。

仿佛是知道自己命不久矣，想要最后一次看看这个王国的大好河山，这一次秦始皇走得很远。他的銮驾渡过钱塘江，在会稽做了短暂停留，然后北上琅邪。从冬季出发，一直到夏天才准备返回咸阳。

回来的路上，秦始皇感到身子不舒服，开始的时候以为是天气闷热加上水土不服的缘故，也没太在意，继续赶路，终于在平原津病倒了，随从的御医束手无策，请求秦始皇暂时住下来，等病情缓解了再上路，而秦始皇却要求加快速度，赶回咸阳。

车队紧赶慢赶，到了沙丘的时候，秦始皇的病情越来越重。他大概是知道自己的病恐怕好不了了，就吩咐赵高赶紧给公子扶苏写信，叫他立即赶回咸阳，万一自己有个三长两短，就由他主办丧事，然后登基继位接掌秦帝国。

可世事就是这样蹊跷，信写好了，还没来得及交给使者，这位千古一帝就咽了气。

秦始皇死后，丞相李斯跟赵高商量说，这儿离咸阳还很远，不是一天两

天就能赶得到，万一皇上去世的消息传了开去，恐怕会出现大乱子，为了稳妥起见，不如暂时祕不发丧，等赶回咸阳再作打算。

李斯这样说，赵高当然不会拒绝，因为他心中正酝酿着一个天大的计划。

秦代陶豆

就这样，李斯和赵高把秦始皇的尸体安放在车内，关上车门，放下窗帷子，将里面的一切全部加以掩饰，同时勒令秦始皇近侍不得宣扬，违令者杀无赦。这就使得除李斯、赵高、胡亥和几个近侍外，随行的人中没有其他人知道秦始皇已经驾崩了。

车队向着咸阳进发，每过一地，文武百官都在车外奏事，李斯以丞相的身份代秦始皇处理政事，也算应付了过去。

与此同时，李斯让赵高赶紧派人把信送出去，按照秦始皇的命令让公子扶苏尽快赶回咸阳。赵高在历史上是赫赫有名的奸臣，也是胡亥的心腹，他自然不愿让扶苏继位。

秦始皇一死，他就跑去跟胡亥商量，准备假传遗诏，除掉扶苏，让胡亥即位。胡亥听说自己竟然有机会当皇帝，哪里还管什么手足之情，兄弟之义，对赵高完全言听计从。

赵高认为，伪造圣旨的事情没有丞相李斯的支持是不行的，就去找李斯商量。他说，丞相，现在皇上的遗诏和玉玺都在胡亥手里，要决定谁接替皇位，全凭我们两人一句话，不知你意下如何？

李斯吃了一惊，虽然感觉到这是赵高在威胁自己，而且看周围人头攒动，知他已有部署。但李斯毕竟是秦始皇一手提拔，这种知遇之恩和这位千古一帝长期以来树立的威信，并不因为他的死去而立即消失。于是用一种直臣的语气质问说，赵大人何以说出这种亡国的话来？

赵高蜡像

赵高了解李斯，也有把握能说服他，因此显得很镇定。他笑着道，李丞相少安毋躁，我先问您，您认为自己的才能比得上蒙恬吗？您的功劳比得上蒙恬吗？您跟扶苏的关系比得上蒙恬吗？

一连三个问题，如三记重击，每一下都击中李斯的心坎，颓然道，这三样我都不及蒙将军！

赵高一看，继续说，一旦扶苏做了皇帝，他必然拜蒙恬为相，李丞相您呢，我看能回家养老就不错了。而公子胡亥心眼不错，待人也厚道，要是他做了皇帝，您我二人就是有功之臣，一辈子的富贵荣华可谓受用不尽。

权力是罂粟，一沾上就难以丢掉。李斯经过赵高一番连哄带吓，彻底动摇了。他担心扶苏继承皇位以后，自己无法保住丞相之位，最终心一横，豁出去了！

就这样，他和赵高、胡亥合谋，假造诏书给扶苏，说他不思进取报国，反而怨恨父皇，又说蒙恬将军和扶苏同谋，准备谋朝篡位，都该赐死。

扶苏接到这封假诏书，悲伤难抑，哭泣着便想自杀。蒙恬足智多谋，第一反应就猜到这封诏书是伪造的，要扶苏少安毋躁，必须亲自向秦始皇申诉。

可扶苏是个仁慈正义的人，悲伤地说，既然父皇要我死，哪里还需再申诉？说罢，挥剑自刎。

另一边，胡亥等人也回到了咸阳，李斯和赵高这才宣布秦始皇驾崩的消息，举行丧葬，并且假传秦始皇遗诏拥立了胡亥即位，称秦二世。

而那道大秦第一位皇帝立下的第一封遗诏，却被扔进了浩瀚的历史长河之中，随之而来的是整个帝国崩溃的起始，而赵高这只阴影下的黑手，则以雷霆之势，加速将这个大统一的国家推向了深渊。

我们来看看赵高这只黑手究竟是如何在短短数年便让一个帝国覆灭的！

赵高先是哄骗胡亥脱离朝政，疏远大臣。他对胡亥说，天子之所以高贵，是因为不能常见人面，因为神秘，而天子就是神秘的代名词，所以称为朕。胡亥沉湎酒色，加之对赵高言听计从，根本没有怀疑他的用心，就遵从了建议。

从此，赵高大权独揽，朝臣怨声载道，他们想要面见圣上，据理力争，可赵高连半点机会都不给，所以秦二世更无从得知赵高的伪善面目。

为了让秦二世彻底沦为他的傀儡，架空他的权力，赵高怂恿胡亥把秦始皇时的严刑苛法更推进一步，法令诛罚日益严酷，群臣人人自危，文官想要逃跑，武将想要造反。

赵高做贼心虚，一来怕篡夺皇位的事泄露出来，二来又害怕这些反对的力量联合起来对他不利，决定大开杀戒，永绝后患，以秦二世的名义把12个公子和10个公主都定了死罪，受株连的大臣不计其数。

过了一年，赵高又用计唆使秦二世把同谋的李斯也逮捕杀了，赵高自己当了丞相，独掌大权。

一、李斯相秦立奇功，一失足成千古恨

李斯（约公元前281—公元前208年），字通古，战国末期楚国上蔡（今河南上蔡县）人，秦朝时有名的丞相。他是中国历史上一位集大权谋家、大政治家、大学者于一身的名臣。李斯是新兴地主阶级的法家代表，在战国末期，诸侯争霸兵戈至上的历史时期，李斯凭借政治家的博大胸怀和不凡韬略、计谋辅佐秦王吞并六国、实现统一，建立起历史上第一个强大的中央集权制的封建王朝，成为千古一相。

李斯来到秦国后，凭着机敏和才干很快受到丞相吕不韦的赏识。于是，被推荐到秦王宫廷里，任以为郎，这使他有了接近秦王的机会。

当时的秦国，兵强国富，统一的形势已经基本形成。对此，李斯也和当时许多明智之士一样，看得非常清楚。但他的高明之处在于，能够进一

李斯谏逐客书碑

步为秦王具体地考虑统一的时机、谋略和步骤，及时地向秦王献计进言。

有一次，李斯得到了一个向秦王进言的机会，他便上书秦王，提出翦灭诸侯，消灭六国，兼并天下的谋略。

这一席话，正说到秦王政的心坎上，并使他不能不对眼前的这个年轻人刮目相看，立刻虚心请教。

李斯指出，对诸侯各国要恩威并用，软硬兼施，这样可收到事半功倍之效。他建议秦王派出谋士间谍，去游说诸侯。对这些人，可以收买的，就用重金收买，让他们为秦国工作，去蒙蔽其君主，陷害其忠良，离间其君臣关系，阻止其国与别国联合反秦。金钱收买不了的，就派刺客去把他杀掉。这样，就会使六国内部越来越乱。最后，秦国再派出良将劲旅，不难以摧枯拉朽之势，扫平六国。

秦王政听罢李斯这番话，击掌叫好，立即采纳了李斯的建议，并任命他为佐助丞相的长史。不久，又提升他为客卿，负责实施统一六国的战略计划。

秦国的经济实力越来越强，平定六国已被提上了秦王政的日程。

李斯分析了六国的地理位置和实力状况之后，认为韩国最宜作为突破口。他亲自出使韩国，威逼利诱，欲迫使韩王向秦称臣。韩王急忙派韩非出使秦国，劝秦存韩。

李斯惧怕韩非入秦后，自己失势，便向秦王政进言："韩非，韩之诸公子也。今王欲并诸侯，非终为韩不为秦，此人之情也。今王不用，久留而归之，此自遗患也，不如以过法诛之。"就这样，李斯害死了韩非，却在自己的政治生涯中贯彻了韩非的基本思想。

在李斯和其他大臣的谋划之下，秦国很快就吞并了韩、赵、魏、燕、楚、齐六个国家，于公元前221年完成了统一大业。而李斯因功业显赫，累官至廷尉，位列九卿。

"国无法不立"，一个国家必须以严明的法纪作为立国的基础。李斯作为法家学派的代表人物，在帮助秦始皇建立封建国家结构时，特别注重法律制度的建立。严刑峻法成为秦国政治的主要特点，这既促进了一个统一国家的建立，也因为过于残酷激起了广大人民的强烈反抗。

秦始皇刚刚统一六国，在强化中央集权机构之后，对于辽阔的国土如何治理，已是摆在秦王朝面前的中心议题。以丞相王绾为代表的一批大臣主张承袭周制，分封诸子为王。李斯力排众议。他举例论证说，周文王、周武王曾经大封子弟同姓，后来封国之间日渐疏远，以至相互攻伐如同寇仇，结果周天子也难以禁止。如今天下统一，并已普遍设置郡县。对皇帝诸子及功臣，只要让他们坐食赋税并加重赏赐就足够了。这样，天下无异心，才是长治久安之本。如果重新分封诸侯，就会削弱皇帝的权力，使国家陷于四分五裂的局面。

秦始皇听从了李斯的建议，当即命李斯负责规划疆土，定明法制，以颁天下。

李斯遵照秦始皇的旨意，下令臣属，绘制了大秦帝国疆域图；依据山川走势、地理方位把全国划分为36郡，直属中央管辖，一郡下设数县，从而设置了从地方到中央一体化的国家制。与此相适应，他还在参考六国官制的基础上，提出了一整套机构的设置方案。他这一套完善的区域划分和机构设置方案令秦始皇赞叹不已。

李斯进一步辅佐始皇策划、制定了一系列诏命和法令：为防止百姓反叛，令民间原有的和缴获六国的大量武器全部上缴，不准私留；为防止豪富大户聚众造反，令各地12万户以上的豪门大户迅速迁居国都咸阳；为防止六国旧部死灰复燃、东山再起，令全国险要地方，凡城堡、关塞及原来六国构筑的堤防等，统统毁灭。

秦始皇二十六年（公元前221年），李斯提出了统一全国文字的建议，秦始皇当即批准实行。这种统一的文字，史称"小篆"。

不久，秦始皇采纳李斯的建议，规定把秦半两钱作为国家统一货币。

接着，他又颁布诏书，以秦国的度量衡为基础，制定新的度量制度，并把这份诏书刻在官府制作的度量器上，发往全国各地。此外，李斯还建议始皇修驰道、定车轨，使咸阳作为全国政治、经济、军事、交通的核心地位更加巩固。

分封制、郡县制论争后，秦始皇对李斯信任有加，并擢至右丞相，李斯遂成为一人之下、万人之上的权贵。

随着政治上的统一，势必要求思想、理论上的统一。李斯为使舆论一律，所采取的措施难免荒唐：

（1）除去秦国史籍和医药、卜筮、种树等书外，将民间所藏的《诗》《书》和诸子学说等，皆送交郡中焚毁；令下30日不烧，黥面罚作筑城苦役。

（2）有敢谈论《诗》《书》者处以弃市（杀之于市）重刑。

（3）以古非今者，举族连坐。

（4）官吏知情不报者，与之同罪。

（5）凡欲求学者，以吏为师，研习法令。

秦始皇准奏，李斯实行了这几条措施。

秦始皇三十五年（公元前212年），李斯默许秦始皇将犯禁的460名儒生坑杀在了咸阳。

功名利禄历来是李斯汲汲以求的目标，但这些身外之物最终也成了他走向毁灭的根源。秦始皇死后，李斯听从赵高的威逼利诱，篡改了遗诏，立秦始皇少子胡亥为帝。在功名利禄面前，他放弃了做人的基本原则，最终落得身死家灭的下场也就不值得人们同情了。

公元前210年，秦始皇在出巡途中暴死。因生前未立太子，随行的李斯唯恐诸子争位，天下生变，便秘不发丧。这一来，却给宦官赵高以可乘之机。

在赵高的威逼利诱下，李斯为了保住自己的相位，与赵高、胡亥定下了谋害扶苏和蒙恬等人的阴谋，使得扶苏自杀，蒙恬被困，并宣告了始皇帝立胡亥为太子的"诏书"。胡亥即位登基，称为二世皇帝。

李斯书法

秦二世胡亥乘始皇的偶然暴死，侥幸窃取了皇位。他本是一个昏庸无能之辈，而暴戾却比其父有过之而无不及。

据史记载，他在戮杀大臣蒙毅之后，又将12公子诛杀于咸阳，再将10公主磔死于杜县。此外，他还继续修筑宫室，横征暴敛。

对于秦二世的暴行，李斯或退让默许，或随声附和，或公然赞助，完全丧失了一个政治谋略家应有的雄略。以至秦二世元年七月，陈胜、吴广揭竿起义，关东豪杰并起，李斯才从京华春梦中惊醒，他企图卜谏胡亥改弦更张，可是已经时过境迁。

然而，当此之时，李斯尚未到山穷水尽之时。可悲的是，他贪恋爵位，利令智昏，只是曲意逢迎，最终为虎作伥，助纣为虐。

有一天，胡亥突然问他道："我想不受任何控制，又要永远统治天下，你有什么办法吗？"为讨胡亥的信任、欢心，李斯挖空心思向胡亥炮制了臭名昭著的"督责之术"。

所谓"督责之术"，实际上是严刑酷法和独断专横的代名词，即对臣下百姓实行"轻罪重罚"，使之不敢轻举妄动；君主要驾驭群臣，不受臣下的非议……李斯认为，只有这样的君主才能随心所欲，为所欲为，永远统治天下。

独断专行的胡亥采纳了他的督责之术。

李斯遭到恃宠专权的赵高暗算后，立即上书二世，请胡亥尽早铲除赵

高。但此时胡亥与赵高正狼狈为奸，李斯欲借胡亥铲除赵高，无异于与虎谋皮。

二世听信了赵高谗言，下令将李斯及其宗族宾客统统逮捕入狱，交由赵高审讯处理。李斯贪生怕死，遂自诬反叛。二世遂下诏，把李斯"具五刑""夷三族"，腰斩于咸阳。

三、扶立二世除李斯，阉宦为相祸秦宫

赵高（？—公元前207年），嬴姓，赵氏。秦朝二世皇帝时丞相，任中车府令，兼行符玺令事，"管事二十余年"。

赵高身世有争议，一种说法是其母亲因触犯刑法遭到处刑后身体残缺，被收入"隐宫"，赵高兄弟皆出生于此。

秦始皇听说他为人勤奋，又精通法律，便提拔他为中车府令掌皇帝车舆，还让他教自己的少子胡亥判案断狱。由于赵高善于察言观色、逢迎献媚，因而很快就博得了公子胡亥的赏识和信任。有一次，赵高犯下重罪，蒙毅不敢违背不遵守律法，要按律处他死刑，赵高巧言令色，最终使秦始皇赦免了他并复其原职。

沙丘政变后，胡亥称帝，赵高被封官郎中令，成为了胡亥最亲信的决策者。

1. 腰斩李斯

陈胜吴广起义失败后，又有刘邦项羽继续领导起义军，坚持反抗暴秦的战斗。农民起义军不断西进，威胁到秦王朝的统治中心。

丞相李斯的儿子李由率领秦军攻打项羽，却被项羽杀得人仰马翻，自己也被项羽斩于马下。李由虽然打了败仗，可也总算是为秦朝尽了忠。谁知胡亥说李由谋反，还把李斯抓进了监牢。原来，这些都是赵高捣的鬼。

赵高本来就是个野心家，虽然胡亥昏庸，对他言听计从，自己可以算是半个皇帝，可他还觉得不够，他想过过坐在皇帝龙椅上的瘾。为了这个，他首先要做的，就是除掉丞相李斯。

这天，赵高又跑到胡亥跟前说："陛下是尊贵的天子，可陛下知道天子怎样才会显得尊贵呢？"胡亥答不上来，就问赵高。赵高说道："天子要显示尊贵，无非是深居简出，不轻易和大臣们见面。如今陛下年纪轻轻的，不一定什么事都懂。像这样整天和大臣们面对面地说话办事，免不了出什么差错。万一在大臣面前露了短，那陛下还能显得尊贵吗？依臣下的意思，陛下就不必天天上朝了。朝廷上的事，交给我来办理，天天报告陛下。陛下什么时候考虑好了，什么时候再做决定。这样一来，就不会有差错了。大臣们也不会小看陛下，乱发议论了。"

胡亥听了，非常高兴。本来就是一个昏君，不勤于朝政，这下干脆连朝也不上了，躲在宫里寻欢作乐。大小事情，统统交给赵高去办。

赵高又来找李斯，谈起各地造反的事，说："天下大乱，每天都有警报传来。可是皇帝却只知道寻欢作乐，不理朝政。您是丞相，能够看见国家正在危乱之中而坐着不管吗？"

李斯长叹一声，说："不是我不愿劝谏皇帝。只是皇帝每天在宫里，连朝也不上，叫我怎么向皇帝进谏？"

"这有什么难的。找瞅着皇帝什么时候有空，马上派人来通知丞相。那时丞相到宫里禀奏皇帝就可以了。"赵高接口说。

李斯一听，还以为赵高真的是为国事操心呢，当然就答应了。

过了一两天，赵高派人来了，李斯急匆匆穿起朝服，来到宫门外，要求见二世皇帝。胡亥正在宫里饮酒作乐，有美女做伴，非常高兴的时候，听说丞相要见他，发怒道："丞相有什么要紧事。偏要这个时候见我，让他回去。真扫兴！"李斯只好回去。第二天，赵高又派人来，李斯再次求见，仍旧被骂了回来。到了第三天，李斯又去了，还是没见着胡亥，倒把胡亥惹火了。

胡亥对赵高说："这几天，朕闲的时候，丞相不来；朕忙着呢，他却偏偏来求见。真是烦人。"

赵高见时机成熟，就对胡亥说："陛下，李斯他辅佐陛下登上皇位，本想得个封王赏赐什么的。可是陛下却没有给他赏赐，所以才和儿子李由私

秦代酒器

下里准备谋反，这两天，接连来求见，肯定不怀好意，陛下不可不防。"

胡亥正在沉吟，赵高又添油加醋地说："听说现在造反的人，好多都是李斯的子弟。李由奉皇帝诏令平灭反叛，却迟迟不愿出兵，不就证明他们私下里已经串通好了吗？"

胡亥听了，气得脸色发紫。可他还是有点不信，就派人去察访。赵高又贿赂了使臣，要他按自己的意思说。

恰在这个时候，李斯发现中了赵高的计，就和右丞相冯去疾、将军冯劫联名弹劾赵高。可胡亥已经被赵高摆布，有什么听什么，非但不怪罪赵高，反而把李斯等三个人关进牢里。冯去疾和冯劫非常痛心，在监狱里自杀了。李斯自以为功劳很大，还想申辩。

赵高把监狱里的李斯打得半死不活，要他承认和儿子李由一起谋反。李斯昏了过去，就用凉水浇醒，李斯忍受不了酷刑，只好当堂招供。可回到牢房里，又要来纸笔，给胡亥写了一封信，申辩了一番，恳求从轻处置。没想到这信到了赵高手里，气得赵高把信撕得粉碎，又派人审问李斯，说是胡亥派去的。于是李斯就改口叫冤枉。可这样，打得更厉害，李斯实在受不了，再也不敢说实话了。到胡亥真的派人审问时，李斯又以为是赵高派去的，所以招认不讳，承认通敌谋反。

胡亥得到报告，十分高兴，说："要不是郎中令，寡人要吃李斯的大亏了。"正好这时去察访的人回来了，说了一通李斯父子的坏话。于是，胡亥下令处死李斯，诛杀三族。

李斯就这样被腰斩了。

胡亥更加信任赵高，封他做了丞相，又让他的弟弟赵成做了郎中令。

2. 指鹿为马

胡亥还在宫里尽情寻欢作乐的时候，农民起义的大军已经取得一次又一次的胜利。全国各地都起来造反，原先六国的地方，也都独立了，自立为王。这一个个的坏消息接二连三地传到咸阳，朝廷内外，谁不惊慌失措。可这赵高却越想越高兴，他认为机会来了，自己可以趁乱杀了胡亥，自己当皇帝。但是，满朝的文武大臣能服吗？于是，赵高想了个主意。

这一天，赵高上朝，既不骑马，也没有坐车，而是牵着一只梅花鹿进了大殿。

胡亥感到很奇怪，问赵高是怎么一回事，赵高说：“臣得到一匹好马，特地来献给陛下！”

胡亥一听，不禁哈哈大笑：“丞相糊涂了吧，这可是一只梅花鹿啊。哈哈哈……”

赵高把脸一沉，说：“这怎么是梅花鹿呢？明明是匹马吗。陛下如果不信，众位大臣都在这里，可以问他们嘛。”

胡亥感到很奇怪，就问左右的大臣。这些大臣可没有胡亥那么笨，都知道这是赵高在玩花招，不敢出声。

有几个大臣，拍赵高的马屁，连声附和说：“是马，是马！这明明是马嘛！”可偏有几个正直的大臣，坚持说：“是鹿，不是马！指鹿为马，岂不可笑！”赵高一听，也不说什么，一甩袖子，扭头就走了，把胡亥给晾在那儿了。

事后，赵高通过各种手段把那些不顺从自己的“鹿党”纷纷治罪，甚至满门抄斩。

从此以后，没有人再跟赵高作对，朝政更加废弛，整个大

指鹿为马塑像

秦王朝弥漫着一股大厦将倾的腐朽气息。

3. 杀死胡亥

又过了几天，赵高经过精心策划，派了女婿阎乐和弟弟赵成，带着一队人，杀死侍卫，闯进皇宫。

胡亥听见喊杀声，想叫个人去打听打听，可身边的太监却早就顾自己逃命去了。胡亥正稀里糊涂的时候，阎乐已经冲了进去，指着胡亥破口大骂："你这个无道的昏君，残暴滥杀，现在天下都起来造反了，看你怎么办！"

胡亥吓得浑身直打哆嗦，战战兢兢地问："你是谁派来的？"

"丞相赵高。"

胡亥一听哀求说："我能和丞相见上一面吗？"

阎乐恶狠狠地说："不行！丞相不在这里。"

"丞相的意思是要我退位吧。"胡亥惨兮兮地说："既然如此，我就退位，请丞相登基，只要给我一个王就行了。"

胡亥看阎乐还恶狠狠地看着自己，也不等他回答，就说："那封我做个万户侯总可以吧？"

阎乐摇了摇头，胡亥呜呜咽咽，死活相求说："那么，请丞相留我一命，让我带着妻儿，做个百姓，这样好吗？"

阎乐已经不耐烦了："我奉丞相的命令，为天下人来杀你。你不要再胡说了，受死吧！"胡亥彻底地绝望了，只好拔剑自杀。当时，胡亥23岁。

4. 被夷三族

胡亥死后，赵高便另立秦始皇的孙子子婴为帝。

子婴早在当公子期间，就已耳闻目睹了赵高的种种罪行。现在被赵高推上王位，知道自己不过是一个傀儡而已。子婴不愿再重蹈胡亥的覆辙，便与自己的儿子和贴身太监韩谈商定了斩除赵高的计划。

原来赵高要子婴斋戒五日后正式即王位。等到期限到了，赵高便派人来请子婴接受王印，正式登基。可子婴推说有病，不肯前往。赵高无奈，只得亲自去请。等赵高一到，太监韩谈眼疾手快，一刀就将他砍死了。子婴随即召群臣进宫，历数了赵高的罪孽，并夷其三族。

四、二世残暴诛宗室，谀辞受赏叔孙通

1. 罪加开幸

胡亥登基做了皇帝以后，除了赵高以外，满朝文武百官，他都不相信。秦始皇安邦治国的雄才大略，胡亥一点儿也没有继承；但是，秦始皇的享乐腐化残暴专横，却全都被胡亥学来了，而且是远远地超过了秦始皇。

胡亥把秦始皇下葬在骊山墓。文武百官，还有许多秦始皇的妃子，都送秦始皇的棺材到骊山。等工匠把棺材放进墓室，胡亥下了一道命令："先帝的妃子，没有生下子女的，都随着先帝去吧，也好陪伴先帝。"这命令一下，立即哭声冲天。众多的妃子，绝大多数都没有生下子女，都被活活埋在地下殉葬了。

工匠们一道一道封闭着通往墓室的大门，只剩下最后一道门了。有人对胡亥说："陵寝里面有那么多珍宝，这些工匠都知道得一清二楚。保不住以后就会有人来偷盗。不如趁现在就除掉，以免留下后患。"胡亥听了，就把赵高叫了过来，命令士兵在工匠们还没出来的时候，就关上大门，又用土石填塞住缝隙。工匠们就这样被关在坟墓里送了性命。

这一天，胡亥又想起了还关在阳周监牢里的蒙恬，胡亥觉得这位大将军并没有什么对不住自己的地方，他既不会像同胞兄弟那样，和自己争夺皇位，又不会对朝廷构成威胁。于是，打算放了蒙恬。做贼心虚的赵高，一直恨蒙毅、蒙恬兄弟，他一定要害死蒙恬才甘心。一看出胡亥有释放蒙恬的意思，马上对胡亥说："臣下听

秦二世

说先帝在世的时候，曾经打算立陛下做太子，继承皇位。只是因为蒙恬，几次上书，劝阻先帝，陛下就改变了主意，立扶苏做了太子。现在扶苏死了，陛下也登基做了皇帝，蒙恬肯定会给扶苏报仇，陛下恐怕要被他暗害呀……"

二世皇帝一听，这还了得！也就不会轻易放过蒙恬兄弟，于是要把蒙恬处死在监牢里。

忽然有一个少年，出来劝阻说："蒙恬是我朝的名将，建立有莫大的功绩。现在陛下却将杀死他，这万万使不得。"

胡亥一看，这少年不是别人，是自己哥哥的儿子子婴。胡亥连理都不理，马上派出使者，带着诏书赶到阳周监牢里。

蒙恬在监牢里接到诏书，马上明白了这是赵高的主意，非常气愤地说："二世皇帝宠信奸臣，乱杀功臣，他的皇位还坐得长吗？想我蒙家，祖祖辈辈都为国家效忠，立下无数功劳。现在我虽然关在监牢里，可只要我一声令下，30万将士就会起来造反。可是，为了不辜负先辈的教导和先帝的恩德，就是死了，也不会背叛朝廷的。我不怕死，只是陛下这样残暴，天下的百姓恐怕就要遭殃了！"

使者冷冷地看了蒙恬一眼，说："我只是来传诏书的，看你死了我好回去复命，别的事情我管不着！"

蒙恬无可奈何，端起一杯毒酒，一仰脖子，喝毒酒自杀了。

在不安中，好容易过了一年，胡亥下令改了年号。

渐渐地，胡亥和赵高听说外面有传言说，秦始皇本要传位给扶苏，胡亥却害死扶苏，篡夺了皇位，胡亥感到害怕极了。如果人们相信了传言，起来造反，他的皇位可就保不住了。胡亥虽然害死了扶苏，可秦始皇还有十七八个儿子。这些公子明里不敢不顺从胡亥，可暗地里谁也不服他。要是他们闹起事来，麻烦可就大了。

胡亥心里有鬼，召来赵高说："沙丘的事情，好像公子们都知道了。他们要是造反，可怎么办好？"

赵高听完，没有马上回答，而是看了看皇帝两旁的侍从。胡亥明白他的意思，让侍从们都退下。赵高这才说："现在朝廷的大臣，大多数人都是国家的功臣。而赵高却是由于陛下的宠信，才升到这样高的职位。大臣们虽然表面上听从我的命令，可背地里却很是不满，经常发牢骚。还有，在先帝的二十几个公子中，陛下年纪最小，却继承了皇位，别的公子自然不服气。陛下如果不提防着，恐怕早晚要受他们所害。"

"那可怎么办？"胡亥害怕失去已经得到的皇帝宝座。

"陛下，只有大振皇帝的权威，雷厉风行，把所有的宗室、功臣都除掉。另外选拔一批新人，给他们加官进爵，他们自然感激陛下，为皇帝效忠。这样，陛下就可以高枕无忧了。"

胡亥听了，连连点头，把这件事情交给赵高，让他去办了。

不过几天的工夫，赵高就抓了12个公子，10个公主，都关进监牢。那些秦始皇的亲信，秦朝的功臣，也抓了不少，统统关了起来，赵高让这些公子、大臣都承认自己想造反，可他们怎么会承认。于是赵高就把一个个公子打得死去活来。公子们实在忍受不住，只好什么都说是。那些大臣统统屈打成招。赵高就一股脑儿全都定了死罪，把这12个公子，10个公主和一班大臣，押到咸阳闹市，斩首示众。

有个叫将闾的公子，和他的两个同胞弟弟，生性老实，根本没有说过胡亥的坏话，也被株连。胡亥派使者对将闾说："公子对陛下不忠，应该处死。"

将闾争辩说："我兄弟三人，老老实实的有什么不忠！"

使者说："我只是奉诏办事，不敢再说别的。"

将闾仰天长叹，叫了三声"苍天"，同两个弟弟抱头痛哭，一块儿拔剑自杀了。

还有一个公子高，虽然没有被抓起来，但料想是免不了会被杀的，本来打算逃走。可他转念一想，我可以逃走，可我家人逃不了呀。思想再三，想出个舍命保家的办法。他给胡亥上书一封，说为了报答先帝对他的恩德，

秦二世皇帝陵

情愿以身殉葬，到地下服侍先帝。

胡亥正要找借口处置公子高呢，见他反倒自己求死，省了自己的心思。乐得做个顺水人情，批准了公子高的请求。公子高死后，胡亥又说他有孝心，赏了公子高的家人10万钱，作为丧葬的费用。

秦始皇的子女共有三四十人，统统被胡亥杀了，还没收了家产。只有公子高，用自己的一条命，保全了妻儿老小。

胡亥在诛杀宗室的同时，对有不同意见的大臣也毫不手软，一个个都杀掉了。朝廷内外，人人自危，就是丞相李斯，也惊恐不安，觉得自己也会随时身首分家。

胡亥的昏庸残暴，比秦始皇，真是有过之而无不及。

2. 谀辞受赏

胡亥登基以后，把秦始皇的暴政，又加重了好几倍。他不惜人力物力，为秦始皇修完了骊山墓；又再兴土木，重征工役，继续修建阿房宫。胡亥还扩大了皇家马厩的规模，养了几万匹马；调集5万名武士到咸阳，做自己的警卫。这人吃马喂的粮草都要各地百姓提供，还要运送到咸阳来。

残暴的苛政，繁重的劳役，使本来就生活在水深火热之中的百姓实在忍无可忍了，只有起来反抗。

公元前209年，陈胜吴广举行了起义。起义的消息传到咸阳，二世胡亥不知如何是好，连忙召集大臣讨论。

这时，赵高对二世说："陛下，根本就没有什么叛乱，只不过是几个小毛贼罢了。陛下不用担心。"这样一来还有哪个大臣敢说话。可还是有30

多位博士儒生挺身出来，说："陛下，这是有人造反，还请陛下赶紧出兵征讨。"

胡亥本来就疏于朝政，听说有叛乱已经吓了一跳。赵高的话使他放下心来，没想到这些儒生又说是造反，可把胡亥气得脸色发青。

这时有一个叫叔孙通的待诏博士，见胡亥脸色不对，马上分开众人，走上前去，对胡亥说：

"他们都说错了。如今天下一统，兵器荒废，说明天下太平。况且上有开明的君主，下有严厉的律法，人人奉公守法，又有谁造反？这些人不过是偷鸡摸狗的小小盗贼，何足挂齿？让地方官捉拿他们就足够了，实在没什么可担忧的。"

二世这才又露出笑容："好极了。"他下令御史，说造反的立即逮捕，说盗贼的马上罢官。唯有叔孙通例外，他得到了20匹帛、1袭锦袍的赏赐，并被正式任命为博士。

叔孙通不久就逃离都城，投奔起义军去了。

五、苛役重赋与严刑，三座大山逼民反

1. 苛役

秦朝兵役和力役繁苛。秦代徭役之一是服更卒。所谓更，即更番轮换之意，简称之为更。按照董仲舒的说法，更卒是每年服役一个月。《汉书·昭帝纪》注引如淳说：亲身服徭役者叫作"践更"，出钱雇人代替服役者为"过更"，认为"此汉初因秦法而行之"。但是在已知的秦代史料中，还找不到当时存在着所谓"过更"的例证。这大概是因为秦代两世君王皆大兴土木，滥征徭役，致使劳动力严重缺乏，过更实际上已不可行之故。

更卒所从事的是各种非军事性的劳役，也即所谓的力役，是秦朝封建国家凭借暴力强迫广大黔首从事的无偿的劳役。秦朝法律规定，为国家服劳役是每一个成年男丁所必须承担的义务，据说男子20岁即开始服劳役，实际的服役年龄恐怕要早得多。另外，服役时间也决不仅是一个月，甚至

高奴石权

比董仲舒所说的"三十倍于古"（三个月）还要长。秦始皇营建了无数供其恣意淫乐的楼台观阙，兼之筑长城，修驰道，建陵墓，自其即位以来，庞大的工程一个接一个，直至其死在巡游路上为止，就没有片刻的停歇。广大的黔首被迫远离故乡，常年累月地为官府从事各种艰苦繁重的劳役。在秦代，每年服役一个月的规定，可能仅仅限于纸面上，从来没有被认真地执行过。

从征发徭役的数量上说，也可以证明秦始皇滥用民力达到了无休无止、登峰造极的程度。例如修直道、驰道，史籍虽无明确的服役人数的记载，但根据驰道和直道的规模、修筑条件等因素估计，并参考其他工程建设的人力征调的情况，投入到修路工程中的人力可能也要有二三十万人之众。为了抵御匈奴的南侵，在北部边疆修建了万里长城，所投入的人役达40万之多。其中固然有很多"带甲"的军卒，但从民间征调来的役夫可能也不在少数。

征调人役最多的工程显然是秦始皇的陵墓。吕不韦在节葬方面是墨家思想的继承人，他反对"为丘垄也，其高大若山，其树之若林，其设阙庭为宫室，造宾阼也若都邑"的厚葬。而秦始皇对其师的主张嗤之以鼻，大搞劳民伤财的厚葬。秦始皇陵自秦始皇初即秦王位时修起，直至他死去为止，历时37年，竟然没有完工。当时营建陵墓的大石全是用人力由渭水北渚拉至骊山北麓陵址的，所以有这样一首歌谣被流传开来："运石甘泉口，渭水为不流，千人唱，万人讴，金陵余石大如堰。"《长安志》也说秦始皇命人从远地采至秦陵的巨石高达一丈八尺，周十八步，可知民谣并没有说错。如此巨大的工程，耗费人力之多令人咋舌，秦始皇"穿治骊山"用了

70 余万人。征发如此众多的劳动人手去营建不急之务，势必要对社会生产力造成巨大的破坏。

秦朝的徭役除力役以外，尚有兵役。"卒更，即古者田赋出兵之制，戍边三日，则仿力役之制，为之雇吏，即雇役之法。"所以，秦汉时期的力役与兵役都被称为更。

秦代兵役有两种，即正卒和卫卒。正卒为正式的兵役，役期为一年。服役者要在本郡接受十分严格的军事训练，学习并掌握基本的军事技术，如骑射战阵等等。步卒称材官，战车兵称轻车骑士，水军称为楼船。农闲期间要接受郡县长官的检阅和考核。军卒服役期满后虽可回乡务农，但并不意味着永远摆脱了兵役的羁勒，要随时准备响应官府的征召，返回军队，重新服役。至少，每个当过正卒的成年男子还有戍守边防一年的义务。

戍卒的任务是戍守京师和边防，主要是后者。秦代征发戍卒的数量是惊人的，例如秦将蒙恬暴师北边以御匈奴，所部兵力达 30 万人之多。秦始皇三十三年（公元前 214 年），秦平定百越后，又征发了 50 万人戍守五岭地区。

沉重的力役与兵役负担压得人民喘不过气来。当时的人口总数大约为 2000 万，而长期被征赴各种力役、兵役的成年男子就有二三百万人。民间的劳动力征发殆尽，秦始皇为了满足自己玩乐的欲望，又用刀尖逼迫大批刑徒去做苦役。贫苦农民不仅要承担繁重的劳役，而且要向官府缴纳沉重的税赋，服兵役者还要由自己解决部分给养问题。许多人在服役期间冻饿而死，因劳作而伤亡的更是不计其数。

严刑峻法为秦帝国役使民力的前提条件之一。《云梦秦简·徭律》对征发徭役做了许多规定，例如：

凡朝廷征发的徭役，至期而不出发的，要罚二甲；误期三至五日的，要被责骂；误期六天至一旬的，要罚一盾；超过一旬的，要罚一甲，如果役夫人数已足并已送达服役处所而遇水灾的，可免除此番徭役。役夫修建城邑，要保证所筑土墙一年不坏；否则，主持工程的司空等人要被判刑，

并令役夫重新筑墙，而且不许计算为服役时间。

繁重的徭役理所当然地激起人民的反抗，尽管秦始皇制定异常严酷的法律法令，轻罪重罚，使断足盈车，役夫和刑徒逃亡的事件仍不断发生。刘邦为秦亭长时尝送刑徒至骊山服徭役，"徒多道亡"，在路上就纷纷逃掉了。再如汉初有名的淮南王黥布，在秦时亦以刑徒之身被送至骊山修建秦始皇陵。黥布不堪压迫，遂串通了部分刑徒，逃走做了"群盗"。

2. 重赋

秦始皇从黔首身上榨油的手段好似一把双刃剑，一面是沉重繁苛的徭役佥派，一面则是暴敛无已的赋税征收。虽说这把"剑"并非秦始皇所亲铸，属于祖传，然而在使"剑"的招数上，秦始皇却远远超过了乃祖，可谓神妙到了极致。

秦之所以能够势压群雄，一统天下，一个非常关键的因素是坚持了农战为本的战略方针。所谓农战，反映到经济层面上，对统治阶级而言，不外乎意味着徭役包括兵役的佥派和赋税的征收。于是，统计全国成年男子的数量，编制户籍，便成为秦统治者非常重视的一项工作。秦早在商鞅变法的时代即编制了比较完备的户籍，使生者著，死者削，目的即在于"举民众口数，民不逃粟"。儒家所谓"古者年二十始傅"，是说三代之时男子20岁方为成年，登记于户籍，开始承担为朝廷服徭役的义务。秦男子傅籍的年龄要早得多，15岁即须傅籍，承担服役纳赋的义务。例如秦赵长平大战期间，秦昭襄王便将15岁以上的壮丁全部征至长平。秦始皇统一六国以后，由于大规模土木工程的相继兴修和对岭南及匈奴用兵的实际需要，进一步编制了户籍，特别是在秦始皇十六年（公元前231年）所做出的"令男子书年"的举措，使秦朝男子的傅籍自此取消了年龄上的界限，更是极大地方便了秦始皇随意役使民力，横征暴敛。

秦朝户籍的编制是比较完备和准确的。秦末，刘邦率军攻入咸阳，萧何尽收秦律令户籍等文书档案，使汉"具知天下厄塞，户口多少，强弱之处，民所疾苦"，为此后西汉经营者的赋敛提供了比较可靠的依据。

根据户籍，秦统治者实行了向百姓征收户赋的制度。所谓户赋，即是以户为单位征收的人口税。户赋的数额是多少，目前已知的史料中没有明确的说明，不好估算。除户赋外，秦亦有据户籍而征收的人头税——口赋。秦"头会算敛，

秦国半两圆钱

以供军需"。所谓"头会"，即指按人口纳赋；所谓"算敛"，是说啬夫等秦官用籫箕到户征赋。

秦代田赋征收的种类比较多。其中最为重要的是征收"禾稼"，也即粮食。征收时要将粮食数量的多寡造册登记，然后上报给中央负责掌管租税钱谷盐铁等国家财政收入的官员治粟内史。《云梦秦简·仓律》说："入禾稼、刍，辄为籍，上内史。"除粮食外，另一项大宗征收的田赋为"刍"，也即饲料。秦始皇豢养了庞大的军队，复又大兴土木，所役使的马匹牛只的数量当是非常巨大的。所以秦统治者规定无论土地是否得到垦殖，农民都必须上缴相当数量的刍。《云梦秦简·田律》规定："入顷刍，以其受田之数，无垦不垦，顷入刍三石，二石。"由此亦可见秦赋税征收的繁苛。

《汉书·主父偃传》说秦"男子疾耕不足于粮饷，女子纺绩不足于帷幕，百姓靡敝，孤寡老弱不能相养，道死者相望"。造成这幕社会惨剧的原因除了沉重的徭役外，就是秦始皇"内兴工作，外攘夷狄，收泰半之赋"。鹑衣百结满面菜色的黔首，面朝黄土背朝天，终年辛勤劳作，用血汗换来的一点可怜的收成，有2/3都被官府强行征缴，供以皇帝为首的封建贵族挥霍。根据秦官制，治粟内史也即后世所谓的大司农，职掌赋税力役和国家财政开支，少府职掌山林池泽之税与宫廷手工业，是皇帝及皇室的财务主管。秦代的口赋本应由治粟内史负责征收和掌管，然而却"输于少府"，成为秦始皇的个人财产。尽管如此，仅只口赋、山林川泽之税和宫廷手工

业这三笔收入的数额可能就要占当时年赋税总额的一半，因为除此之外，只有田赋才属于国家的财政收入，治粟内史也想不出别的搜刮民脂民膏的法子了。更重要的是，作为极端专制、无法无天、为所欲为的始皇帝，秦始皇是否能够在主观上自觉地将"国家财政"和"皇室财政"分得一清二楚？是否能够自觉地抑制自己对于奢华生活的欲望？很明显从秦始皇一生的为人为政看来，在他的脑海中从来就认为家国本为一体，整个寰宇都是嬴氏的天下。力强者王，力强者霸。这是秦始皇一生谨守不废的基本原则。王、霸的目的，就是要随心所欲地统治世界，所以他一意孤行，残贼天下，为了兴修庞大的陵墓，为了建造众多的离宫别馆，为了巡游四方寻仙求药，什么国家财政、皇室财政，秦始皇大概不会将二者区别对待，统统"一体而用之"了。因此，从这个角度推测，说秦代所有的赋税都归了少府，也并不错。

战国之世，兵燹不已，社会凋敝不堪。即使是具有进步意义的统一战争也给社会经济造成了很大的创伤。因此，如何在统一后迅速恢复和发展经济，应当是秦始皇所着意解决的首要问题。可惜，他并没有致力于经济建设，而是横征暴敛，滥发徭役，给国计民生带来了更大的灾难，也使得嬴氏的统治岌岌可危，朝不保夕了。

3. 严刑

在商鞅变法以后，以法治国的观念逐渐深入到统治集团内部，并扎下根来，形成了深厚的法治传统。商鞅主持变法之时，由于触动了秦国旧贵族的利益，一些旧贵族遂故意违法，破坏新法的推行。商鞅毫不留情地祭起屠刀，贵族公孙贾被黥面，公子虔也被处以刑罚。商鞅因此得罪了秦国的旧贵族势力。公元前338年，秦孝公死去，秦惠文王即位。公子虔之徒遂诬告商鞅谋反。秦惠文王下令车裂了商鞅，并诛了他的全家。不过秦惠文王恨商鞅这个人，却不恨他的法，继续沿用商鞅制定的政策治国治民，所以韩非说"秦法未败"。

秦惠文王之后，在坚持法治方面做出过重大贡献的秦国国君是秦昭襄王。他的特点之一是不重视，甚至轻视儒学。他曾经当面对远道而来的大儒荀子表示，儒对治国没有用处。秦昭襄王的第二个特点是坚持法治的自觉性和原则性特别强，甚至到了迂腐、拘泥的程度。有一年，秦国发生了大饥荒，饿死了不少人。应侯范雎向秦昭襄王请求，把国君的五座苑囿里的蔬菜、橡果、枣栗等收下来，拿去救济饥民。这本来是一个救命活人的好主意，秦昭襄王却不同意，他认为：我们秦国的法令，是民有功而受奖赏，有罪而受刑罚。如果把苑囿里的野菜、野果都拿出去赈济饥民，等于使民无功而受赏；有功者赏，无功者也赏，这是取乱之道。于是，秦昭襄王做出了决定：与其打开苑囿，使民有食得生而国乱，不如禁开苑囿，使民无食饿死而国治。不管怎样，秦昭襄王同商鞅一样，也是"有令政必行"坚持了法治的严肃性。这是以法治国的一个不可或缺的重要条件。

法治观念的建设、巩固和发扬，是在法律、法令的建设和不断完善的基础之上进行的。一般认为，从秦孝公、商鞅至秦昭襄王时期，是秦国法律建设的一个蓬勃发展时期。1975 年，湖北省博物馆发掘了云梦县睡虎地 11 号秦墓，出土了 8 组秦简，共计 1155 枚。内容以秦国的法律文书为主。其中有：

（1）《秦律十八种》，包括《田律》《仓律》《厩苑律》《金布律》《置吏律》《军爵律》《传食律》《工律》《徭律》《行书》《关市》《效》《均工》《工人程》《司空》《内史杂》《尉杂》《属邦》；

（2）《效（律）》；

（3）《秦律杂抄》，包括《游士律》《中劳律》《除吏律》《除弟子律》《藏律》《牛羊律》《公车司马猎律》《捕盗律》《傅律》《敦表律》《戍律》等 11 种法律条文；

（4）《法律答问》，包括近 190 条对秦律律文的解释；

（5）《封诊式》，内容为有关立案调查、审讯方面的具体程序。

专家们对这些法律条文进行了系统的整理和研究，认为秦律已经具备了刑法、诉讼法、民法、军法、行政法、经济立法等方面的内容，为研

究我国从诸侯割据向中央集权转变时期的历史提供了宝贵的文献和文物资料。

就是在这样的大背景下，结束了诸侯割据，建立了统一封建王朝，对中国历史做出了重大贡献的秦始皇，开始了他的以吏为师，专任刑罚的法治建设过程。法治建设的目的，同他建设中央的和地方的行政制度一样，都是"尊君卑臣"；所不同的，秦始皇的政治制度建设，是建起一座政治统治的金字塔，而他的法治建设则是为前者培养捍卫者和维护人。作为中国第一个皇帝，秦始皇给自己规定的任务，就是全心全意维护自己至高无上的皇帝地位，就是竭尽全力去剥夺老百姓的自由；就是把自己的手掌时时刻刻都按在臣民的脑袋上，什么乡校议政啦，什么街谈巷议啦，什么闲言偶语啦，统统不准！秦始皇的法治建设始终以两个字为核心，即准、狠！准的意思，是说秦朝所有的法，统统都是对准臣民的，皇帝不受任何法律的束缚。对秦始皇来说，法律应该是一张网，臣民们是网中有气无力挣扎着的鱼儿；至于他自己，则是当然的收网人！他要用这张网，保护他的至高无上的皇权，震慑那些愚昧但可能不安分的臣民。这张法网一定要网罗一切——所有的臣民、所有的事物，纤毫无遗，实行全面法治。所谓全面法治，就是事皆决于法；皇帝制定的法，不仅要全面地干预臣民的生活，更要全面地彻底地干预臣民的思想、情操、情感，不准臣民们有自己的喜怒哀乐、悲欢离合。一切都要统一：政治、经济、文化、思想、性格……一切都要同皇帝保持一致，一切都要以皇帝的意志为准绳，不准打丝毫的折扣。所谓狠，是指要密织法网。秦始皇已经从历史和现实两方面的经验认识到，法必须要严酷，来不得半点儿仁慈。秦始皇相信和崇拜韩非的学说，在他读过的《韩非子》一书中，有一段话给了他很深的印象："人臣之于其君，非有骨肉之亲也，缚于势而不得不事也，故为人臣者，窥觇其君心也无须臾之休，而人主怠傲处其上，此世所以有劫君弑主也"。因为人性恶，所以忠心耿耿的臣民是没有的；大臣们之所以对自己诚惶诚恐、毕恭毕敬、唯唯诺诺，不敢出一声大气，完全是由于"缚于势"；倘若自己不留神，他们就会"敢把皇帝拉下马"。所以，法一定要狠！具体说就是以残酷的刑罚支持法治。于是，始皇帝光是死刑就制定了大约10种！严刑峻法使天下赭衣塞路，断足盈车。

依照法治打击要准、要狠的原则，秦始皇开始在前代法治建设的基础上，编纂法典。那么，法典的编纂完成是在什么时候呢？

秦始皇二十九年（公元前218年），千乘万骑涌出古老的咸阳城，无数鲜艳的旗帜和锋利的刀矛，映着灿烂的日光，浩浩荡荡地向东方进发。这是始皇帝第三次巡游天下。在芝罘，始皇帝立石刻辞，按照老习惯，以铿锵有力的语句赞颂了自己前无古人的伟大功绩。其中有这样的句子：

"大圣作治，建定法度，显著纲纪。"

所谓"大圣"，就是秦始皇自己。这可能是指他即秦王位以后，编纂完成了法典。但是，实际开始编纂法典的时间，很可能是在秦始皇亲政之后。因为此前吕不韦主持国政，他在思想上倾向儒家和道家，编纂法典的工作不大可能成规模地进行。根据睡虎地秦简，南郡守腾在秦始皇二十年（公元前227年）四月初二发布的《语书》中说："今法令已具矣。"可知在此之前，秦法典已编纂完毕，前后大约花费了10年时间。在此期间，秦国发动的统一战争正如火如荼，方兴未艾；秦始皇多年来一直把主要的精力贯注于军事领域，攻城略地，在一块块六国的土地上插上秦国的旗帜。然而，就在军务倥偬之际，秦始皇也没有放松法典的编纂工作，可见他对法治建设非常重视。

在秦始皇二十年（公元前227年）以前编纂完成的秦法典，应该包括了睡虎地出土的秦法律文书的内容。应当指出，随着秦国统一战争的胜利开展，秦法典所触及到的社

云梦秦简

会层面必然也日益广泛，因此，单纯实行于一国的秦法典，必须逐渐过渡成为适应统一的多民族封建国家情况的成文法典。这意味着秦法典在编纂完成之后，可能经历了一个持续修订的过程，使之能更适应封建大一统政治的需要。

当秦始皇扫尽六合、统一寰宇之后，面对着更为广袤的花花绿绿的大千世界，在修订原有的成文法的同时，秦始皇更加注意不断地制定新法，以充实他的法律武库。他制定了废除分封设立郡县的法令，坚持由中央直接统率地方，在形式上能有效地防止封建割据局面的出现，使皇权能够毫无阻碍地监临每一个角落；制定和颁布了以吏为师的法令，禁止人善其所私学，不准偶语《诗》《书》，以古非今，并下令焚书坑儒；制定和颁布了关于统一度量衡、文字、货币等等有利于推动全国经济和文化事业发展的法令。这些法令在中国历史上产生了非常积极的影响；还制立了有关销兵铸为金人的法令，既可以在一定程度上保障统一国家的安全，又能够维护秦始皇专制皇权的安全。最重要的是，秦始皇还特别制定了旨在加强和巩固皇权的法令，这就是我们在前面曾经介绍过的制定皇帝尊号、皇帝自称"朕"、皇帝之命为制，令为诏、除谥令，以及严厉处置谋反者等等一系列法令，成为秦法典的重要组成部分。

上述法律的制定，表明了秦始皇编纂秦法典的特点是：

第一，立法权牢牢控制在皇帝手里，不容他人染指，具有十分强烈的排他性。这个特点既是对战国时期诸侯异政，令出多门混乱局面的否定，适应了统一封建国家政治统治的需要，是一个了不起的历史进步，又是专制皇权建立的一个重要标志。从此，中国历代封建王朝的统治者，都以秦始皇的"法令出一"为最高原则，去建立自己的法治体系。

古人和今人皆热衷于所谓人治和法治之争，事实上，在皇帝或者各种各样的土皇帝之意志至高无上的古代社会，法治和人治没有根本的区别，都是权大于法，都是"有治人而无治法"。儒家的人治鼓吹"圣人政治""贤人政治"，法家的法治鼓吹"能人政治"，其实质都是要求那些为官者，那些代表皇帝直接"牧民"的"父母官"们，能够克己奉"公"，遵皇帝之纪，守天子之法，特别是要能够随时按照天子的金口玉言办事，做天子忠心耿耿的"股肱之臣"；否则，昔日被天子倚为"爱卿"的官吏，就会顿成逆臣贼子，被诛灭九族。所以，在古代中国，"一言可以丧邦，一言可以兴国"，是一个比较常见的现象。法律或许可以违反而不遭到处罚，但是，皇帝以及各种各样的君主的意志，是绝对不可违背的。

第二，秦始皇十分重视根据形势的发展去修订和完善法典，在这方面，他继承了法家进化的历史观和法之制定要"适于时"的思想，自觉地追逐着实践，追逐着时代，唯恐强大的皇权遭到削弱。

第三，秦始皇主持编纂法典，很注意加强法律的实用性和可操作性。在秦法典中，看不到连篇累牍大而不当的说教，法律条文比较简明扼要，通俗易懂，操作性很强，既方便官吏宣传法律，教诲百姓，震慑不法者，同时，为执法官吏的准确量刑也提供了很大的方便和支持。

第四，秦始皇注重加强法律的威慑力量。为此，他继承了先秦法家以及秦国轻罪重罚的重刑主义的法治传统，制定了种种十分残酷的刑罚。

《左传·昭公三年》记载了这样一个故事：齐景公当政时期，政治腐败、黑暗，人民纷纷起来反抗。齐景公为了维护他的腐朽统治，采用骇人听闻的刖刑进行镇压，许多人被砍掉了双脚，致使"国之诸市，屦贱而踊贵"——市场上假脚的价格上涨，而鞋子的价格却下降了。

始皇帝的刑罚中也有刖刑。叫作"鋈足"。秦律规定父母有告子的权利，一个人向官府控告其子有罪，要求官府对其子处以鋈足之刑，即把脚砍掉。现存的文献资料没有向后来者提供比较具体的遭受鋈足之刑者的数字，但是，以秦律的苛酷，秦朝政治的残暴，这个数字可能不会很小，所以汉朝人在《盐铁论》中认为秦朝"断足盈车"。除了鋈足以外，秦朝刖刑中斩左趾之刑也比较常见。

在中国许多古典小说里，经常可以看到有这样的情节描写：两个解差，押着一个额头上刺字的罪犯，向遥远的流放地走去。额上刺字这种刑罚，

也是一种肉刑，称作黥刑，或者墨刑，因为施刑者在给罪犯刺字之后，还要把字染黑。秦黥刑的使用比较普遍，上至官员，下至平民，都有遭受黥刑的。公元前213年，秦始皇下令焚书，规定除博士官以外的人，在焚书令下达30天以后，仍胆敢收藏儒家及诸子之书者，统统要处以黥刑，然后再罚作"城旦"——为官府服苦役。英布，在秦朝时还是一个小老百姓，因为违犯秦法，也被处以黥刑，所以人们又把他叫作"黥布"。

劓，仅从字形上看，就知道它为一种割掉罪犯鼻子的酷刑。劓刑的历史同黥刑和刖刑一样古老，据说在夏朝时就有这种肉刑，即使在被孔夫子称为"郁郁乎文哉"和"盛世"的西周，劓刑也没有被废除。而在秦朝，劓刑更成为一种主要的刑罚。

最残酷的肉刑莫过于宫刑。唐孔颖达疏注《周书·吕刑》说："宫，淫刑也。男子割势，妇人幽闭，次死之刑。"宫刑无人道，不仅仅在于它使人致残，更由于野蛮地剥夺了受刑者作为人的全部尊严，横暴地摧毁了他们的意志，无情地践踏了他们的情感！

因此，宫刑实际上是最能反映封建法律、刑罚本质的一种酷刑。士可杀而不可辱。决心奴役天下的秦始皇，为了实现他的二世、三世以至万世的统治目标，残酷地以剥夺、践踏臣民的尊严和情感为己任，在秦朝不长的历史上，许多人都被处以宫刑，遭受奇耻大辱。当然，也有极少数人以受宫刑为敲门砖，钻进国家统治中心，成为权臣的例子。如赵高的父亲犯法被宫后，他的母亲也被没入官府为奴，她与人野合，几个私生子都承其父姓，并被宫。后来，赵高便以此作为本钱，在秦宫里当上了宦官，并在秦始皇死后，矫诏赐公子扶苏死，扶立秦二世即位；继之杀死丞相李斯，爬上相位，指鹿为马，恫吓群臣，专权擅政，使天下更加混乱不堪，终于导致陈胜吴广斩木为兵，秦朝二世而亡。

秦朝最轻的肉刑是笞刑。正因如此，遭受笞刑的臣民也肯定更多。在秦律中有许多关于笞刑的规定，适用的范围十分广泛；鞭笞的数量也很宽泛，可以从十到无数——到施刑者打累了为止。我们应当注意，当时遭受答刑者，不一定都是罪犯，无辜百姓往往也无端被答。

秦律的残酷性在死刑上体现的最为明显。秦律死刑的刑名很多，主要的几种是：

生埋，就是把人活埋。这是秦始皇的拿手好戏。秦军攻克赵国都城邯郸后，秦始皇将那些与他母亲家有仇怨的人统统抓起来活埋掉。至于始皇帝焚书坑儒，更是读者耳

刖刑人守门鬲

熟能详的事情了。生埋在秦国是一个根深蒂固的传统，当年秦国的名将武安君白起，就曾在长平（在今山西省高平市西北）活埋了40万赵国兵！

车裂，顾名思义，就是把犯人的四肢分别绑在几辆车上，撕裂人体，是一种非常残酷的死刑。秦统一以前，秦始皇亲政伊始，嫪毐发动叛乱，秦始皇毫不留情地镇压了叛乱，将之车裂。可见，车裂是处置重罪人犯所使用的刑罚。

弃市，也是一种死刑；行刑的地方选在闹市，并陈尸数日，不准犯人家属收尸。这个刑名的恶劣之处是所谓"杀鸡吓猴"，意在恫吓臣民，使之老老实实地服从统治者的意旨。

秦律死刑中还有腰斩之刑——将犯人拦腰砍为两截！秦朝遭受腰斩的最著名的人物，是丞相李斯。李斯在秦始皇死后，被迫参与了胡亥和赵高的密谋，帮助胡亥夺权成功。此后，赵高嫌李斯碍手碍脚，害怕他站出来反对自己专权，遂在二世胡亥的大力支持下，将李斯拘执束缚，索禁囹圄。不久，赵高即以谋反之罪将李斯腰斩于咸阳市，并夷其三族。

中国封建社会是一个血缘宗法制的社会，所以，血缘的亲疏关系得到了特别的重视，许多政治、经济等方面的重要制度，例如政治权力继承制度、财产继承制度和伦理道德观念等等；都是在此基础上形成的。从这个

角度说，古人始终是生活在家族组织之中的。由于经济和政治关系的需要，中国人亲属间的称谓区分得非常细密，有所谓"三族"和"九族"之说。秦朝时由于封建家长制度尚处在不断完善的阶段，社会上还缺乏严密的宗法大家族组织，广泛存在的是小家族组织，所以，秦朝的族诛之刑是在三族范围内进行的。上述李斯之案就是一个典型的例子。秦朝统治集团对于族诛之刑的使用是比较频繁的，这与秦始皇的重刑主张和残暴统治，以及人民不断起来反抗暴政直接相关。秦始皇为了巩固自己的统治，曾不断地制定有关族诛之刑的法律条文，像什么"以古非今者族"，"诽谤妖言者族"等等，应有尽有。于是，咸阳市（此处所谓市不是行政单位，而是市集之义，咸阳市为当时的繁华之地，故被选作刑场，以恫吓人民）的土地喝饱了鲜血，成为产生农民起义的一片沃野。

皇帝的政令、法令，是依靠各级官吏去推行和贯彻的；官吏是皇帝的手足和耳目，是皇帝愚弄、控制、镇压老百姓的马前卒；而官吏们若欲完成皇帝交办的使命，则必须得到皇帝所赋予的一定的权力。于是，对富有四海的皇帝来说，加强对官吏的控制、监督和管理，就是一件性命攸关的事情了。既要选拔德才兼备之士，赋予他们权力，又要防止臣下专权擅政，这是君主专制政体下一个无法解决的矛盾。封建君主宛如走在独木桥上一样，既需要它，又害怕它翻过身来，遂死死地盯着它，踩牢它，以免使自己掉下无底深渊，万劫不复。

秦始皇控制官吏的办法很明确。一方面，在政治制度的建设中，他尽可能剥夺或者削弱官吏的决策权，并使他们互相牵制，束缚其手脚；另一方面，始皇帝非常坚决地制定和使用法律，去选拔、控制和管理各级官吏。

法家是主张实行能人政治的。这是自战国开始反对和废除世卿世禄的任官制度以来，所形成的一个比较进步的传统。商鞅曾规定，凡于战场上勇猛杀敌，斩一首者赐爵一级，想当官的可做50石官；斩二首者赐爵二级，欲为官的可做100石官；把敌人的脑袋砍下的越多，其升迁也会越快、越高。如果打了大胜仗，小官们可升一级，大官更可连升三级，并且都能得到比较丰厚的赏赐。秦始皇继续沿用了商鞅的政策，在军事上奖励军功，提拔善战多谋之士。而对文官，秦始皇也毫不犹豫地坚持了上述原则，一般都要根据实际的政绩或比较特殊的才能，方可被任用或提升。由于司法之官是秦始皇进行吏治和治民的左膀右臂，因此他更为重视司法官吏队伍的建设，在中央、郡、县等各级行政机构中都设置了专职的司法官吏，成为他专任狱吏的组织基础。像李斯、赵高等人因为精通律法，就曾先后被任命为廷尉和中车府令。秦始皇通过司法之吏去监督和控制其他所有的官吏。司法官吏有权进行司法调查和审判，但是，大案和要案的最后审定权仍然掌握在皇帝手中。

官吏能否任职和称职的一个重要条件，是看他是否通晓了国家的法律。但是，仅仅理解和掌握了各项法律条文还不够，皇帝的官吏还必须在自己严格守法的同时，依据法律履行自己的职责，律令允行者则行，律令禁行者则止，毫不走样地执行皇帝下达的政令、法令，并且为保卫皇帝陛下法律的权威性，要不惜肝脑涂地。法律规定，国家府库里的金钱不准官吏监守自盗，但官吏若竟敢置皇帝法律于不顾，挪用国家的金钱，即为"犯令"，与盗贼同罪。曾经率兵进攻韩国的秦南郡郡守腾在秦始皇二十年（公元前227年）四月二日发布的文书中，也提到了处理"不明法律令"的"恶吏"的情况。他揭露说，地方上一些淫佚之徒为非作歹，扰乱治安，而有些县令、丞以下官吏竟然听之任之，不把他们绳之以法，以靖地方。为此，腾下令派人巡视所辖各县，查处所有违法不良之徒。

南郡郡守腾还揭示了"恶吏"的本质特征是"不明法律令"，"易口舌，不羞辱，轻恶言而易病人"，与国家的法律对着干。在秦律中，有许多条文都规定了对"恶吏"的惩处尺度。遭到最严厉惩处的恶吏，当然是那些不忠于皇帝，不为国家利益效命终身的官吏。被秦始皇所敬重的法家思想家韩非，对君主必须严治臣下的利害做了十分形象的说明。他认为，猛虎之所以能够制服犬狗，皆因为它有锋利无比的爪牙，如果把老虎的爪牙弄掉，老虎就会被狗制服了。以商鞅为例，秦孝公死后，公子虔之徒告商鞅

欲谋反，秦惠文王遂下令逮捕商鞅。商鞅逃亡至函谷关下，欲躲入客店，客店老板因商鞅不能证实自己的身份而拒绝其住店。商鞅只好又逃向魏国，然而魏国也拒绝接纳他；他只得重入秦境，逃归自己的领地商邑，和徒属一起，率领商邑之兵向北进攻郑地。此举使商鞅的谋反罪名得到完全的成立。秦惠文王遂发兵进攻商鞅，在渑池（今河南省渑池县西）打败商鞅之兵。秦惠文王痛恨商鞅谋反，气愤地骂道："莫如商鞅反者！"不仅车裂了商鞅，而且还残忍地杀尽了他的全家。

继承了轻罪重罚的重刑主义传统的秦始皇，对那些已谋反或欲谋反的叛臣贼子，他手里的屠刀，从来都是举得高高的。例如对于前文屡次提到的皇帝"假父"，就进行了残酷的镇压连同太后所生的两个无辜的孩子——秦始皇同母异父的弟弟——也没有放过。而对那些只会夸夸其谈的儒生，只因为他们批评自己"天性刚戾自用"，"乐以刑杀为威"，"贪于权势"，便给他们安上了"诽谤"君主和"为妖言以乱黔首"的罪名，将460余名儒生全部坑杀！

秦律中罗列了许多对官吏违法和不称职行为的制裁措施。例如《效律》规定，使国家遭受经济损失在110—220钱的，官啬夫要受到上级官吏的斥责；损失在220—1100钱的，要罚啬夫出一盾；损失在1100—2200夫出一甲；损失在2200钱以上，官啬夫要被罚二甲。再如为官吏者若不执行上级命令，不仅要受髡刑，还要罚做苦役。至于在军事管理方面，秦朝对将士的约束就更为严厉。尉缭曾主张："将自千人以上，有战而北，守而降，离地逃众，命曰国贼。身戮家残，去其籍，发其坟墓，暴其骨于市，男女公于官。"这是对秦军律的真实记录。当年秦将樊於期投降燕国，秦王政便把他的父母妻子宗族杀了个一干二净，并出了巨额赏格求购他的人头。

第二章 揭竿而起

一、燕雀安知鸿鹄志，鱼腹丹书火狐鸣

1.鸿鹄之志

一天，几个农民在田里干活，一个个光着膀子，打着赤脚，手里抡着锄头，不停地劳作。天空中的太阳，毒辣辣地晒着大家，每个人都干得全身大汗淋漓。

大家实在太累了，就放下手里的锄头，凑到地边树荫底下稍微歇一会儿。

有一个人，索性躺在了地上，望着天空发呆。好一会儿，长叹一声，猛地站了起来。只见这人，身材魁梧，肩宽背厚，筋骨壮实，很有一股英雄好汉的气概。他对同伴们说："弟兄们，干活吧！别看现在咱们哥几个穷得叮当响，可说不准哪天谁富贵发达了呢。到那时候，可不能把穷哥儿们给忘了呀。"

听了这话，有人马上接口说："是啊，要是富贵了，弟兄们有福同享。"

有个年纪稍微大点的人却摇着头说："咱们受雇于人，一没田地，二没房产，有活干，有饭吃就不错了。哪里又敢想那富贵的事。"

那个壮汉听了，不由得仰天长叹："唉！燕雀安知鸿鹄之志哉！"意思是说，小麻雀又怎么会知道天鹅的志向呢。

这个胸怀大志的壮汉，就是后来在大泽乡起义，建立张楚政权的陈胜。陈胜，即陈涉，阳城（今地有异说，在河南境内）人，雇农出身。

2. 酝酿起义

这一年，陈胜被征发，和900人一块儿，要到北方边境去防守。押送的将尉见陈胜身材高大，就让他做了屯长。这900人中，还有一个叫吴广的，也是屯长。吴广，阳夏（今河南太康）人，也是农民出身。吴广乐于助人，又有一身武艺，也是一位英雄好汉。陈胜和吴广一见如故，成了知心好友。

陈胜、吴广和这900人，一路翻山过河，长途跋涉，好不容易到了大泽乡（今安徽省宿县南），却赶上了下大雨。大泽乡一带地势本来就低洼，一连几天的大雨，很快就把道路给淹没了，根本无法前进，900人只好停了下来。

日子一天一天地过去，雨还没有要停的意思，人们心里也布满了阴云。因为按朝廷的规定，如果不能按时到达目的地，误了期限，是要杀头的。大家伙儿忧心忡忡。

陈胜看着大家愁容满面，不由得一阵阵心酸，同时也为自己的命运担忧。

恰巧，这时吴广来找他。陈胜轻声对吴广说："兄弟，这大泽乡离目的地渔阳，还有几千里的路。就算是雨马上停下来，我们立即赶路，也得要一两个月才能到呢。官定的期限，咱们是误定了。"

"是啊，这900人恐怕都要遭殃了。"吴广悲痛地说。

"难道我们就这样等死吗？"陈胜问道。

吴广一听这话，眼睛里突然射出两道精光。他兴奋地看着陈胜，脸上呈现出异样的神采。他说："陈大哥，常言说狗急了还跳墙呢。何况我们堂堂男儿！我看不如逃走吧。"

"逃走不是好办法。"陈胜摇着头说："逃走？往哪儿逃？这天下难道还会有我们的立身之地吗？就是逃走，终究逃不过官府的追捕。我看逃也是死，不逃也是死，不如另图大事！"

"对，咱们起来造反！"吴广激动地一拍大腿："这总比白白送死好。可是，陈大哥，我们无权无势，怎么才能举起大旗，号召大家呢？"

陈胜看看四周没有人，凑近吴广，小声地说："天下人受秦朝的残暴统治，已经受够了。只是没机会起事。我们听说二世皇帝，是始皇帝的小儿子。本来始皇帝是要传位给公子扶苏的。扶苏

陈胜吴广起义遗址

是个贤德的人，因劝谏始皇帝，才被调到边境。二世谋夺皇位，害死了扶苏。百姓们却不知道内情，以为扶苏还活着。还有楚将项燕，当年战功卓著，楚地人现在还在怀念他。有人说他死了，也有人说他在外逃亡。我们如果要起事，最好托名扶苏和项燕。这一带原本是楚国的地方。人们听说了，肯定前来投奔我们的！"两人又商量了一阵。

第二天，陈胜找了两位可靠的兄弟，让他们到附近集市上去买回来一筐鱼，为人家改善伙食。

不一会儿，鱼就买回来了。有人拣了一条最大的鱼，刚割开肚子，却发现里面藏着一条绸子，这可真是新鲜事！大伙儿连忙拿出绸子，展开一看，上面还写着字。"写的什么呀？"有不认字的人问道。马上有认字的人回答说："写的是'大楚兴，陈胜王'。"

这事马上就传开了。越来越多人争着看这块写了字的绸布。越来越多的人在议论着这件事。

有人马上去报告陈胜。陈胜大吃一惊，连声喝斥说："别胡说，哪来得什么'鱼腹丹书'。你们这样胡说，不是要我的命吗？"大家和陈胜都有不错的交情，知道这事要是让押送的将尉知道了，对陈大哥没有好处，也不能让陈大哥为难，都不再大声议论了。可谁的心里都在想着这件事：难道这是天意吗？

夜深了，雨还在淅淅沥沥地下着，时不时，还刮一阵风，吹得树叶簌

簌直响。大家伙儿都在帐篷里躺着，可没有几个人能睡着。

这时，忽然传来一阵奇怪的声音。大家屏住气，仔细地听着。好像是狐狸叫，又好像是人在说话。开始还听不太清，后来越来越清楚，第一声是"大楚兴"；第二声是"陈胜王"。大家伙儿都很奇怪，壮着胆子一块儿出来看个明白。

营外一带，是荒郊野地，只有西北角上有一片树林，里面有一座古庙。那个奇怪的声音就是从古庙里发出来的。声音顺风飘来，听得明明白白：大楚兴，陈胜王。更奇怪的是树丛中间，还隐隐约约露出了火光，好像是灯，又好像是磷火。一忽儿在这边，一忽儿又到了那边，时明时暗，变幻莫测。过了一段时间，声音渐渐没了，火光也消失了。人们又开始议论了起来，说雨天出鬼火，狐狸说了人话，真是一辈子没见过的怪事。

第二天，人们又到处议论着昨天白天和夜里的怪事。甚至越传越神，说那条鱼本来是一条龙，而那只狐狸是个神仙，能预知未来。

只有那两个将尉还蒙在鼓里，什么都不知道。只是每天在营里喝酒，等雨停了好赶路。

人们都在想着那两件怪事是什么征兆，意味着什么。大家伙儿都开始觉得，陈胜可能真是注定要称王的。因为明明写着"陈胜王"。而陈胜正好是楚国人，这大泽乡又是过去楚国的地方，不正好是"大楚兴"嘛。

在大家议论纷纷的时候，陈胜、吴广听见这些议论，都感到时机成熟了。

二、大泽乡兴兵起义，建国张楚陈胜王

1. 发动起义

这鱼腹丹书、篝火狐鸣，真的是天意吗？其实并不是什么天意，原本就是陈胜、吴广商量的好办法。丹书是陈胜事先塞进鱼肚子里去的；篝火狐鸣是吴广趁天黑藏在树丛里，拿个灯笼一起一落，又学着狐狸叫。

这法子倒也挺灵验，大家越来越相信秦朝灭亡，陈胜为王是上天的旨

意了。

陈胜一看时机成熟，悄悄对吴广说："兄弟，我看机会已经来了，弟兄们也都被鼓动了起来，我们最好马上动手。"

陈胜吴广起义旧址

"我也是这么想的。"吴广说道。

"首先是要把押送的那两个将尉杀了，然后召集弟兄，扯起大旗，起事反秦。"

"好！时机要紧，一切都听大哥的吩咐。"

两个人商量妥当，直奔将尉那里去了。

那两个将尉依旧在喝酒，看样子都喝得快要醉了。睁着醉眼一看："这鬼天气，今天下雨，明天下雨，什么时候才能停啊！我们已经误了期限，就是赶到咸阳，也要被杀头。我们要逃走了。"

将尉一听，酒也醒了一半，大怒道："你们敢违犯国法吗？想要走的就要被杀头。"

吴广毫不惊慌，反口喝斥："二位天天就只躲在帐篷里喝酒，900弟兄的性命却一点儿都不挂在心上，倒是悠闲自得得很。可是到了渔阳，我们是要死的，二位的日子会好过吗？"两人一听，恼羞成怒，乘着酒劲，拔下佩剑，直向吴广刺来。吴广眼疾手快，飞起一脚，把宝剑踢落在地上。吴广顺手捡起宝剑，抢上前去，一挥剑，砍死了一个将尉。另一个家伙见势不妙，转身要跑，恰好陈胜拎着刀赶过来，挥手就是一刀，把他也给结果了。

听说陈胜、吴广杀死了两个将尉，弟兄们都朝这边赶来。

陈胜、吴广走出营帐。陈胜跳上一个土台子，对大家施了一礼，大声说道："众位弟兄！我们奉诏赶往北地戍边。在这儿被大雨挡住了去路。一待就这

么多天。等雨停了，就是日夜兼程，也不能按期到达了。误了期限就是要杀头的。即使侥幸得到了赦免，可戍守边境，也难逃一死。大丈夫本不怕死，可死要死得值！我们就此起事，反对暴秦，就是死了，也不算冤枉。王侯将相难道都是天生的吗！这天下，穷苦人也可以坐！"

陈胜说到这儿，吴广一跃跳上台来，大手一挥喊道："跟着陈大哥造反了！"

马上就有好几个人响应，大喊道："与其等死，不如造反！大家跟着陈大哥干哪！"

900个人，本来都是穷苦人，受尽了秦朝带给他们的苦难。这一次又要到边境戍边，可偏偏误了期限。谁愿意去送死？心中的怒火都被点燃了，要反对暴秦，求个太平世道。

陈胜、吴广就地搭了个台子，割下那两个将尉的脑袋放在台子上，做了祭旗的物品。900条好汉站在台下，齐声高呼："同生死，共患难！齐心协力，誓反暴秦！"群情激昂。

陈胜把这900人，编成数队。大家没有兵器，就砍了些木棍作为武器；没旗帜，就用竹竿绑了块布，当作旗帜。这就是史书上说的"斩木为兵，揭竿为旗"。

就这样，公元前209年，在大泽乡爆发了中国历史上第一次农民起义，敲响了秦王朝的丧钟。

2. 建立张楚政权

起义军成立后，大家公推陈胜为统帅，号称"将军"；吴广为副帅，号称"都尉"。很快，大泽乡就被起义军控制了。大泽乡一带的农民没有不高兴的。有的说："扶苏公子和项燕将军带着大家造反了，秦二世可长久不了啦！"有的说："老天爷有眼啊，老百姓总算有盼头了。""是啊，是啊。""不如我们也投起义军吧。"……人们欢欣鼓舞，纷纷拿出粮食物品支援起义军，不少青壮年扛着锄头扁担来投奔起义军。起义军很快壮大了起来。这时，连绵的大雨也停了下来。

大泽乡是归蕲县管辖的地方。起义军首要的目标就是攻占蕲县。陈胜、吴广带着队伍，浩浩荡荡，向蕲县进发。起义军将士个个满腔怒火，恨不得马上杀进咸阳城里，斩了秦二世。蕲县本来就不是军事要地，守城的部队寥寥无几，县官又是个无能鼠辈，哪里挡得住起义军将士的冒死冲锋。县官趁乱逃命要紧，守城兵将一看县官跑了，索性全都投降了起义军。

陈胜、吴广骑着马，并排进了蕲县城。为了稳定民心，到处张贴告示，说明起义军是为了伐无道、诛暴秦，不会骚扰百姓。老百姓本来就受尽了秦朝的压迫，见是造反的起义军，拥护得不得了。

起义军旗开得胜，上下一片欢腾。不少人又来投起义军，使起义军的规模又壮大了许多，起义军的装备也好了许多，有了不少刀枪。

陈胜、吴广决定乘这样的大好形势，打开局面，巩固起义军占领的地方。他们把起义军分成两路，东路由葛婴率领，攻略蕲东，西路是主力部队，由陈胜、吴广率领，向蕲西进发。

起义军还没到，消息早就在全国各地传开了。各地的老百姓给秦王朝和它的官吏压迫得太苦了，所以一听起义军要来，没等义军到呢，人们就自己起来，杀死地方官，迎接起义军。由于得到了广大百姓的支持，起义军进兵非常顺利。特别是陈胜、吴广率领的西路军，更是一个胜利接着一个胜利，势如破竹，很快就攻占了许多县城。不长时间，起义军就发展到骑兵上千，步兵数万、战车六七百辆。

这时，陈胜、吴广决定攻打陈县县城。陈县在春秋时期是陈国的都城；战国时期是楚国重要的军事基地。

陈胜、吴广带领着义军，浩浩荡荡向陈县进发。把陈县县城包围了。可巧，陈县的县令不在城里，只有一个县丞。县丞在城头上看到阵容整齐的义军，喊杀声震天，胆都快吓破了。没办法，只好硬着头皮，带着守城的兵将，出城和陈胜、吴广交战。

陈胜见秦军出了城门，一声令下，义军将士如猛虎下山，一齐冲上去，把这几百名秦兵打得死的死，伤的伤，逃的逃。县丞一看情况不妙，掉头

要逃进城。县丞刚一进城，还想命令关城门呢，哪知陈胜带着人紧随其后，冲进了城。陈胜挥起剑，把县丞斩于马下。陈县被义军攻占了。

陈胜进城以后，召集当地父老共商大事。陈县父老见义军军纪严明，不伤百姓，个个欢天喜地。他们对陈胜说："将军披坚执锐，身先士卒，伐无道，诛暴秦，应该正式称王。如果不称王，怎么号令天下，继续征战呢？"

陈胜暗想：常言说，鸟无头不飞，人无头不行。自己领头造了反，称王也名正言顺，更是合了当初起事时的鱼腹丹书。于是他就要颁发命令，正式称王。

这时，陈胜手下两个投奔他的谋士陈馀、张耳却劝谏陈胜说："秦朝无道，实行暴政，只知道榨取民力，搜刮民财。如今将军不顾自身生死，为天下人诛暴秦，是天大的义举。只是将军千万不能为了一个'王'的称号就忘了别的事。希望将军不要急着称王，马上带兵西进，直取咸阳。一面立六国君主的后人，扶植他们，使秦朝有更多的敌人。秦朝肯定会分兵镇压，这样，将军就不会遇到有力的抵抗，将军攻占咸阳后，就可以号令天下，那些六国后人自然感激将军为他们复国，从而拥戴将军。那时，将军当皇帝都可以，何必现在急着称王呢？"

陈胜听完，脸上露出有点不高兴的表情。沉默了好一会儿，才说了一句："以后再说吧。"

这两个谋士见话不投机，只好不再说什么。

陈胜没有听从陈馀、张耳的劝告，在陈县正式称王，定国号"张楚"，意思是张大楚国。陈胜就此当了"张楚王"，吴广"假王"。

这样，中国历史上第一个农民起义政权——张楚政权建立了。

3. 张耳与陈馀

劝陈胜不要称王的张耳是大梁人，曾经担任外黄县县令，他很器重他的同乡陈馀，认为陈馀不是平庸之辈。陈馀比张耳年轻，非常敬重张耳，两人成为刎颈之交。

秦灭魏国之后，悬赏捉拿已经成为魏国名士的张耳和陈馀。抓到张耳的赏千金，抓到陈馀的赏 500 金。丰富的赏金刺激了人们，风声越来越紧，魏国已经难以容身。张耳和陈馀就改名换姓，逃到了陈国，找了一份里巷监门的差事。两人小心翼翼，隐瞒身份，倒也平安无事。

不计里巷的官吏很是粗暴，常没有缘由地鞭打卜属。一次，陈馀成了官吏发泄怒气的对象，官吏用鞭子抽打陈馀。陈馀又怎么能忍受如此冤屈，他满脸涨红，挺直腰杆，挥起拳头猛扑过去。

张耳正好在陈馀身边，见陈馀要打官吏，连忙飞身上前，一把抱住陈馀，让官吏抽打陈馀。

鞭子重重地抽在陈馀背上，留下一道道血红印痕，忍着揪心的疼痛，陈馀咬紧牙关，挺了下来。

官吏发完怒气，满意地走了。张耳急忙扶着陈馀坐在桑树下，责备他说："我以前对陈公说的话还记得吗？怎么能为了一点小小的屈辱就将自己的性命断送在一个无名小吏手中？"

陈馀也后悔刚才的冲动，感激地说："多亏张公刚才拦住了我，不然真要性命不保了。"

后来，陈胜吴广起义，攻下了陈县，他两人就投奔了义军。

4. 捷报频传

张楚政权一建立，消息传遍全国，使各地的反秦力量受到了极大的鼓舞。越来越多的百姓，拿起粗陋的武器，攻占城池，响应陈胜，加入到农民起义的队伍中来。

陈王不失时机，派出几路人马，同时进攻秦军。向东南进军的有两支部队，一支由邓宗率领，攻打九江郡（今安徽寿县）；一支由召平率领，一直向广陵（今江苏扬州）打去。陈王又派周市带兵攻略原来魏国的地方。

这时，陈馀又向陈王献计说："大王在楚地起兵，是要向西攻灭秦朝的。如果大王要顾及北方，恐怕暂时没有力量。臣等曾经在赵国游历，熟悉那里的情况，并在那里结交了许多豪杰之士。现在愿意请大王给我们一路兵马，北上攻占赵地。这样既可以牵制秦军，又可以抚定赵国的百姓，不是

古代士兵画像石图

一举两得吗?"陈胜觉得很有道理。可张耳、陈馀归附不久,陈王不是很信任他俩,于是派了老相识武臣为将军,邵骚为护军,只让张耳、陈馀做了左右校尉,参议军事,带着3000人马,北上攻略赵地。

陈王又分兵西进。西路军分成三支,是义军的主力。陈王任命吴广为"假王",让他从荥阳西进关中,又命周之、宋留分别率领另两支部队,直捣秦都咸阳。

吴广指挥军队,奋勇作战,一鼓作气杀到荥阳,把荥阳城团团围住。

这荥阳城是关东(函谷关以东)重镇,兵多粮足。守将正是丞相李斯的儿子李由。李由率秦军拼死守城,给吴广的进军造成严重的障碍。起义军战士大多是农民,短时间里组织起来,没有受过好的军事训练,虽然冲杀勇猛,无奈秦城防坚固,李由指挥得当,始终不能攻下荥阳。双方形成了僵持不下的局面。但吴广却牵制了秦朝关东部队的主力。

周文一路进军很是顺利。周文过去在楚国大将项燕和春申君黄歇手下供事,见多识广,是起义军中难得的军事人才。陈胜十分重用他,封他做将军,率兵西进。周文一路上招募壮士,部队很快发展到10多万人。因为秦军主力已经被吴广牵制,一路长驱西进,直逼函谷关。

函谷关的守将一看情势危急,就派人急报朝廷。谁知秦朝廷里面,好像没人一样。不论守将怎样告急,总不见有秦朝的军队来支援。原来,二世胡亥只顾淫乐,朝政大事都被赵高把持。赵高又是报喜不报忧,要尽手段,把胡亥蒙在鼓里,什么也不知道。恰好有个官员从东边回到朝廷,见胡亥时,说全国都开始造反了,郡县大多背叛朝廷,请皇帝派兵剿灭。胡亥竟然说他胡说八道，扰乱人心，把这大臣关进了监狱。赵高又对胡亥说，那些造反的人不过强盗山贼，人数不多，地方官已经加紧追捕，皇帝大可放心。胡亥自然欢喜非常，依旧寻欢作乐，直到周文攻下函谷关，还和没事一样，真是个糊涂昏君啊！

宋留率领的第三支两路军，进军也是非常顺利，很快攻占了南阳（今河南南阳），准备向咸阳的东南门户武关进发。

起义军捷报频传，"张楚"大旗在城头高高飘扬。

5. 兵不血刃

就在西路军连连报捷的时候，武臣率领的部队也取得了大胜。

武臣率领部队从白马津（今河南滑县东北）渡过黄河。张耳、陈馀利用旧有的关系，把河北各地豪杰召集在一块儿，对他们说："秦皇无道，苦役百姓，刑法苛暴。如今陈王领导大家起义，天下响应。我们奉陈王命令北渡黄河，抚定人民。诸位都是英雄豪杰，明理之人，理当协助义军，共诛暴秦。"豪杰们听了这番名正言顺的话，觉得有道理，点头称是。张耳讲完，陈馀接着说："诸位为什么不趁这么好的机会，齐心协力推翻暴秦，报家仇，雪国恨。恢复祖先封地，建立功业，这才是真正的英雄豪杰！"

张耳、陈馀的话使大家热血沸腾，纷纷加入义军。武臣的队伍很快发展到几万人。队伍不断发展壮大，城池也攻下了十几座。于是大家就推举武臣做了武信君。武臣又率军攻打范阳（今河北定兴县西南）。

范阳县令徐公，决意死守城池，招募将士，准备抵抗义军。

在范阳有个能言善辩的人，叫蒯彻，见起义军势不可当，徐公却要以卵击石，他不想范阳为战火所焚，就来见徐公。

一见面，劈头就说了两个字，一个"吊"，一个"贺"字。搞得徐公莫名其妙，不知所以，急问蒯彻是什么意思。

蒯彻说："我听说徐公要死了，所以赶来吊祭；不过，只要徐公听我一席话，就有生路，所以又贺喜徐公。"

徐公听了还是稀里糊涂："先生不必故布疑阵，葫芦里卖的什么药，倒

秦代军人防护装备

出来就是。"

蒯彻回答说："徐公您当范阳令已经有10多年了，执行严酷的秦法，砍断人们的脚，在他们脸上刺字；杀死父亲，使孩子成为孤儿。这样的事情，只怕是数不胜数。百姓们对您没有不怨恨的，只是在秦王朝的统治下，不敢杀你。如今天下大乱，秦王朝自身难保，只怕要改朝换代，您还可能保全自己的性命吗？一旦武臣攻破范阳，百姓们肯定会趁机报仇，杀了徐公，这不是可吊之事吗？"

徐公一听，大有道理，不禁吸了一口凉气。

蒯彻接着说："幸亏我来见您，为您献上一计：趁武信君还没有打进来，让我去说服他，使您转危为安，免去一死，这难道不可贺吗？"

徐公马上高兴地说："既然这样，就有劳先生了。"

蒯彻立即出城去见武臣。见面之后，施了一礼，说："将军大军压境，肯定是准备交战胜利之后，破城而入。这样未免太辛苦了，也会有大的伤亡。我有一条计策，可以使将军不伤一兵一卒，而得城池。只需要一纸檄文，不知道将军愿意听吗？"

武臣正为范阳令的死守城池犯愁呢，就急着追问："先生有什么妙计，怎么不快点说出来？"

蒯彻说："如今范阳令徐公，知道将军兵临城下，正在整顿兵马，准备死守。其实，范阳城里兵将不多，徐公又是个胆小怕死，贪图富贵的人。他现在不肯归降将军，实在是因为将军以前攻下城池，是官就杀，降也是死，守也是死，所以他才不得不拼死守城。范阳城里的士兵，本来也在心里恨徐公，只是迫于无奈，不甘心送死，只好听他的命令，和将军拼命。"武臣一听，微微点头。蒯彻看了一眼武臣，继续说道："我为将军献上一条计策。将军不如给我一颗侯爵的金印，让我送给徐公，徐公不但不死，还得个侯爵做，自然会乖乖开城投降。到那个时候，将军再派他作为使者，乘坐华贵的车子，到各地去游说，为将军招抚各地郡守、县令。那些人见徐公归顺将军，反而得做大官，肯定会羡慕，肯定会学着样子，争先恐后地来归降将军。这样一来，将军可以不动一刀一枪，尽得燕赵之地了。"

武臣听完这席话，非常高兴。立刻做了一颗金印，交给蒯彻，让他授给范阳令。徐公接到金印，大喜过望。马上大开城门，迎接武信君。武臣又按蒯彻的话，让徐公游说各地。燕赵一带的官吏，果然一个个争先归附武臣。在很短的时间里，义军就平定了 30 多座城，兵不血刃地进了邯郸县。

三、得意忘形趋腐化，各自为王添内讧

1. 陈胜蜕变

武臣在河北的胜利，吴广在荥阳对秦军的围攻，周文一直打到戏亭。这些消息相继传到咸阳。虽然赵高总是报喜不报忧，可纸总是包不住火，这些坏消息还是传到了胡亥耳里。胡亥吓出了一身冷汗，急忙召集文武百官，商议对付的办法。只是满朝大臣，你看看我，我看看你，谁也不说话。生怕说错一句话，惹来杀身之祸。

胡亥急得满头是汗，抓耳挠腮。这时，大将章邯终于说话了，他出班启奏说："陛下，如今贼军已经到了咸阳附近，随时都有可能攻入咸阳城。可是咸阳城里却缺兵少将，城防也很松懈。如果从北方边境调兵回来，恐怕是来不及了。骊山还有不少做工的犯人，不如赦免他们，发给兵器，编成部队，由臣下率领他们去征剿贼军，一定可以击退反贼！"

胡亥听了，大喜过望，一面发出诏书，大赦罪犯，一面命章邯为将军，带领着这帮罪犯编成的部队，向戏亭进发，迎击周文。

常言道：骄兵必败。周文在突破函谷关攻入戏亭以后，心想：咸阳虽然是秦朝都城，也不过是空城一座，可以一举攻占，自己则可名扬天下了。

秦代将军服饰

周文开始轻敌了。加上是孤军深入秦朝腹地，得不到友军支援，竟被章邯击退，败走出关，在曹阳（今河南灵宝市东）驻扎下来。

不只是起义军的将领有了骄傲轻敌的情绪，连陈王陈胜也开始变了。

陈王坐镇陈县，各路捷报不断传来，他渐渐自满起来，心想：偌大个秦王朝，谁知竟如此不堪一击。自起事以来，不过半年时间，这半壁江山，已经在我的控制之下，还有那一点地盘，哈哈……

陈胜不光是思想上骄傲自满，而且生活也越来越腐化，在王宫里过着奢华的生活，身边尽是一些只会奉承拍马的人。这样下去，陈胜不也快成了秦二世了吗？这可是大事情呀！

陈胜手下有一个谋士，叫孔鲋，是孔子的八世孙，不久前刚从山东来投奔义军，陈胜留他做了谋士。

他劝陈胜说："大王，兵书上说，不要把敌人暂时不来攻打，当作安全无事，不加戒备。只有严加防范，才会万无一失。倘若敌人突然来袭，就无法抵御，恐怕就会招致大的失败呀。"

这时，陈胜已经有些不耐烦了。可正直的孔鲋还在说："大王，您身边有太多小人……"

一听到这儿，陈胜可火了，心想，这不是把我比作秦二世吗？冷冷地说道："我虽然出身贫贱，可是起兵以来，用兵遣将，也自有主张。用不着先生多操心！"

这时，如今做了陈胜侍从的一个大泽乡起义时的老兄弟上前劝陈胜说："陈大哥，孔先生说得也在理……"

陈胜已经很不耐烦了，一挥手："胡说！为什么还称呼陈大哥？如今我是陈王，号令天下，你不知道吗？"

侍从连忙闭嘴，不再说什么。孔鲋见这样的情况，知道陈胜已经听不进劝谏了，施了一礼，退了出去。

陈胜称王之后，有不少以前的穷哥们来找他，一开口就叫"陈大哥"，还陈大哥长，陈大哥短。陈胜身边的几个大臣竟然说这些人太没规矩，污辱大王，应该处死。没想到，陈胜本来就不耐烦这些老兄弟了，讨厌他们提名道姓的，当真听了这些拍马奉承人的话，竟真把穷苦朋友给杀了。这样一来，原来跟随他的一些人寒了心，纷纷走了。而同时，一些奸佞小人却混入了起义队伍。

陈王已经不再是大泽乡起义时的陈大哥了，他已经忘了当初说的若是富贵了，不能忘记穷朋友的话了。陈胜变了。

2. 自立为王

周文兵败戏亭的消息传到武臣军营，武臣心里就开始犹豫：是发兵救援，还是按兵不动？按理是应该马上派兵支援的，可是这样就会失去许多已经占领的赵地。可如果按兵不动，又不能向陈王交代？这可怎么办好呢？

武臣正拿不定主意的时候，张耳、陈馀却开始打起了主意。他俩本来就怨恨陈胜不采纳自己暂不称王的意见，后来又不信任他们，只给了左右校尉的名义，没有给兵权。所以心生异谋。他俩见武臣，说："陈王在大泽乡起兵，刚刚攻占了陈县，就自立为王，不愿册立原来的六国后人。如今将军只凭3000兵马，就攻占赵地数十座城邑，如果不称王，恐怕镇抚不了河北一带呀。更何况陈王听信谗言，渐生骄恣，妒功忌能。将军功高盖主，只怕会引来陈王的猜忌。不如干脆脱离陈王，自立为赵王，免得日后受害。机不可失，时不再来。请将军不要犹豫了。"

武臣听了"称王"两字，不禁一阵欢喜涌上心头，哪有不同意的道理？当下就草草行了个仪式，自封为赵王，称孤道寡起来。封陈馀为大将军，张耳为右丞相，邵骚为左丞相。又派人通知陈王。

陈胜得到报告后，怒不可遏，直说："好个武臣！好个武臣！"当即下令要拘捕武臣在陈县的家属，还要统统杀掉。然后再派兵讨伐武臣。

这时，一个叫蔡赐的大臣劝谏说："大王，眼下秦朝还没有被推翻，如果杀了武臣的家属，不是又多了一个敌人吗？这样一来，大王您就会腹背受敌，被东西两面的敌人夹攻，兵力肯定会受牵制，这如何成就大业？大王不如派使臣向武臣致贺，使他安心。然后命令他迅速支援周文，西进咸阳。这样的话，东面不会有后顾之忧，西面也会有大的进展。等灭秦以后，再去处置他也不迟，又何必着急呢。"

陈胜恨不得现在就杀了武臣，可是为了自己的帝王大业，只得强压怒火，将武臣的家属接到宫里软禁起来，还封张耳的儿子张敖做了成都君。这才派使臣到武臣那里道贺。

使臣到了邯郸，传达了陈胜的意思，先道了祝贺，接着要武臣从速出兵。谁知张耳、陈馀早就猜透了陈胜的意图，暗地里对武臣说："大王自立为赵王，陈王心里怎么会不忌恨？而今却派使臣来祝贺，分明是个计谋。是要大王和他合力取秦，一旦秦朝灭亡，陈王肯定会北上来攻打赵地。大王不如虚与周旋，优待来使，等使者回去以后，攻占原来的燕、代的地方，向南再占领河内（今河南沁阳一带），这南北二地都为我所占，陈王肯定无可奈何，要和我们讲和，大王看准时机，大可以坐定中原了。"

秦代铠甲

武臣听了，连说好计，依言而行。丰厚地款待了使臣，送他回陈县。使臣前脚一走，武臣后脚就分派人马，一路韩广攻打燕地，一路李良攻占常山（今河北正室南），再一路张黡攻取上党（今山西长治西），三路齐发，唯独不见有一兵一卒西进支援周文。

武臣自立为王，派出部将攻

略各地，哪里想得到他的部将也会学他的样子，也自立为王。

韩广出师大捷，很快就尽收燕地。不过他没有把这些地方交给赵王，而是看样学样的也自封为燕王。

再说当初陈王派出的一支北征军，统率是周市。周市带着这支部队，一路北上，势如破竹，很快攻占了原来魏国的地方。然后又进兵齐地，一直打到了原来齐国的狄县。

可是，狄县县令据城固守。守城的将领是田儋。田儋本来是齐国的王族。他见农民起义军大兵压境，就准备趁这个机会，起兵自立，据地称王，恢复齐国。

田儋和他的两个堂弟田荣、田横，秘密商议了一番，想出了一个办法。一天，田儋带着一群壮汉，押着一个家奴，来到狄县县衙，要见县令，说："这个家奴是贼军的奸细。现在抓住了，请县令出面处置。"县令不知这是田儋设下的圈套，出来审问。刚一露面，田儋身后几个大汉，冲上前去，亮出兵刃，不由分说，几把刀同时砍下，县令当时就死了。

田儋见县令已死，马上宣布说："如今六国都起来反秦，自立为王。我们齐国怎么可以落后呢？何况齐国有800多年历史，田氏当国君，也有一百几十年了。我等本来就是齐国王族，理应顺天应时，从人意，恢复社稷。"大家都没有人反对。于是田儋就自封为齐王。开始招募兵士。齐地的人因为秦朝的残暴，怀念起齐国的统治了。听说田儋称王，恢复了齐国，自然非常踊跃地前来归附。

田儋带着人马，进攻周市。周市突遭袭击，兵败退回魏地。刚一回来，周市手下的将领看各地人物纷纷复国称王，就请周市也自立为魏王。周市叹息一声说："天下纷乱的时候才可以看出谁是忠臣。周市我本来就是魏国人，应该访求魏王后人，立他为王，才算是个忠臣。"

恰好听说魏王后人魏咎已经投奔陈胜，现在正在陈县。周市马上派人到陈王那里迎接魏咎。

可陈胜却不肯有那么多王和自己分庭抗礼，不愿放人。周市接连五次

派人请人，总算是接回了魏咎，立他做了魏王，自己做了相国，辅助魏咎。

自此，赵、齐、燕、魏都有人自立为王，加上陈胜占了楚地做了陈王，实际上，当初秦始皇灭掉的六国，除了韩国以外，都复国了。自立为王的将军们，渐渐不听陈王指挥，各自为政了。农民起义的形势正在起变化。

3. 伙夫救赵王

韩广自立为王时，他的家属还都在赵国，所以很担心。谋士对他说："当今天下，陈王最强，尚且不敢加害赵王的家属，他一个赵王又怎么敢加害将军的老母亲呢？请将军放宽心，尽管称王便是。"

果然，赵王武臣得知韩广称王后，急忙和张耳、陈馀商量对策。张耳、陈馀都说，杀一个老太婆，也没什么用处，不如派人送去燕王那儿，倒可以表示双方友好。再找机会，趁他不防备时，攻灭燕也不迟。武臣依计而行，派人把韩广的老母亲和其余家属送还。韩广和家人团聚，非常高兴，款待赵王的使臣，让使臣代为致谢。

武臣又急着要攻打韩广，亲自率领张耳、陈馀，带着兵马，开到了燕赵交界的地方。那边韩广早就得到消息，立即增兵边境，严加防守。张耳、陈馀一看无隙可趁，就请武臣回师，从长计议。

偏武臣想要夺取燕地，哪里肯回师，张耳、陈馀也没有办法。这一天，武臣突然想潜入燕地，探探虚实。主意一定，马上乔装改扮，扮成一个平民的样子，只带了几个仆从，出了营门，偷偷潜进燕国境地。

一进燕地，就看见有燕军士兵日夜巡逻，遇到闲杂人等，都要盘查底细，武臣想要闯过去，却被燕兵拦住，支支吾吾说不清自己是谁。这群燕兵中，有一个是韩广的亲兵，见过武臣，这下马上就认出来了，大声叫道："这就是赵王！快抓住他！"话还没说完，燕兵一齐拥上，七手八脚，把武臣绑了个结结实实。武臣的仆从也多半被杀死，只有两三个人逃回赵营，报讯去了。

张耳、陈馀一听，吃了一惊，立即商量办法，要去救赵王。没有别的办法，因为如果派兵攻打，韩广肯定会以武臣的性命要挟，所以只能派使臣，带着金银财宝，前去说服韩广好赎回武臣。

张耳、陈馀好不容易盼到使臣回来，却听到韩广的苛刻要求：要把赵国的土地割让一半给韩广，才能放了武臣。张耳愤怒地说："我赵国的土地，本来就不大，如果给他一半，还成一个国家吗？"陈馀接口说："韩广本来是赵王的部将，怎么不讲

秦代出土盾牌

一点儿情义？况且，以前还送回他的家属，竟然以怨报德。应该派人斥问他！万不得已，也只能给他一两座城，怎么能给一半土地呢？"

两人实在没有办法，只好再派使臣。可左等不见回来，右等不见回来。于是又派一个，还不回来，再派一个。一直派了十几个使臣，不见回音。又过了几天，总算回来一个人，说韩广把派去的使臣都给杀了，他是好不容易逃回来的。

这下可惹火了张耳、陈馀，恨不得马上发兵，但又投鼠忌器，害怕韩广加害赵王，这可如何是好？两人火烧火燎地急了两天，也没想出好办法。忽然有人来报："大王回来了！"两人一听，又是惊奇又是怀疑，赶紧出营迎接。果然武臣安然无恙地回来了，身后还跟着个小兵。张耳、陈馀连忙拥着赵王进了营帐，询问情况。武臣微笑地说："问他去吧。"随手一指那个小兵。

原来，这个小兵是个赵军的伙夫，只管烧火做饭。他听说赵王被韩广捉了，张耳、陈馀二人手足无措，就对同伴说："我要是去见韩广，包管让赵王安全归来。"同伴都讥笑他说："你难道要去送死吗？那十几个使臣都被韩广杀了，你又有什么能耐，能救出赵王！"这个伙头军也不多辩解，只是换了一身装束，悄悄去了燕军营地。

到了那里，就遇到了燕军的盘查，伙夫说："我有要紧事情要见你们将军。"士兵也不知道这人有什么来头，就带他见了一个燕军的将领。这伙

夫见了燕将，施了一礼，开口问道："将军知道我为何而来吗？"

"你是什么人？"燕将反问道。

"我是赵国人。"伙夫倒也直言不讳。

"既然是赵国人，无非是来做说客，接回赵王罢了，有什么要紧事。"燕将显得很不耐烦。

"将军是否知道张耳、陈馀是什么样的人？"伙夫也不理他，转而问道。

燕将一听，哈哈大笑："听说是两位贤能的人，不过如今恐怕也没办法了。"

"那将军又是否知道他两人的志向呢？"

"也不过是想接回赵王。"

伙夫听完，大笑起来。燕将生气地说："你笑什么！"

"我笑将军不明事理。那张耳、陈馀和武臣一齐北上，唾手而得赵地几十座城。他两人难道就不想称王吗？"

燕将不由得一愣。伙夫接着又说："可是，赵地刚刚收服，论年纪，论资格，论威望，应该是武臣做赵王。所以他二人先立武臣为王，不过是暂时安定民心罢了。如今赵人都归附了，两人就想平分赵国，自立为王。可巧赵王武臣被你们抓住了。这可真是天赐良机，正好方便了张耳、陈馀。表面上派使臣请求归还赵王，暗里巴不得你们把武臣杀了。他们好分地自立。另外，又可以借机派兵攻燕，打着报仇的旗号，赵人肯定奋勇作战，那燕国可就要打败仗了。将军现在还不明白吗？要是中了他两个的奸计，眼看燕国要被赵灭了。"

燕将听了，连连点头，说："这么看来，还是放了赵王为好。"

伙夫说："放还是不放，决定权在燕国。我不敢多嘴。可是为燕国着想，还是放了的好。这样，既可以破了张耳、陈馀的阴谋，又可以使赵王感激燕国。即使张耳、陈馀要攻打燕国，有赵王拦着，又有什么可怕的呢？"

燕将听完，赶紧进去报告了韩广。韩广也觉得很有道理，就放了赵王武臣，以礼相待，给了一辆车，让伙夫驾车送武臣回赵。张耳、陈馀费了半天劲，反不及一个伙头军一席话。真是三寸不烂舌胜过百万雄兵啊。

4. 离间计李良杀赵王

赵王武臣被伙头军救回营后，马上传令拔营起寨，率领部队回邯郸了。

恰巧这时，派去攻打常山的李良得胜凯旋。赵王又命李良率军出征，攻略太原，进军井陉。

井陉是著名的要塞，秦朝派重兵在这里驻守。李良大军刚到吴下驻扎，就有人报告说，一个秦朝的使者求见。

李良不知道这使者为何而来，就接见了他，使者递交了一封信给李良。李良接过一看，信封也没有封口，顺手取出信件。信上说的是如果李良能够叛赵归秦，那么，不但不计较他的过错，还要封他做大官。李良看完信，就犹豫起来。

原来，李良开始就是秦朝的官员。因为在赵地为官，起义军一到，他也不抵抗，就归顺了赵王，这次使者带来书信，答应给他大官做，又让李良动了念头：究竟是留在起义军中了，还是归降秦朝？

可李良哪里知道，这封信根本不是秦朝廷给他的，而是驻守井陉的将军，假借二世皇帝的名义，来诱惑李良，还故意不把信封口，使信的内容便于泄漏。从而使赵王得知，好离间赵王君臣。

李良不知是计，犹豫再三，决定先退兵再说。于是带着人马回邯郸。在离邯郸还有十几里的地方，远远地看见有豪华的仪仗过来，男女仆从一大堆人。李良心想，这样的派头，除了赵王还会有谁？立即跳下马来，跪在道边。那车马很快到了跟前，李良也不敢抬头，跪在那儿说李良见驾。忽然听一个女人声音说："免礼。"李良很奇怪，抬头一看，车上坐的并不是赵王，而是一个衣着华贵的妇人。李良刚要开口问个明白，那车马已经风驰

秦代戈

电掣般远去了。

李良噌地站了起来，问手下："刚才车里坐着的是什么人？"有人认出这是赵王的姐姐，就告诉了李良。李良一听，恨恨地说："赵王的姐姐也敢这样么！"

旁边有个人接口说："如今天下大乱，群雄四起。只要才能出众，就可以称王。将军威武远胜过赵王，赵王对将军也要以礼相待，不敢怠慢。这王姐不过一个妇人，反而妄自尊大，不下车，也不还礼。将军受此大辱，难道不想雪耻吗？"

这几句话，可激怒了李良，越想越气，下令说："快追上那车，把那女人拖下车来，以解我恨。"说着，一跃上马，策马便追。赶了几里地，终于追上了，大声喊道："大胆妇人，快下车来！"有几个侍从，壮着胆子大声说道："这是赵王的姐姐，谁敢放肆！"李良喝斥说："什么王姐！就是赵王在这里，难道也轻视大将吗？"一面说，一面拔出宝剑，砍倒了好几个人。余下的侍从吓得四散奔逃，只剩了个赵王姐姐，孤零零坐在车上，吓得不知如何是好。

李良跳下马来，伸出蒲扇一样的大手，一把抓住王姐，摔在地上。这妇人索性大骂起李良来，李良本来就有气，这下更是怒不可遏，挥起宝剑，一剑砍死了她。

李良知道自己闯了大祸，决定先发制人。趁赵王还不知道，带着人马，一口气进了邯郸。守城的兵士见是李良，当然放行。李良就带着人，冲进王宫。武臣见李良带着人冲进来，不知为什么事，正要问呢，李良的宝剑已经到了胸前，扎了个透心凉。

李良又抓着武臣家眷，统统杀了。又派人杀了诸位大臣，只有张耳、陈馀两个人匆匆忙忙逃出城去。

张耳、陈馀本来有些人望，逃出城后，开始召集人马，要为赵王报仇。才不过一两天，就有了一支几万人的队伍。这时，有人向张耳进言说："丞相和陈将军都是魏人，赵人恐怕不会诚心归附。不如立个赵国后人，由丞相和将军辅佐，打出旗帜，才可扫灭乱贼。"

张耳、陈馀都表示赞同。立了一个叫赵歇的人做赵王。然后，就考虑出兵攻打李良。

可巧李良前来讨战，于是陈馀带着2万人马前去迎战。两军交战不必细说。一场恶仗之后，李良带着残兵败将，逃回邯郸。

李良回邯郸后，唯恐陈馀会来攻城。心想，陈馀来攻，自己肯定支持不住。不如依了那封信，投降秦朝。想到这里，就带着几百个人，到秦将章邯营中，投降了。

四、形势大变起异心，吴广陈胜相继亡

1. 吴广之死

西线的周文，在戏亭轻敌败退回曹阳。还没站稳脚跟，那章邯又带着大兵追了过来。周文拼死抵抗，等着陈王发兵救援。哪里知道陈胜只命武臣发兵，武臣却忙着为自己占地盘，不发一兵一卒。其余的将领也是各谋私利，谁还来救援？周文连战连败，一直退到渑池县境（今河南渑地县），在那里又和秦军相持了10多天。农民军终因粮草用尽，人员匮乏，大败而散。周文也拔剑自杀了。

二世胡亥听说章邯又打了胜仗，又派了司马欣和董翳领着1万多兵，支援章邯。章邯更是乘胜追击，引兵东进，直抵荥阳。

这时的荥阳，被吴广围困已经有几个月，但吴广几次攻城，都没有成功，很是焦急。恰在这时，又传来了周文兵败自杀的消息，更是愁眉紧锁。眼见章邯大军不日即到荥阳，满脸愁容。

吴广的部将田臧、李归

秦代大型无辕弩机

等人，见形势可能要大变，暗生异谋，私下商议道："周文败死，章邯大军很快就到荥阳。我军久攻荥阳不下，如果不想点办法，恐怕章邯一到，和荥阳城里的秦军内外夹攻我们，可就完了。不如留下少量人马，牵制荥阳。一面调集主力，主动迎去秦军，决一死战，也比坐以待毙好。如今假王骄不知兵，只怕不会同意。看来只有除掉他，才好办事情。"

于是，田臧、李归带人来见吴广。一见吴广劈头喝道："陈王有令，假王吴广逗留荥阳，暗中阴谋反叛，应当处死。"说到这儿，不等吴广开口，一刀砍向吴广。吴广当场就死了。

2. 陈胜之死

田臧、李归等人，为了表示仍然忠于陈王，就派出使者到陈县，献上吴广人头，谎称吴广意图反叛。陈胜一看，竟不知如何是好。愣了好一会儿，才想到眼下吴广既死，不管他真反叛也好，假反叛也罢，田臧等人是手握重兵，不能轻视他们。只好顺水推舟，封田臧为令尹、上将军，正式委托他统领荥阳的全部军队。

田臧接到命令后，扬扬自得，也不知天高地厚了，留下李归继续围住荥阳，牵制李由。自己率领主力部队西进，迎击章邯。在敖仓两军相遇，双方展开一场恶战。

章邯久经沙场，身先士卒，带着兵士一马当先突入农民军的队伍，迎面正是田臧，手起一刀，把田臧斩于马下。农民军见主帅阵亡，个个不敢恋战，纷纷逃命。

章邯马不停蹄，一路杀到荥阳。李归听说田臧战死，心里一阵害怕，不得已出营交战，也被章邯劈死。农民军大败而逃。

章邯斩了二将，解了荥阳之围。又和司马欣、董翳一起剿杀起义军。时间不长，陈县以西的几路义军先后遭到失败。

陈王连连接到飞报，章邯的大军终于逼近陈县了。在张楚政权生死存亡的关头，张耳、陈馀等人只想保住自己的实力，谁也不发兵救援。

陈胜亲自率军与秦军交战，面对数倍于己的秦军，起义军浴血厮杀。

但终究寡不敌众，陈胜只得率军退出陈县。

公元前 209 年十二月，陈胜退到汝阳（今安徽阜阳），接着又退至下城父（今安徽亳县东南）。这时，掌管陈王车马的官员庄贾，故意停车不前，还私地里和另外几个人嘀咕什么。陈胜焦急异常，连叫

箭镞范

数声，庄贾竟翻起白眼反唇相讥。陈胜刚要斥责，庄贾竟然抽出宝剑，向陈胜砍去。陈胜没有防备，竟被砍中，倒在车上，庄贾又上去补了几剑。可怜当了六个月张楚王的陈胜，就这么惨死了。

庄贾杀害陈胜以后，也不管他的尸体，连忙写了降书，派人送入秦军营。

曾经响应陈胜起事的秦嘉等人，在陈胜被害之后，便怀着个人目的立了原来的楚国王族景驹为楚王，秦嘉自封为大司马，宋义当丞相，抢占地盘，霸占　方。

在陈王遇害以后，起义军将领吕臣继续高举张楚大旗，同秦军作战。吕臣手下战士，大多是被解放的奴隶，所以叫作"苍头军"（当时称私人奴隶为"苍头"）。吕臣带领着这支英勇作战的苍头军再次攻克陈县，杀了庄贾，为陈王报了仇。陈县城头又飘起义军大旗。

陈胜、吴广作为反秦的先驱者，虽然相继被害，领导起义只有半年就失败了，但他们点燃的反秦烈火并没有熄灭，反而越烧越旺，继续不断地冲击秦的统治。

此时，在南方的会稽郡，造反声势尤其浩大。

第三章　秦朝灭亡

一、大好江山彼可代，项梁项羽起吴中

1. 静待时机

还在秦始皇最后一次巡游时，路过关中，秦始皇的车驾在宽阔的驰道上浩浩荡荡地行进着。

关中的百姓都跑来观看。车驾一过，纷纷跪倒在驰道两旁，都屏住气息，不敢吭声。这时，有一个汉子想看看这秦始皇究竟什么样子，直起身子昂起头，就看见威风凛凛、豪华壮丽的皇帝车驾，不由得心头一兴奋，脱口而出："彼可取而代之！"意思是说他秦始皇虽然是个皇帝，可我却能取代他。他这一句话可吓坏了他身边一个年纪稍长的人，急忙摁低那汉子的脑袋，用手捂住他的嘴，低声喝斥道："在这儿发此狂言，你也不怕丢去了性命！如果别人听到，告到官府，是要诛九族的！"说着，年长者一把拉起那汉子，匆匆离开人群。

说要取代秦始皇的人是谁呢？就是中国历史上鼎鼎大名的西楚霸王项羽。那位年长者是项羽的叔叔项梁。

项梁和项羽本来不是吴中人。他们的老家在下相县（今安徽省宿迁县西南）。项梁是楚国大将项燕之子。项燕被秦将王翦率军包围，兵败自杀，楚国也就灭亡了。项梁身负国恨家仇，常常想起兵报仇。只是因为秦朝还很强大，自己又无权无势，不能起事。

项羽，又叫项籍，是项梁的侄子，因为很小的时候父亲就死了，所以跟着叔叔生活。

项梁教项羽写字，项羽不愿学，又教他剑术，他也不努力练习。项梁很是生气，喝斥项羽说："像你这样文不成武不就，将来如何做得大事？"

项羽一听，昂着脖头说："学写字有什么用，不过会写自己的名字。学剑术倒是有些用处，可只能和一人对敌。又怎么比得上万人敌？我不要学一人敌，要学万人敌！"

项梁一听，立即转怒为喜："好！不愧是将门之后。你既然有志于兵法韬略，我就教你兵法。"从此，项羽就跟着项梁学习万人敌的兵法。

后来，项梁为了躲避仇家，带着项羽到了关中。项梁、项羽本来就出身豪族，加上向来喜欢结交豪杰，在吴中，他二人很快成为当地士大夫的领袖人物。

这一次，秦始皇巡游经过关中，他叔侄二人也前往观看。哪知项羽一句话，吓得项梁赶紧拉着项羽回到家中。当时，项羽已经成年，身高八尺，力气大得能一个人扛起一只大鼎，吴中一带的青年人，没有一个能比得过项羽的。自此以后，项梁、项羽私下里招募了几十个壮士，铸造兵器，静待时机，以便起兵反秦。

2. 起兵吴中

陈胜、吴广在大泽乡起义的消息传来，项梁、项羽叔侄兴奋极了，准备借此机会，起兵响应。

公元前209年九月，会稽郡守殷通，忽然派人来找项梁，请他到府中议事。项梁一到，郡守竟然下座迎接，把项梁引入一间密室，低声对项梁说："陈胜在大泽乡起兵，已经攻下了陈县，天下响应，看来天意亡秦，不可阻止了。我听说先发制人，后发为人所制。我们江东（今长江下游南岸地区）总不能等人宰割。我想趁机起事，不知你以为如何？"这一席话，正中项梁心坎，马上表示极力赞成。

　　殷通见项梁同意，接着说："起兵需要有将领。如今天下将才，莫过你和勇士桓楚。可是桓楚负罪在逃，不在此地。将军在吴中，为人们景仰，肯定能一呼百应，不如将军领兵吧？"

　　项梁回答说："桓楚出逃在外，别人都不知道他在哪儿，只有我侄儿项羽知道。可以让我侄儿把桓楚召来，又是一个好帮手，事情就不会不成功了。"

　　殷通说："既然令侄知道桓楚行踪，那就请他走一趟，去请桓楚。"

　　项梁回答说："好，那明天我带项羽来见您。"说完，起身告辞。

　　回到家里，找来项羽，项梁嘱咐了一番。第二天一早，项羽身上藏着宝剑，跟着项梁去见殷通。

　　殷通见项羽躯干雄伟，浑身豪气，很是喜欢，就向项梁说道："好一位壮士，真不愧是您的侄子。"项梁笑着说："一介武夫，何足过奖。"一边说，一边使眼色给项羽。项羽马上拔出怀里藏着的宝剑，抢上前去，手起剑落，殷通的人头也随之落地。

　　项梁弯腰拾起殷通的郡守大印，挂在腰间。又拎起殷通的人头，和项羽一块儿出郡守府。

项　羽

　　自然有许多郡守的侍从拦阻，可他们又哪是项羽的对手，一会儿就被项羽杀得四散奔逃。

　　项梁召集郡守府里的大小官吏，对他们说："如今秦朝暴虐，郡守专横，所以设计除了郡守，改图大事！"那些人，有的向来景仰项梁，有的却是吓破了胆，无论怎样，都齐声说是。

　　项梁又召集城中父老，说了大概，大家又都是赞成。

这样，项梁就占了城，自封为将军，兼会稽郡守。张贴榜文，招募兵将。很快，项羽就组织了一支 8000 人的队伍。因为这些人都是当地的子弟，所以就称为"八千子弟兵"。

这一天，项梁、项羽正在商议军务。有人来报，陈王的使者求见。

这时候，陈胜已经被庄贾害死了，又哪来的使者？原来，陈胜有一个叫召平的部将，率军攻打广陵。突然接到陈胜死讯，召平担心义军失去了首领，会动摇军心，所以秘而不宣，暂时稳着军心。但他知道自己一支孤军，难以长久支持。因而召平带兵渡江东下，来见项梁。

召平谎称陈王还在，拜项梁为上柱国，要项梁平定江东后，率军西进，攻灭暴秦。项梁信以为真，设宴款待召平。然后，召平带着人回了广陵。

这里项梁、项羽带领 8000 子弟也渡江西行。

二、释劳工斩蛇起兵，大丈夫刘邦如是

1. 刘邦义释众劳役

恰在项梁攻占薛城的时候，来了一位英雄向他借兵。项梁倒也痛快，当下给了这位英雄 5000 兵马、10 员将官。这位英雄道谢而去。

这位英雄是谁？正是后来的汉高祖刘邦。

刘邦字季，泗水郡沛县丰乡（今江苏沛县西）人，父亲在家务农，人称刘太公。刘邦自幼游手好闲，好吃懒做。当地有个卖狗肉的，每逢有好狗肉卖，刘邦就抢来白吃。他边大口吃着，边不断地说："好吃！好吃！"人们见刘邦吃这狗肉吃得这么香，都来买这人的狗肉，倒使卖狗肉的发了财。结果还和刘邦成了朋友。后来，刘邦做了泗水亭长。

亭长这么个小不点的官，管理着些地方治安和民间纠纷的事情，遇到大的事情，都要向县里汇报。因此刘邦常和一班县吏来往，时间一长，就和萧何、曹参及夏侯婴这些人成了好友。

有一年，刘邦奉了县里的委派到都城咸阳出趟公差。刘邦办完公事，就在咸阳城里闲逛了好几天。只见城阙巍峨，街市繁华，车水马龙，好不

刘　邦

热闹，让这小小的亭长刘邦大大地开了一番眼界。在那时，秦始皇还没死，这一天恰巧乘了銮驾，在咸阳巡行。刘邦在一旁踮着脚尖观望，皇帝果然威风八面。刘邦不禁感叹说："大丈夫当如是！"意思是说大丈夫本来就该这样。

过后，刘邦回到泗水，仍旧去做亭长。

不久，县令家里来了一位贵客，当地的豪杰士绅都去道贺。刘邦也大摇大摆地去了。可巧萧何在替主人收贺礼，刘邦冲着他大声说："贺礼一万钱！"说完还真以第一嘉宾的身份坐在了首席。

县令的贵宾吕公见刘邦器宇轩昂，风骨不凡，再加上刘邦的万钱贺礼，所以对刘邦礼待有加。萧何故意在吕公耳边揶揄说："刘季专门爱说大话，恐怕拿不出来。"吕公听了，也不嗔怪刘邦，反倒暗生钦佩。宴席散后，吕公又留下刘邦，要把自己女儿吕雉，嫁给刘邦。刘邦分文未花，大吃大喝了一顿，还得了个貌美如花的娇妻，乐得都找不着边了，满口答应。吕公就选了个好日子，送女儿吕雉过门。

公元前 209 年九月，朝廷颁下诏令，要各县遣送徒役到骊山劳役。刘邦奉命押送一批徒役。一出县境，就逃走了好几个。再往前走几十里，又有好几个不见了。刘邦就一个人，既不能追赶又不能禁止，干脆任他们逃走。

这一天，走到了丰乡西面的大泽乡中，索性停住不走了。恰巧有个酒肆，刘邦就呼酒痛饮，直喝到夕阳西下，也不起身赶路。刘邦借着酒兴，转身对那些徒役说："如果你们到了骊山，肯定是做苦役，不是累死，就给打死。就算侥幸不死，也不能返回家乡，终是难免一死。我今天把你们都放了，大家自寻生路去吧。"

大家听了，个个感激涕零。又担心刘邦会因此招来祸害，就问道："您把我们放走了，您怎么向县里交差呢？"刘邦大笑着说："你们逃走了，我也只能逃了，难道还去报官寻死不成？"

徒役一听刘邦这样说，其中就有10多个壮士觉得刘邦豪爽大度，愿意跟随刘邦。刘邦就领着这10多个人连夜逃走。他们不敢走大路，只拣小路走，一路逃去。

2. 斩白蛇芒砀起兵

刘邦带着那十几个壮士，一路逃走。忽然走在前头的人撒腿往回跑，后面的人还以为遇到官兵，吓了一跳。刘邦上前一步，问道："何事惊恐？"跑过来人的人说："前面有一条大蛇，挡住去路。"刘邦听说，昂然说道："壮士行路，还怕蛇吗？"说着，拔出宝剑，一个人向前走去，才走了几十步，果然看见一条大白蛇，长约数丈。刘邦不但不躲避，反而迎上前去，走近蛇旁，手起剑落，一下就把大蛇砍成两段。

刘邦雕像

当时的人们就编了这样的故事来形容这件事。说有一个老妇人说："我儿子是白帝的儿子。化作白蛇，行至路中，被赤帝之子所杀！"于是刘邦就是赤帝的儿子，是真命天子了。刘邦斩蛇之后，和十几个壮士，跑到芒砀山里潜伏起来。

陈胜、吴广义旗一举，就如晴天霹雳，使许多秦朝的地方官闻之丧胆。沛县和蕲相近，县令恐怕陈胜会派兵来攻打，就想献城，投降陈胜。

萧何、曹参向县令献计说："大人是秦朝的官员，怎么能投降反贼呢？不如召集逃亡的壮士，组织一支队伍，保守城池。"县令依计而行。萧何又向县令进言，说刘邦是一个豪杰。可以辅佐县令。如果赦免他的罪，召他回来，刘邦肯定会感激大人。县令一听有理，就派樊哙去找刘邦。

这樊哙，是沛县人，专靠杀狗为生。妻子吕媭，是吕公的小女儿，吕雉的亲妹妹。

樊哙早就知道刘邦的藏身之处，直奔芒砀山中，见到刘邦，说明来意。这时芒砀山中，刘邦已经招纳了100多名壮士。刘邦听说这是萧何的意思，就带着人和樊哙一块儿向沛县进发。

走到半路，突然碰到萧何、曹参狼狈不堪地迎面而来。两人来到刘邦面前，急忙说："县令突然变卦，怀疑我们请你去是要谋害他，所以下令关了城门，要杀我两个。幸亏我们先得到消息，逃出城来。"

刘邦听了大怒，带着人就杀到沛县城下。城中的百姓早就想响应陈胜，一等刘邦杀到，就冲进县衙，杀死了县令，打开城门，迎接刘邦，并推举刘邦做了沛县县令。按楚国旧称，叫作"沛公"。这一年刘邦已经48岁了。

刘邦正式举行了起兵仪式，所用旗帜都是红色，又让萧何、曹参、樊哙等人招收沛县子弟。

没几天，便聚集了两三千人。刘邦首先攻占了丰乡。设丰乡为丰县，命雍齿驻守。自己则带兵攻打别的县城。没想到，雍齿背叛，刘邦只好回兵攻打。可是兵力不足，攻不下丰县，只好到处借兵。到了留城（今江苏沛县东南），恰好张良带着100多壮士，来投奔刘邦。

这张良就是当初指使大力士投锤刺杀秦始皇的人。他行刺失败后逃到下邳，得到了《太公兵法》，认真研习，尽得韬略之术。其后不久，各地响应陈胜，义军纷起，张良见时机已到，就交结豪士，拉起队伍，扯起反秦大旗。听说刘邦在沛县起兵，就赶来归附。

刘邦见了张良以后，几句交谈就看出张良有着满腹韬略，大有相见恨晚之感。萧何又向刘邦进言，说项氏叔侄在会稽起事，兵多将广，不如向他借兵。刘邦和张良都表示赞同，于是率领人马往薛城而来。

刘邦在项梁那里借了5000人马，回师攻打丰县，赶走了雍齿，留兵驻守。

三、进占彭城得薛城，骄兵必败项梁亡

1.攻占彭城

项梁领着兵马，向西进发。一路之上，看见许多难民，扶老携幼，急急向前赶路。项梁很是奇怪，就下马问了一个难民，难民回答说："听说东阳县令，被大家伙儿杀了，另外推举了一个县令，叫陈婴。陈公为人忠厚，体恤百姓。我们都赶着去他里，求得庇护，免受战乱之苦。"项梁不禁感叹："东阳有这么贤明的县令吗？如果能请他一起攻秦，那可就太好了。"

原来，陈婴平时为人忠厚，为乡人推重。天下大乱后，东阳县的人也聚集起来，杀死了贪虐的县令，公推陈婴做了统领。陈婴推托不过，才勉强答应。于是出榜安民，还埋葬了那个县令。远近的百姓听说陈婴贤明，都来归附，不几天就有了2万多人。大家就要推举陈婴做王。陈婴实在不敢答应，回来禀告老母亲。

陈母摇着头对陈婴说："自从我进陈家的门，就没有听说你们家先人里出过贵人，可见陈家向来寒微。如今只是靠着为人忠厚，才被推为县令。可这忠厚，只能自守其身，哪里能凭它安邦定国。我为你着想，不如选一明主，辅佐他成就大业，倒可以安享富贵。"

陈婴本是个孝子，这回也是听从母亲的吩咐，坚决不称王，只做个东阳县令。

恰巧，项梁派了使者来见陈婴，请他和项梁一起，合兵攻秦。陈婴想项梁叔侄是将门之后，早有威名于世，又是英武绝伦，如果和他联合，成功有望。于是陈婴召集人马，前去归附项梁。

项梁非常高兴，和陈婴合兵后，渡过淮河。这时，又有一位英雄来投项梁，这位英雄不是别人，正是黥布。

这黥布本来不姓黥，而是姓英名布，是六县（今安徽六安东北）人。早年因违犯了秦朝的法律，被处以黥刑（在脸上刺字），所以就叫黥布了。他被判到骊山做苦役，在罪徒中结交了不少至友。在陈胜、吴广起兵以后，

率领伙伴逃出骊山，拉起队伍，同秦军周旋。

鄱阳（今江西鄱阳东）县令吴芮，出于对暴秦的不满，在陈胜起义后，也聚集壮士，举义反秦。黥布便投奔了他。吴芮不仅收留了他，还把自己的女儿许配给了黥布。黥布留了一段时间以后，又拉着队伍攻略江北，正巧在路上遇到了吕臣和他的苍头军。于是两人合兵，攻打陈县，为陈胜报了仇。

收复陈县以后，黥布告别吕臣，率部东去，正好项梁起兵，率军西进。于是黥布就投奔项梁来了，也带来了陈胜已死的消息。

在黥布之后，又有一位蒲将军来投奔项梁。于是，项梁部队有了六七万人，在下邳驻扎下来，派人探听前方的消息。

一日，探子报告说，秦嘉盘踞彭城，不去攻打秦军，反而阻挡我军去路。项梁一听，马上召集将士，说："陈王在大泽乡首先起兵反秦，没有成功，却被人害死。秦嘉本是陈王部将，不想着为陈王报仇，继续反抗秦朝，反而擅自立景驹为王，自封为大司马。不但不抗秦，反倒与义军为难，这样大逆不道的人，理应诛杀。"

一声令下，数万将士就浩浩荡荡杀奔彭城。只一次冲锋，就杀进了秦嘉营垒，杀的杀，砍的砍，个个像下山的猛虎一样。秦嘉自起兵以来，从来没遇到过大敌，突然间遇了项梁的人马，勇猛异常，怎么抵挡得住？只好弃营而去。项梁就率兵追赶，一直追到胡陵，逼得秦嘉无路可逃，只好收拾残兵败将，回头迎战项梁。但是实在是实力相差太多，终落得个兵败身亡，手下兵将也统统缴械，投降了项梁。

还在彭城的宋义，见大势已去，就劝说景驹快快逃命，结果景驹在逃跑中被人杀了。而宋义却向项梁献城了。

项梁进占彭城后，又督率人马攻占薛城（今山东滕州市官桥镇）。

2. 项梁之死

项梁攻占薛城以后，召集部将商议，说："陈王确已身死，楚国不可一日无主，大家看立谁为好？"这话一出，就有几个将领建议立项梁为楚王。项梁沉默好久，才说："大家拥立我，我自当感谢。可我难当此重任，还是另举他人吧！"

正在这时，有人来报："门外来了一位老者，名叫范增，说有要事求见将军。"项梁急令请范增进来。范增进来，对项梁施了一礼。项梁拱手还礼，请范增坐下。问道："老先生远道而来，可有赐教？"

范增回答说："我是一介草民，又年迈昏朽，不足谈论天下事。只是听说将军礼贤下士，所以来见将军，有几句话献给将军。"

项梁高兴地说："敬听赐教。"范增接着说："秦并六国，楚怀王被俘。楚人至今还在怀念楚怀王。如今将军起兵，楚国人都希望灭掉暴秦，为楚王报仇。将军本是楚国名将之后，如果能遂楚人所愿，拥立怀王后代为王，天下豪杰肯定都会敬服将军，前来投奔。如此一来，关中可一举而下了。"

项梁听了大喜，说："我也是这个意思！现在听先生一席话，更当照行！"

范增连声称谢，告辞要走。项梁一把拉住范增，诚恳地说："先生既然来了，何不留在军中，以图大事。"范增也不推辞，做了项梁的谋士。

项梁马上派人寻访怀王之后，不久就找到了楚怀王孙，单名一个心字。项梁当即迎回，接入薛城。恰巧这时，刘邦攻克丰县赶走雍齿之后，回薛城还兵。

于是，项梁、刘邦和众将一起拥立楚怀王孙心做了楚王，仍旧称为楚怀王，封陈婴为上柱国，项梁为武信君。黥布恢复英姓，封为当阳君。项羽为大将军，加封鲁公。只有刘邦仍为沛公。

张良又提议立韩王，恢复韩国，项梁就封韩成为韩王，张良为韩大司徒。拨给人马2000，攻略韩地。张良就领着兵马，辞别项梁、沛公而去。

咸阳古城

经过薛城之会，项梁领导的楚国义军成为反抗暴秦的主力军。

这时，秦将章邯和李由一起，引兵攻魏、齐。齐王田儋、魏相周市联军迎战，项梁也派兵支援。哪知齐魏联军在临济（今河南封丘县东）被秦军劫了营，田儋、周市也死于乱军之中。魏王咎在章邯到魏城后，献城投降。魏王咎自焚而亡。他的弟弟魏豹逃出城外。正好碰上前去支援的楚军，报告败讯。楚军一看救也没用了，就回去禀告项梁。

项梁决定亲自领兵救齐，又派魏豹恢复魏地。项梁在东河大败章邯后，决心分兵西进。派项羽、刘邦攻取城阳（今山东省鄄城东南），自己率主力在濮阳（今河南省濮阳南）大破秦军。

项梁连连得胜之后，心想：秦军已被打得失魂落魄，不堪一击。那章邯也不值一提。逐渐骄傲轻敌，放松了警惕。恰好又遇到连绵秋雨，就在定陶城外驻扎下来。

这时宋义正在项梁军中。他察觉形势不妙，劝谏项梁说："将军连连得胜，威名日隆。可眼下也喜也忧，胜战之将易骄易惰，骄兵则必败。现在楚军每日饮酒作乐，如同不在战场一样。而章邯却几次增兵。如果不加防备，被他偷袭，可怎么办？"

项梁不耐烦地说："先生多操心了。章邯屡战屡败，哪里还敢来？他增兵添将不过为了守营。何况天雨，道路泥泞，他又怎么行军？等天晴了，我就一举发兵灭他。"说完，哈哈大笑。

宋义一看，不愿送死，就讨了个差使，离营而去。

果然，在宋义走后的一个风雨交加的黑夜，楚军正在营中大睡，忽然营外杀声震天，章邯亲自领兵偷袭楚营。楚军没有防备，怎么挡得住？被杀得人仰马翻，血流成河。项梁也在乱军中战死。

四、破釜沉舟战巨鹿，新安杀降二十万

章邯杀死项梁后，认为楚军主帅已死，不足为患了，于是撇开黄河以南的地方，率秦军北上进攻赵国。

此时的赵国可不是战国时代的赵国，而是一支新建立的政权，章邯没费多大工夫就攻下了赵国，赵王歇逃到巨鹿。章邯派秦将王离把巨鹿围了起来，自己则领军驻扎巨鹿南面的棘原。

赵王歇被围，只得派人向楚怀王求救。

1. 斩杀宋义

此时楚怀王正为派谁西进攻打咸阳犯愁，由于项羽急于为叔父报仇，主动请战。但怀王身边几个老臣暗地对怀王说，项羽性子太暴躁，杀人太多，刘邦倒是个忠厚人，不如派他去。

此时，赵国正好来讨救兵，楚怀王就任宋义为上将军，项羽为副将，领6万大军到巨鹿去救赵国。所以项羽不仅没能带兵攻打咸阳，最后还成了副将。

宋义领着大军去救赵，到了安阳听说秦军势大，就命令军队停下，想等秦军和赵军打上一阵，消耗掉一些兵力后，再进攻过去。

这一停就是整整46天，项羽耐不住性子，找宋义说，秦军包围巨鹿，形势危急，我们只要渡河跟赵军里外夹击，一定能够打败秦军。

宋义却和军官们喝着美酒，吃着酱肉说，我们还是等秦军和赵军决战以后再说吧。然后还讥讽项羽道，上阵杀敌，我比不上你，但说坐在帐篷里筹谋，你却拍马都赶不上我。

宋义还就地下了一道明显针对项羽的命令：将士如敢不服指挥者，按军法处置。

这时已经是十一月的天气，北方天冷，又降大雨，楚营里军粮早已接济不上，兵士们都在受冻挨饿。宋义的话让项羽大怒，质问他军营里早没了粮食，但你一停月余，自己喝酒作乐，却不顾军情，不谅将士，这哪里像个大将的样子？

结果自然是被宋义一番冷嘲热讽。

第二天，愤怒的项羽趁着朝会之际，忽然拔剑斩杀了宋义。他提着宋义的头对将士说，宋义背叛大王，我奉大王之命，将他处死。

这些将士大多是项梁的老部下，宋义在他们中本就没什么威信。大家见项羽杀了宋义，都表示愿意听从项羽指挥。

项羽把宋义处死的消息，报告了楚怀王。楚怀王虽然不满，也只好封项羽做了上将军。

2. 巨鹿决战

秦二世二年（公元前208年）十二月，项羽率楚军到达巨鹿县南的黄河（一说为漳水），立刻派遣英布和蒲将军率2万义军渡过河，援救巨鹿。二将渡河后初战小胜，赵将陈馀又催促进兵。接着，项羽率领全军渡过黄河（一说为漳水），命令全军破釜沉舟，烧掉房屋帐篷，只带三日粮，以示不胜则死的决心，以迅雷不及掩耳之势直奔巨鹿，击败章邯部保护甬道的秦军，断绝王离部的粮道，包围了王离军队。项羽的决心和勇气，对将士起了很大的鼓舞作用。楚军把王离的军队包围起来，个个士气振奋，以一当十，越战越勇。经过九次激烈战斗终于打退章邯，活捉了王离，杀死了秦将苏角，秦将涉间举火自焚，其他的秦军将士有被杀的，也有逃走的，围困巨鹿的秦军就这样瓦解了。

当时，各路救赵的有十几路人马，他们害怕秦军的强大，远远扎下营寨，却不敢跟秦军交锋。这时听到楚军震天动地的喊杀声，连忙挤在壁垒上张望。当他们瞧见旗帜鲜明的楚军，一路横冲直撞，径直冲入秦营的情景，吓得伸直舌头，屏住了呼吸。

破釜沉舟

等到项羽打垮秦军请他们进楚营来相见的时候，他们都跪在地上，连头都不敢抬起来。

项羽的神勇吓破了他们的胆，于是他们合计后对项羽道：上将军神威，自古到今无人能出其右，我们情愿听从您的指挥。也从这时起，项羽实际变成了各路反秦军首领。

经过巨鹿之战之后，秦军主力几乎全军覆没，秦朝已名存实亡。它基本上摧毁了秦军的主力，扭转了整个战局，奠定了反秦斗争胜利的基础。项羽破釜沉舟，在各诸侯军龟缩于壁垒中时带头以楚军猛攻秦军，带动诸侯联军歼灭秦将主力，如此的战果令无数后世人对其充满了景仰之情。

3.新安杀降

此时章邯派人来求见项羽，想订和约。项羽召集军官们商议说："部队粮草不多，我想答应他们来订约。"军官们都说："好。"项羽就和章邯约好日期在洹水南岸的殷墟上会晤。订完了盟约，章邯见了项羽，禁不住流下眼泪，向项羽述说了赵高的种种劣行。项羽封章邯为雍王，安置在项羽的军中。任命司马欣为上将军，统率秦军担当先头部队，巨鹿之战结束。

部队到了新安。诸侯军的官兵以前曾经被征徭役，驻守边塞，路过秦中时，秦中官兵很多人对待他们不像样子，等到秦军投降之后，诸侯军的官兵很多人就借着胜利的威势，像对待奴隶一样地使唤他们，随意侮辱。秦军官兵很多人私下议论："章将军骗我们投降了诸侯军，如果能入关灭秦，倒是很好；如果不能，诸侯军俘虏我们退回关东，秦朝廷必定会把我们父母妻儿全部杀掉。"诸侯军将领们暗地访知秦军官兵的这些议论，就报告了项羽。项羽召集黥布、蒲将军商议道："秦军官兵人数仍很多，他们内心里还不服，如果到了关中不听指挥，事情就危险了，不如把他们杀掉，只带章邯、长史司马欣、都尉董翳进入秦地。"于是楚军趁夜把秦军20余万人击杀坑埋在新安城南。

五、子婴设计斩赵高，无兵可用献王朝

项羽在巨鹿大败了王离的秦军，而赶来支援王离的章邯也被随后的起义军重创，这让摇摇欲坠的大秦帝国恍若西山落日，眼见得便要西沉归去。

此时秦朝能够匹敌项羽的，只剩下了章邯的那20多万军马。项羽领

着各路起义军直奔章邯而来。

章邯足智多谋，深知此时气势低迷的秦军不能和气势汹汹的项羽对抗，只好上了一份奏章，向秦廷讨要救兵。

秦二世和赵高看着已是疮痍满目的国家，心急如焚。而这时又接到章邯的求援军报，赵高不但不给章邯救兵，反而要查办他。赵高迫害人的毒辣手段，让章邯彻底断了企盼，在漳污之战中被项羽击败，最终率部向项羽投降。

章邯投降的消息传到咸阳，秦王朝内顿时大乱。

此时是公元前206年，刘邦的人马攻破了武关，离咸阳已是不远。

赵高用指鹿为马之计党同伐异，把持秦国朝政，打那以后，宫内宫外大小官员都害怕赵高，再没有人在秦二世面前说赵高的不是。

面对这溃烂的局面，秦二世吓得直打哆嗦，连忙派人叫赵高发兵抵抗。赵高知道，如果被秦二世知道自己做的那些勾当，在秦廷肯定就混不下去了，于是派心腹把秦二世逼死了。

赵高弑主后，召集秦国大臣，对他们说，现在六国都已复辟，秦国也不能够再挂个皇帝头衔当六国的目标了，应该像以前那样称王，我看秦二世的侄儿子婴可以立为秦王。

赵高说话了，底下大臣连忙表示同意。

子婴便是这大秦朝最后一位统治者，他性格仁爱且节制，如果不是秦皇朝败亡，自然轮不到他登上这王位。子婴自知赵高杀害秦二世后拥立自己，只是因为赵高自己想做王，但又怕大臣和诸侯反对，所以才假意让自己承袭。

子婴并不是一个无胆之人，相反他还有着坚毅

咸阳廊桥

一面。在即位的当天，子婴忽然派人告诉赵高，推说生病不去。都这时候了，赵高自然急不可耐，虽然实权是他掌握，但表面功夫还是要做的，就算病了也要起来先把样子做了。

于是亲自上门催促，就在这时，埋伏在了婴家中的家将，四下冲出，乱刀便将赵高杀死在了府中。

子婴杀死赵高，又将他全家赐死，然后登上王位，派出 5 万兵马守住峣关，抵挡刘邦率领的楚军。

刘邦领军到了峣关，看到这里被秦军重兵守卫，如果强攻必会损失惨重。所以用了张良的计策，派兵在峣关周围的山头上遍插旗子，布作疑兵。然后派出将军周勃带领全部人马绕过峣关正面，从东南侧面杀了进去。

峣关的秦军不知是计，重兵全部集中在正面方向，当发现中计已是不及，被刘邦的军队攻入关内，两面夹攻，彻底消灭。

刘邦的军队攻入峣关，然后一路来到灞上。而此时的子婴手中已无兵可用，颓废的王朝在他的手中并没有发生奇迹，子婴最后选择了投降。

进入咸阳后，刘邦手下的将军们主张把子婴杀死。但是刘邦说，楚怀王派我攻咸阳，就因相信我能待人宽厚。再说，人家已经投降，再杀他也不好。于是，刘邦收了玉玺，把子婴交给将士看管起来。

刘邦虽然赦免了子婴，可子婴却没有逃过项羽的快刀。2 个月后，项羽杀戮秦王宗室，子婴也被杀了。

至此，由秦始皇嬴政建立起来的强大秦帝国，统治了 15 年，在农民起义的冲击下灭亡了。

秦王朝灭亡了，但各地王侯并没有停兵息战，为各自的利益，仍然连年征战。刘邦和项羽也为争夺天下开始了长达 4 年的楚汉战争。

六、秦末二将撑危局，一将战死一将降

1. 李由战死

李由（？—公元前 208 年），秦朝将军。丞相李斯的长子，尚秦公主，

被任命为三川郡郡守，驻守洛阳。

阳城人陈胜、阳夏人吴广起义，一举攻下大泽乡。接着又攻下蕲县，势如破竹。当义军攻下淮阳时，战车已有六七百乘，骑兵千余骑，士卒数万，声势浩大，势不可当。

三川郡郡守李由立即派人飞报丞相李斯："贼军十万已到许县，日夜可达荥阳，城内25000名士卒日夜铸兵器，加固城墙，挖拓城河，防哨巡守。无奈兵力悬殊，存粮也只可用数月。望速派兵增援。"李斯立即向二世呈奏。正在咸阳宫取乐的二世一听，竟吓得丧魂落魄、六神无主。

李由知道形势严峻，就亲自带兵防守。为稳定城内秩序，他组织百姓协助守城，令掌管治安者加强检查，防止奸细混入城内。

第二天黎明，城外鼓角震天，义军潮水般涌到荥阳城下，箭如飞蝗射向守城者，并强渡城河架云梯攻城。李由指挥守城将士勇猛还击，死者的血染红了城河水。

一连几天激战，双方伤亡惨重，义军只得撤回淮阳。《史记·陈涉世家》载："吴广围荥阳。李由为三川守，守荥阳，吴叔弗能下。陈王征国之豪杰与计，以上蔡人房君蔡赐为上柱国。"

李由率3万秦军至雍丘（治今河南杞县），与章邯破荥阳之围以后，又共同击败邓说所率义军，在许城击败义军将领伍余，直抵义军都邑淮阳。

薛城遗址

陈王胜亲自出城督战，无奈秦军李、章指挥得当，上柱国蔡赐战死。陈王东逃到下城父。项梁、项羽率江东义军渡江北上，进至薛城（今山东滕州市官桥镇）。转战于泗水沛县一带的刘邦后来也归入项梁部队。项梁北上救齐赵，于东阿大破章邯所部秦军，之后令刘邦、项羽分别率一支楚军攻秦郡县。

与此同时，赵高却向二世陷害李斯说："丞相长男李由为三川守，楚盗陈胜等皆丞相傍县之子，以故楚盗公行，过三川，城守不肯去。高闻其文书相往来，未得其审，故未敢以闻。"（《史记·陈涉世家》）要求二世派人严查三郡守李由与义军相勾结之事。二世听信赵高谄言，将李斯下狱，并派王明、陈宗正到荥阳严查李由。

李由到雍丘不久，项羽、刘邦就攻破城阳，西攻定陶不下，直扑雍丘攻城。楚军进攻，李由一面派人到濮阳向章邯求援，一面组织军民固守。李由身先士卒，拼命死守。激战到第四天中午，左臂中箭，血流如注。他拔出箭头，包扎好伤口，继续指挥作战。下午城破，李由率秦军巷战。杀到城西门身边只剩下十几个贴身护卫。最终为楚军主帅之一的刘邦部下曹参斩杀。

李由死后，义军将士见他血染战衣，仍手握长矛，怒目圆睁，为之哭泣。前去调查的王明、陈宗正闻听此事，冒死向二世呈奏曰："臣奉诏至关东，查三川郡守李由并无通寇之事。雍丘一战，为国捐躯，忠烈可嘉。"项羽目睹李由惨烈之状，深为感动，令人把李由尸体送回其老家上蔡以葬。

2.章邯败降

章邯（？—公元前205年），秦朝著名将领，上将军。秦二世时任少府，为秦朝的军事支柱，秦王朝最后一员大将。

秦二世二年（公元前208年），陈胜派遣的周文等将领到达戏水，有几十万军队。

秦二世胡亥大为震惊，和群臣商量说："怎么办呢？"少府章邯说："盗贼已经来到这里，兵众势强，如今调发近处县城的军队为时已晚。骊山刑徒很多，希望赦免他们，发给兵器，让他们出击盗贼。"于是秦二世大赦天下，派章邯为将领，受命率骊山（今陕西临潼东南）70万刑徒迎击楚军。章邯大败周文，周文出关，逃至曹阳，章邯追至，击破曹阳。周文再次败走渑池，

古荥阳城墙

10余日后，章邯进击渑池，大破周文，周文自刭。打败了周文，章邯又向荥阳（今河南省荥阳东北）进发。

在陈胜发难于野，诸侯并起，几十万大军逼近函谷关时，章邯临危受命，靠临时组织起骊山囚徒，一败周文之数十万大军，再破齐楚之联军，先败后胜，击败楚军统帅项梁，杀之定陶。

荥阳将军田臧派李归等守荥阳城，自己带精兵往西迎战秦军，在敖仓与秦军大战，田臧战死。章邯继续进兵荥阳城，攻城，城破，李归等战死。

接着章邯又连续破邓说、败伍徐、斩蔡赐、降宋留，迫陈胜遁走至下城父。陈胜命张贺出城西迎战章邯，自己亲自在城楼监战。城西一战，张贺战死。自此陈胜不敢再战，闭关死守。在章邯围城的强大攻势下，腊月，陈胜被自己贴身的车夫庄贾杀死，开城降秦。章邯又进击陈县，攻破吕臣。

章邯出战，屡战屡胜，使秦廷得以苟延残喘。二世胡亥又增派长史司马欣、董翳协助章邯进攻义军。军队向栗县进发，到达栗县，项梁派别将朱鸡石、余樊君和他交战。余樊君战死，朱鸡石军败，逃到胡陵。

章邯包围魏王魏咎于临济，楚将项它、齐将田巴率军救援。章邯击败联军，杀死了魏相周市和齐王田儋，魏王魏咎自杀，魏豹逃跑，章邯又追围田荣。

项梁率军救援田荣，在东阿下击败章邯，章邯向西撤退。楚军在濮阳东再次与章邯交战，又打败了章邯，秦朝发动全部兵力增援章邯，章邯军势复振，守濮阳、环水。刘邦、项羽不与之战，绕过进攻定陶。

项梁自东阿出发，向西进军，到达定陶。章邯在夜间让兵马口中衔枚，攻打楚军，大破楚军于定陶，项梁战死。

在之后巨鹿之战中，秦军被项羽击败，秦军退却。章邯退至棘原驻扎，项羽驻扎在漳水南岸，两军相持，没有交战。

秦二世三年（公元前207年）冬天，赵高做了丞相，朝政专权，谗害忠良。因秦军的退却，二世派人责让章邯。章邯恐惧，派长史司马欣去请示。司马欣到了咸阳，留在司马门三天，赵高不接见，有不信任之意。长史司马欣心里害怕，急忙逃回军中。他怕有人来追杀，没有敢走原路。赵高果然派人追杀他，没有追上。

司马欣到了军中，向章邯报告说："赵高居中用事，下面的人不可能有所作为。如今仗能打赢，赵高必定嫉妒我们的功劳；仗打不赢，免不了被处死。希望将军深思熟虑。"陈馀也送给章邯一封信说："白起为秦将，向南攻拔鄢、郢，向北坑杀马服，攻城略地，不可胜数，而最后竟然赐死。蒙恬为秦将，北逐匈奴，开辟榆中几千里的地域，最终竟然斩于阳周。为什么呢？功劳太多，秦不能按功行封，因此罗织罪名，用国法杀死他们。如今将军为秦将三年了，所损失的士卒以十万计，而诸侯军同时并起，越来越多。那个赵高一向谄谀，为时已久，眼下形势危急，也怕二世杀他，所以打算用法杀死将军，借以推卸责任，另外派人替代将军，以此来摆脱祸患。将军在外时日已久，朝廷中很多人与你有隔阂，有功也是被杀，无功也是被杀。况且天要亡秦，无论是愚笨的人还是聪明的人全都知道。如今将军在内不能直言规谏，在外为即将灭亡的国家的将领，孑然孤立而想长期存在，岂不可哀！将军何不倒戈与各路诸侯联合，签订和约，共同攻秦，割地为王，南向而坐，称孤道寡；这同自己伏砧受戮，妻子被杀，哪个比较好一些呢？"章邯犹豫不决，暗中派军侯始成到项羽营中，想要签署和约。和约没有商妥，项羽让蒲将军昼夜领兵渡过三户津，扎营漳水南岸，与秦军交战，又一次打败了秦军。项羽率领全军士卒在污水上攻击秦军，把秦军打得大败。

章邯派人去见项羽，打算订立和约。项羽召集军吏商量说："军中粮少，

想允许他签订和约。"军吏都说:"好。"项羽就与章邯订期在桓水南岸殷墟相见。已经缔结了盟约,章邯见到项羽,涕泪交下,向项羽诉说赵高的种种行径。项羽就立章邯为雍王,安置在楚军营中,使长史司马欣为上将军,率领秦军为先行部队。

赵高杀死了二世胡亥,立子婴做秦王。《史记》记载,赵高被子婴所杀;北京大学藏西汉竹书《赵正书》则记载,赵高被章邯所杀。

子婴做了46天秦王,楚军打垮了秦军,进入武关。秦朝灭亡。项羽三分秦地,封立3个王,名叫雍王、塞王、翟王,号称三秦。封章邯为雍王,称王于咸阳以西,建都废丘(今陕西省兴平市东南)。长史司马欣,从前做栎阳狱掾,曾对项梁有过恩德;都尉董翳,最初劝说章邯降楚。所以封司马欣为塞王;称王于咸阳以东到黄河一带,建都栎阳;封董翳为翟王,称王于上郡,建都高奴。

汉元年(公元前206年)八月,刘邦用韩信的计策,从古道回军,袭击雍王章邯。章邯在陈仓迎击汉军,刘邦用赵衍之计,从他道攻陈仓,雍王兵败。章邯在好畤停下与汉军交战,又被汉军打败,退保废丘。刘邦随即平定了雍地,向东到达咸阳,率军围困雍王于废丘。

刘邦久攻废丘不下,至汉二年(公元前205年)六月,汉军用计水淹城池而城破,章邯遂拔剑自刎。

第四编

天下一统，封建初成

秦汉时期是结束春秋战国诸侯混战局面的"大一统"时期。这一时期的阶段特征是封建社会形成和初步发展的历史时期，也是当时社会政治从天下大乱到天下初安，社会经济上从停滞倒退状态到初步恢复发展的时期。政权总体稳定，但仍有不安定因素；经济算不上繁荣，只能说是恢复良好；和平多于战争，民族关系总体上和睦友好。由于国家统一，生产发展，各民族间政治经济联系得到加强，科技文化也得到一定程度的发展。

第一章　先秦时期

一、僻在雍州占关中，地理优势立不败

1. 地理位置

秦人始居陇山以西今甘肃省东部，与戎人杂居错处，远离中原。周王室东迁之后，秦人才逐步东进，历经若干代人的努力，到秦穆公时，终于征服了关中。此后，直到秦惠文王取巴蜀（即今四川）之前，长达近 300 年间，

秦直道遗址

秦国的国土一直大致稳定在今陕西关中地区。这一区域位于当时华夏文明区的最西端。司马迁说秦国是"僻在雍州"，唐代杜佑则说"关中寓内西偏"。现代学者说秦国是"于称雄诸侯中独僻居住于西北"，外国历史学者也描述说："秦远处于华夏大家庭之西，孤立于其他各国之外。"

秦国向西、向北这两个方向发展，有广阔的国土拓展空间。农业经济时代，生产力水平相对低下，一个政权占有土地面积愈大，统治区域内人口愈多。秦国的南部是富饶的巴蜀之地。秦国对比东方六国，突出的地理

地形优势有二：一是位居高原，控扼黄河上游，对整个东方有以高凌下之势。二是周围山围水绕，外敌难以入侵，未战而先立于不败之地。

2. 统治区域

秦国的北、西、南二面都没有强敌。秦的西方是广漠的半干旱草原，散布着一些落后的部落，华夏各国称之为"戎"。秦自非子受封之后，一直在与诸戎争斗不止。秦人的著名首领秦仲甚至为戎所杀。平王东迁之后，秦人逾陇山向东方关中发展。当时关中诸戎杂处，秦人实际上是从诸戎手中逐步夺取土地。至秦穆公时，秦人基本上占领了整个关中，继之东进受阻，遂勠力西向开拓疆土，于是"西戎八国服于秦"。在这以后戎人已经无法构成对秦国的真正威胁。

二、政治地位有高下，世族客卿与外戚

1. 世族地位不高

就政治地位而言，秦国的公族与东方诸侯国中的公族截然不同。春秋秦国的卿大夫中有百里奚、蹇叔、公孙枝、由余、王豹，武有孟明视、西乞术、白乙丙，均为外来人才，未曾见一位公族，外交活动中也只有小子愁一人出现于《左传》中。另外，封邑乃是世族形成的最根本的政治资本，而秦国群公子所受分封远没有东方各国那样普遍。

秦国分封直到战国时期才开始多起来，而且大多数都是分封给有功之臣，如商鞅封于商，魏冉封于陶，范雎封于应。在战国时期秦国的 25 位封君中，异姓大夫占了 19 位，公族仅占了 6 位。这说明，直至战国时期，秦国的公族在政治上仍然没有太多的权利。不仅如此，秦公子还时时受到国君的约束，当秦景公之时，秦公子鍼因为受先君之宠而富，"或谮之，恐诛，乃奔晋"，直到景公去世之后才敢回国。长期受世族困扰的晋平公对于公子鍼的这种行为很不理解，竟问道："后子富如此，何以自亡？"在晋平公看来，作为公族的公子鍼应该和晋国的世族一样享有众多特权，不会轻易被驱逐出境的。直到春秋末期，世族制度才走向衰落。

2.客卿占据重要地位

秦国的客卿在春秋战国时期最为典型，重用外来人才是秦国政治的一大特征。关于这一点古代学者就有所论述，宋人洪迈在《容斋随笔》卷二"秦用他国人"中就说："（秦）卒之所以兼天下者，诸人之力也。"清人洪亮吉在《更生斋文甲二》中也认为："春秋时列国皆用同姓，唯秦不然。"当然春秋时期晋国、齐国也是重用异姓卿族的，而秦国也有公族出将入相的，但是客卿对秦国的发展所作出的贡献是毋庸置疑的。据杨宽先生考证，战国时期秦国的主要封君中，绝大部分都是有功的客卿，比如商鞅被封于商，范雎被封为应侯，吕不韦被封为文信侯等等。应该说秦国客卿与东方诸国客卿都是享有较高地位的政治群体。

3.外戚登上政治舞台

秦国的外戚是秦国最小的政治群体，但却是最为特殊的。秦国外戚具有官僚和君主外亲的二重性身份。在春秋战国时代外戚参与政治并不是秦国所独有的，但却只有秦国形成了外戚政治并一度垄断了国家权力。外戚登上政治舞台一个重要原因是当时还没有完善的官僚体制特别是人才选拔制度。

三、强大军队靠军制，劳师远征靠后勤

1.军制严明

秦的兵役制度一个显著的特征就是全民皆兵，秦代服兵役的年龄是从17岁到60岁，这就是说一个男子一生当中有43年时间要去服役，可见其负担的沉重。作为一个小官吏也要从军服兵役，由此说明秦国兵役制度不只是针对普通百姓而言，下级官吏也需服役，可见，整个秦国可算得上是全部男子都需要服兵役，为实现秦的统一而奋战。除此之外，老人、妇女、小孩也要从役，据《汉书·严安传》记载："丁男被甲，丁女转输。"《商君书·兵守》记载："三军：壮男为一军，壮女为一军，男女之老弱者为一军，此之谓三军也。"根据清人梁玉绳的统计，秦在统一过程中，共计斩杀六国166.8万人，与此同时，秦国自己的兵力也会大大受损。在统一战争中，

秦军也遭受到许多次战役的失败，再加上正处于战争年代，生产力和医疗水平极其低下的情况下，人口的出生率与死亡率是不能成正比的。

为建立起一支英勇善战、能赢得统一战争胜利的强大军队，秦制定了严明而系统的训练管理制度。在吴子《治

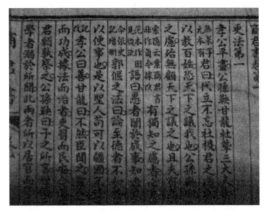

《商君书》书影

兵》中记载了当时军队训练的具体方法：如一人学战，教成十人；十人学战，教成百人；百人学战，教成千人；千人学战，教成万人；万人学战，教成三军。以近待远，以逸待劳，以饱待饥，圆而方之，坐而起之，行而止之，左而右之，前而后之，分而合之，结而解之。每变教习，乃授其兵，是为将事。可以看出秦军队训练形成了一定的体系，有专职教官负责训练，并且不同兵种有着不同的训练任务与要求。与此同时，秦国统治者还制定了严厉的军事刑罚来保证军队训练有效进行。

2. 后勤保障

秦国为了吞灭六国实现大一统的愿望，建立完备的后勤保障制度是必不可少的。秦王发布优惠政策，招三晋民众来秦，免除他们三代的徭役赋税，秦境内的山林水泽十年不收赋税。秦人在外打仗，新民在国内进行耕作，解决了军粮供应的问题。这样一来，既不耽误农业生产，也不妨碍发兵去征伐他国，是富国强兵一个两全其美的好办法。秦统治者还制定了一系列规范和严格的畜牧业管理制度。

四、土地赋税与工商，垄断经营获利多

1. 土地制度

周平王东迁以后，王权日益衰落，周王室对土地的控制权也随之衰弱。

诸侯与周之间、诸侯之间、诸侯与卿大夫之间、大夫之间展开了一场激烈的争夺田地的斗争。这种持久的斗争，使春秋时期形成了土地国有制及其下的私人占有制的二重结构。

秦国商鞅变法的核心内容之一，是实行土地国有化。其途径：一是国家取消分土而守的封侯、采邑制，代之以郡（商鞅变法时秦国尚未设郡级）县制，重新以新军功"家次"来"名田宅"，并命令宗室等无军功者不得属籍。二是国家通过"集小乡邑聚为县""壹山泽"等措施，完成了村社土地所有权的集中和垄断。秦国在实行普遍土地国有制的背景下，国家政府机构直接经营管理大部分土地，而通过授田（即庶民份地授田和军功份地益田等方式）将小部分土地转归私人占有和经营使用。商鞅变法后，秦国国有土地数量大，质量优，由中央内史（后为治粟内史）统摄。国营土地的收益成为国库收入的主要财源之一。秦国国营土地分为三种：一是农业耕地；二是苑囿、牧场、草地；三是山林川泽等自然资源。秦简《仓律》中有五条关于国营耕地管理的立法。秦国对国营耕地有系统的管理办法。国家指定了国营耕地的种子，规定了耕种方法，政府使用刑徒等来统一耕作。国营耕地的收益交给国库，而不入王室，由总理全国财政的内史统一掌握。秦国各级政府圈占了村社牧场、草地，并设官分职专门管理。秦国对山林川泽实行国家专利政策。

秦国自商鞅变法至统一六国，一直实行多种形式的国家授田制，由国家向农民统征赋役，既税地又税人。秦国的授田制，以户口为依据，即普通庶民士伍只要立户名国版，便可享有国家定期授予的田宅。国民一般都能获得国家授予的 100 亩田地。秦国政府规定，土地不属于国民的私有财产，国民对授田不得进行买卖，不得进行典质、抵押。政府还督促国民勤奋耕种田地，对懒惰者要进行处罚。秦国的国家土地所有权，以租税合一的形式来实现。秦民无论贵贱贫富、土地多寡，对国家的租税负担是统一的，没有此轻彼重的现象。

2. 赋税政策

秦国于公元前 408 年实行"初租禾"，开始课收实物田租。秦国以个人占有田地的数量而不是以人口的数量作为征收田租的标准。由国家按照一定估产和比例统一规定一个固定租额征收租税。每年九月，交租者必须将粟谷、刍稿送达一定地点，而政府不计其脚力运费。秦国山林、川泽约占国土的1/3，是可供开发的宝地。按照当时的观念及律令，山泽及其出产物鱼、盐、蜃、蛤等水产品及金、银、锡、石等矿产品都是国君的财富，自然要向百姓征收山泽税。

公元前348年，秦国"初为赋"，开始对一些赋税统一制定常制。赋的征收，以户为单位，故称为"户赋"，以后又改为"口赋"。秦国对封君列侯只划给封邑，而不给俸禄，即国家以其地内土地、民众的赋税改归封君以充俸禄。秦国在惠文王之后，赋的征收形式是钱和布，但以钱为主。早在商鞅变法之初，秦国田租就成为广大农民的繁重负担，造成了"士戚而民苦"。而商鞅变法之后，秦国租赋日益加重。民众除了应对常征田租和户赋之外，还要忍受部分地方官吏的任意非法聚敛。商鞅变法后，秦国设有专门的《傅律》，规定了有关"傅"的各项制度。秦国兵役的征发，早就严重地影响了秦国的农业生产，严重地影响了百姓的生活质量。在秦国的租赋徭役制度中，赋重于租，徭役又远重于租赋。随着占有地盘的扩大和战争的增加，秦国对百姓的徭役也不断加大，徭役制度也不断败坏。

3. 重农抑商

商鞅变法，着力改变当时国民弃农经商、"事商贾，为技艺，皆以避农战"的现象，颁布命令："僇力本业，耕织致粟帛多者复其身；事末利及怠而贫者，举以为收孥。"对致力于耕织者给予免除徭役的优待，对经商及荒怠农业者没为官奴婢。同时，加重关市之税，不许商人贩卖粮食，商人的奴仆必须服徭役，以迫使商人弃商归农。政府对任何不利于农业的经济活动都要打击，对任何有利于农业的经济活动都要鼓励。秦国政府对农业税征收实物，并且税率比较轻。同时加重关市之征，加重酒肉之征，对游惰之人也课以重税。战国时代，修建了郑国渠、都江堰等水利工程，进一步促使农业生产发展。

4.国家独占经营

战国初期，秦国经济比较落后，商品经济的发展也比其他国家迟缓。秦国在秦献公七年（公元前 378 年）才"初行为市"，开始发展商品经济。不久，秦国将都城自雍（今陕西凤翔）迁至栎邑（今陕西临潼），西接戎狄，东连三晋，大大便利了商品经济的发展。

秦国工商管理政策规定，由国家独占山林川泽之利，实行盐铁专卖，禁止民间私铸货币。中央设少府"掌山海池泽之税，以给供养"，设"左采铁""右采铁"管理采矿冶铁。铸币业由各级政府控制，禁止民间私自铸钱。秦国对外来商人采取较为优厚的管理政策，以加强物资交流。秦国对外来商人实行"布吏制度"，即外邦来的商人入境，必须以符传谒见主管官员，经批准后才能从事贸易活动。尽管秦国法律苛严，但对外来商人的处治却比较轻。秦国法律禁止秦国民众与外来商人进行珠玉交易。法律还禁止官吏私自经商牟利等。

手工业以冶铜和制陶最为发达。发明了铬盐氧化处理兵器的新工艺；建筑材料颇具特色，瓦当更是精美的艺术品。

5.货币政策

战国秦钱多随军事而流布，与六国商用流通者绝少，故多发现于秦军经略六国之通路。如由秦入蜀之"金牛道"，由秦入楚之"商於道"，由秦入韩魏之"易阳道"等，故钱重而流布范围甚小。钱型多为大钱（钱径在 3 厘米以上）。在陕西咸阳、四川茂汶等地也发现了秦国时期的半两，四川青川战国墓出土了七枚半两。秦灭六国后，废除各国的布币、刀币等旧币，将方孔半两钱作为法定货币，中国古货币的形态从此固定下来了，一直沿用到清末。

五、嬴秦文明始姬周，科技发展手工业

1.嬴秦文化

秦国文化主要来自姬周文明。纵观秦文化的发展，早期由于秦偏在西陲，与中原诸国交往较少，周文化对秦的影响在西周初年即已开始。在秦

306

文化的发展中，真正与周文化发生重大偏离的是在战国中晚期，秦孝公以后，法家思想在秦得到贯彻和施行，秦国政、俗为之一大变。人们所说的秦"刻薄寡恩""尚首功""虎狼之国""贪狼强力，寡义而趋利"（《淮南·要略》）的这些特征，正是产生于这一阶段。至此，秦的文化（制度）已走向了一条与周文化不同的道路，到战国晚期，秦文化已发展成一种极端的文化，形成了以法治为基础的严厉特征。

（1）崇拜。

和周人不一样的是，嬴秦人的"上帝"崇拜多为泛神泛示，以上帝为代表的诸神，自然界的动物、植物及鸟类都是他们的祭拜物。有人以此认为，当时嬴秦的宗教水平只能是处于一个"低层次上"，"世俗性"很强，"综合地反映了秦文化的混合特质，秦族固有的游牧民族多神教和西戎文化是秦文化的基础"，在《汉书·郊祀志》中，把它和东方的齐鲁分为两大宗教体系。其实在嬴秦这里，所谓的"世俗性"，正是关注自我的表现，这也正是嬴秦宗教崇拜的一大特征，并且处处体现出日常生活情况，和东方诸国体现的"帝王将相"完全不一样。文献记载中，嬴秦人的多神崇拜还是比较简单的，材料也不是很多，也仅是片言只语。

（2）祭祀。

畤祭是嬴秦的一种特殊的祭祀方式，只是由于文献记载不多，前人对于其祭祀过程、祭祀时需要些什么、目的是什么等等都不是很了解，所以对畤祭研究得不多。据《史记》司马贞"索隐"："畤，止也，言神灵之所依止也。……谓为坛，以祭天也。"明显的，这是嬴秦的一种祭天的仪式，实际上，在周人的祭祀中，也有祭天的仪式，但是很少看到有畤祭的记载。或者就是没有这种祭祀的仪式。

（3）尚黑。

秦国人崇尚黑色。上至王公贵族下至平民百姓，甚至杂役奴仆全都穿着以黑色为主色系的衣服。朝堂之上的大臣们清一色都是黑色衣服。就连朝堂的装修风格也有别于其他国家的金碧辉煌，而是以黑色为主色调。

秦代尚黑色，军旗是黑底白字

在东汉历史学家编纂的《汉书·律历志》中曾有这样的记载："今秦变周，水德之时。昔文公出猎，获黑龙。此其水德之瑞。"这段话的意思是说，早年秦文公外出打猎时，曾经捕获过一条黑色的龙。而这正是五行之中水德的象征。因此，秦国统治者认为自己是水德，崇尚水。而在五行中水德对应的标志颜色是黑色。所以，从春秋战国时的秦国开始一直到一统天下的秦帝国，就都崇尚黑色。所谓五行、五德学说是战国时期齐国的阴阳家邹衍提出的学术观点。主要指金木水火土代表五种德性。这五德周而复始，循环运转，用来解释王朝的兴衰更替。

秦国的军旗为黑色，第一是文化的原因，水德之君对应的就是黑色。第二，黑色的军旗便于隐蔽，耐脏。秦始皇统一中国以后，就把黑色定为秦朝的国色。

2. 秦国科技

嬴秦境内，矿产资源丰富，玉石、丹砂、铜、铁等储量十分丰富，为冶炼兵器、制造战具提供了有利条件。在手工业生产方面，嬴秦的青铜器生产到春秋晚期就已经和南方的青铜器制造形成鼎立的局面。另据最新的考古资料表明，在秦地发现了春秋时代的铁器，这在当时的诸侯国中还是比较早的。中原地区目前所见最早的人工铁器是河南三门峡市上村岭虢国大墓，时代是春秋早期。除此之外发现的铁器都是在秦国地区，主要有陕西陇县边家庄春秋早期秦墓，出土铜柄铁剑一件；甘肃灵台景家庄春秋早期秦墓出土铜柄铁剑一件；凤翔雍城春秋晚期偏早秦公一号大墓出土铁铲、铁插等；凤翔雍城马家庄春秋中晚期宗庙建筑遗址出土铁插；宝鸡益门村春秋晚期偏早秦墓出土铁器23件。这几批出土的铁器中，甘肃灵台景家庄春秋早期秦墓出土铜柄铁剑、宝鸡益门村春秋晚期偏早秦墓出土的铁剑经过检验是块炼铁渗碳钢。秦公一号墓和雍城马家庄的铁器是生铁铸件。和中原诸国相比，秦国的铁器不仅数量多，时代也都比较早，可见当时秦国铁器冶炼和使用水平还是很高的。

秦公一号大墓

另外，夏、商、周三代中原地区使用黄金的数量很少，似乎是习俗不喜黄金。相反，在嬴秦地区，近年出现了很多的黄金制品，主要有甘肃礼县被盗掘的秦公大墓出土了一批棺饰金箔制品；礼县大堡子山秦公大墓西汉水对岸的赵坪遗址出土有金柄铜剑等金器；凤翔春秋晚期秦公一号大墓在盗掘之余还出土了金带扣等金器；凤翔马家庄春秋中晚期秦宗庙遗址祭祀坑出土金马具等饰品；宝鸡益门村 M2 春秋晚期秦墓出土金器 204 件组，重量达 3.15 公斤。所出土的金柄铁剑的柄部饰有蟠螭纹、兽面纹，纹饰上的目角用绿宝石和原始的玻璃珠镶嵌。

六、李冰父子夺天工，天府之国都江堰

1. 修建背景

号称"天府之国"的成都平原，在古代是一个水旱灾害十分严重的地方。李白在《蜀道难》这篇著名的诗歌中"蚕丛及鱼凫，开国何茫然""人或成鱼鳖"的感叹和惨状，就是那个时代的真实写照。这种状况是由岷江和成都平原"恶劣"的自然条件造成的。

岷江出岷山山脉，从成都平原西侧向南流去，对整个成都平原是地道的地上悬江，而且悬得十分厉害。成都平原的整个地势从岷江出山口玉垒山，向东南倾斜，坡度很大，都江堰距成都 50 千米，而落差竟达 273 米。

李冰父子

在古代每当岷江洪水泛滥，成都平原就是一片汪洋；一遇旱灾，又是赤地千里，颗粒无收。岷江水患长期祸及西川，鲸吞良田，侵扰民生，成为古蜀国生存发展的一大障碍。

都江堰的创建，又有其特定的历史根源。战国时期，刀兵蜂起，战乱纷呈，饱受战乱之苦的人民，渴望中国尽快统一。适巧，经过商鞅变法改革的秦国一时明君贤相辈出，国势日盛。他们正确认识到巴、蜀在统一中国过程中特殊的战略地位，"得蜀则得楚，楚亡则天下并矣"（秦相司马错语）。在这一历史大背景下，战国末期秦昭襄王委任知天文、识地理、隐居岷峨的李冰为蜀郡太守。李冰上任后，首先下决心根治岷江水患，发展川西农业，造福成都平原，为秦国统一中国创造经济基础。

2. 修建过程

秦昭襄王五十一年（公元前 256 年），秦国蜀郡太守李冰和他的儿子，吸取前人的治水经验，率领当地人民，主持修建了著名的都江堰水利工程。都江堰的整体规划是将岷江水流分成两条，其中一条水流引入成都平原，这样既可以分洪减灾，又可以引水灌田、变害为利。主体工程包括鱼嘴分水堤、飞沙堰溢洪道和宝瓶口进水口。

（1）宝瓶口的修建过程。

首先，李冰父子邀集了许多有治水经验的农民，对地形和水情作了实地勘察，决心凿穿玉垒山引水。由于当时还未发明火药，李冰便以火烧石，使岩石爆裂，终于在玉垒山凿出了一个宽 20 米，高 40 米，长 80 米的山口。因其形状酷似瓶口，故取名"宝瓶口"，把开凿玉垒山分离的石堆叫"离堆"。

之所以要修宝瓶口，是因为只有打通玉垒山，使岷江水能够畅通流向东边，才可以减少西边的江水的流量，使西边的江水不再泛滥，同时也能解除东边地区的干旱，使滔滔江水流入旱区，灌溉那里的良田。这是治水患的关键环节，也是都江堰工程的第一步。

（2）分水鱼嘴的修建过程。

宝瓶口引水工程完成后，虽然起到了分流和灌溉的作用，但因江东地势较高，江水难以流入宝瓶口，为了使岷江水能够顺利东流且保持一定的流量，并充分发挥宝瓶口的分洪和灌溉作用，修建者李冰在开凿完宝瓶口以后，又决定在岷江中修筑分水堰，将江水分为两支：一支顺江而下，另一支被迫流入宝瓶口。由于分水堰前端的形状好像一条鱼的头部，所以被称为"鱼嘴"。

鱼嘴的建成将上游奔流的江水一分为二：西边称为外江，它沿岷江河雨顺流而下；东边称为内江，它流入宝瓶口。由于内江窄而深，外江宽而浅，这样枯水季节水位较低，则60%的江水流入河床低的内江，保证了成都平原的生产生活用水；而当洪水来临，由于水位较高，于是大部分江水从江面较宽的外江排走，这种自动分配内外江水量的设计就是所谓的"四六分水"。

（3）飞沙堰的修建过程。

为了进一步控制流入宝瓶口的水量，起到分洪和减灾的作用，防止灌溉区的水量忽大忽小、不能保持稳定的情况，李冰又在鱼嘴分水堤的尾部，靠着宝瓶口的地方，修建了分洪用的平水槽和"飞沙堰"溢洪道，以保

飞沙堰

证内江无灾害，溢洪道前修有弯道，江水形成环流，江水超过堰顶时洪水中夹带的泥石便流入到外江，这样便不会淤塞内江和宝瓶口水道，故取名

"飞沙堰"。

飞沙堰采用竹笼装卵石的办法堆筑，堰顶做到比较合适的高度，起一种调节水量的作用。当内江水位过高的时候，洪水就经由平水槽漫过飞沙堰流入外江，使得进入宝瓶口的水量不致太大，保障内江灌溉区免遭水灾；同时，漫过飞沙堰流入外江的水流产生了游涡，由于离心作用，泥沙甚至是巨石都会被抛过飞沙堰，因此还可以有效地减少泥沙在宝瓶口周围的沉积。

为了观测和控制内江水量，李冰又雕刻了三个石桩人像，放于水中，以"枯水不淹足，洪水不过肩"来确定水位。还凿制石马置于江心，以此作为每年最小水量时淘滩的标准。

在李冰的组织带领下，人们克服重重困难，经过八年的努力，终于建成了这一历史工程——都江堰。

3. 名称来历

关于都江这一名称的来源，《蜀水考》说："府河，一名成都江，有二源，即郫江，流江也。"流江是检江的另一种称呼，成都平原上的府河即郫江，南河即检江，它们的上游，就是都江堰内江分流的柏条河和走马河。《括地志》说："都江即成都江。"从宋代开始，把整个都江堰水利系统的工程概括起来，叫都江堰，才较为准确地代表了整个水利工程系统，一直沿用至今。

七、韩非王霸法术势，法家集成《韩非子》

韩非（约公元前280—公元前233年），战国时期韩国新郑（今河南郑州新郑市）人。先秦法家思想集大成者，政治理论家。他总结前人的思想，提出了一整套法、术、势相结合的法治理论。

公元前246年，嬴政还是秦国国君的时候，一个大臣送给他一册竹简。嬴政展开一看，是几篇关于怎样治理国家的文章，他被那些精彩的论述吸引住了，饭也顾不上吃，一口气把它读完，然后叹息一声说："我从来没有读过这么好的文章，如果我能见到作者，和他交个朋友，就是死了也甘心啊！"

这个让秦始皇如此仰慕的人就是韩非，子是对他的尊称。韩非是战国时期韩国的公子，著名的思想家，法家学派的代表人物。当时思想界出现了百家争鸣的局面，儒家和法家都是很有影响力的学派，两家的思想分歧很大，经常发生激烈的争论。儒生们认为，人类最理想的时代是古代，按古人的方法治理国家，天下才会太平。一天，一个头戴高帽的儒生来找韩非辩论，他问韩非："尧、舜、禹、文王、武王的时代都是太平盛世，为什么不按先王的方法治国呢？"韩非说："上古时期，猛兽很多，有巢氏教人们住在树上，但是到了夏朝，如果有人再住在树上，人们就要笑话他了。"

接着韩非又给儒生讲了一个故事："宋国有一个农夫，看见一只野兔撞死在一个树桩上，他把野兔捡回去美美地吃了一顿，从此他就不再种田了，每天守在树桩旁等着野兔来撞死，结果野兔没有捡到，田地也荒废了。"讲完故事，韩非说："时代变了，治国的方法也应该改变，否则不是和那个农夫一样傻吗？"

当时的秦国非常强大，不停地发动战争，想吞并其他国家。韩国和秦国相邻，面对秦国的威胁，韩国从国君到百姓都感到很不安。看到这种情况，韩非多次向韩王提议进行政治改革。韩王每次听完韩非的理论，都会大大赞扬一番，但却从来不按他的方法去做。

嬴政读了韩非的文章，非常想见到他。大臣李斯说："韩非是韩国的公子，我和他一起在荀子门下读过书。大王要见他，只要派使者去韩国把他召来就是了。"

嬴政大喜，立即派使者去韩国请韩非。韩王这才意识到韩非的价值，他不舍得把这么好的人才送给秦国，就拒绝了嬴政的要求。嬴政立刻派出10万大军包围了韩国的都城宜阳。韩王害怕了，只好交出韩非。嬴政见到韩非，非常高兴，一连几天谁也不见，单独和韩非在一起，听他阐述政治见解。嬴政经常向韩非请教一些多年没有想明白的问题，韩非的见解常常

让他茅塞顿开。

李斯见嬴政如此重视韩非，心里嫉妒起来。他知道自己的才能不如韩非，韩非在秦国时间长了，地位肯定会超过自己，要保住自己的地位，唯一的办法就是除掉韩非。一天，李斯对嬴政说："韩非是韩国的公子，心里终究是向着韩国的，如今大王要兼并诸侯，韩非恐怕不会真心实意为秦国着想。"

嬴政觉得李斯说的有道理，就想把韩非送回韩国。李斯又说韩非是很有才能的人，如果把他送回去肯定对秦国不利，要杜绝后患，最好把韩非杀了。嬴政不想杀韩非，也不想放他回去，就把他关了起来。韩非想找嬴政申辩，但李斯百般阻挠，不让他见嬴政。在韩非绝望之际，李斯派人给韩非送来一碗毒酒，韩非就在狱中服毒自尽了。韩非死后，嬴政用他的法制思想治理国家，使秦国越来越强大，最后吞并六国，统一了天下。

韩非将商鞅的"法"、申不害的"术"和慎到的"势"集于一身，是法家思想的集大成者。《韩非子》是后人收集整理韩非所著的文章而编纂成的著作，共55篇，10万余字。在体裁上，有论说体、辩难体、问答体、经传体、故事体、解注体、上书体等七种。辩难体与经传体为韩非首创。该书呈现了韩非极为重视唯物主义与效益主义思想，积极倡导君主专制主义理论，目的是为专制君主提供富国强兵的思想。

韩非子继承和总结了战国时期法家的思想和实践，提出了君主专制中央集权的法家实践理论。他主张"事在四方，要在中央；圣人执要，四方来效"（《韩非子·物权》），国家的大权，要集中在君主（"圣人"）一人手里，君主必须有权有势，才能治理天下，"万乘之主，千乘之君，所以制天下而征诸侯者，以其威势也"（《韩非子·人主》）。为此，君主应该使用各种手段清除世袭的奴隶主贵族，"散其党""夺其辅"（《韩非子·主道》）；同时，选拔一批经过实践锻炼的封建官吏来取代他们，"宰相必起于州部，猛将必发于卒伍"（《韩非子·显学》）。韩非子还主张改革和实行法治，要求"废先王之教"（《韩非子·问田》），"以法为教"（《韩非子·五蠹》）。他强调制定了"法"，就要严格执行，任何人也不能例外，做到"法不阿贵""刑过不避大臣，赏善不遗匹夫"（《韩非子·有度》）。他还认为只有实行严刑重罚，人民才会顺从，社会才能安定，封建统治才能巩固。韩非的这些主张，反映了新兴封建地主阶级的利益和要求，为结束诸侯割据，建立统一的中央集权的封建国家，提供了理论依据。

改革图治，变法图强，是韩非思想中的一大重要内容。他继承了商鞅"治世不一道，便国不法古"的思想传统，提出了"不期修古，不法常可"的观点，主张"世异则事异"，"事异则备变"（《五蠹》）。

韩非子注意研究历史，认为历史是不断发展进步的。他认为如果当今之世还赞美"尧、舜、汤、武之道""必为新圣笑矣"。因此他主张"不期修古，不法常可""世异则事异""事异则备变"（《韩非子·五蠹》），要根据今天的实际来制定政策。他的历史观，为当时地主阶级的改革提供了理论根据。

《韩非子》是韩非的代表著作，共20卷。全书由55篇独立的论文集辑而成，里面的典故大都出自韩非。除个别文章外，篇名均表示该文主旨。其学说的核心是以君主专制为基础的法、术、势结合思想，秉持进化论的历史观，主张极端的功利主义，认为人与人之间主要是利害关系而仁爱教化辅之，强调以法治国，以利用人，对秦汉以后中国封建社会制度的建立产生了重大影响。该书在先秦诸子中具有独特的风格，思想犀利，文字峭刻，逻辑严密，善用寓言，其寓言经整理之后又辑为各种寓言集，如《内外储说》《说林》《喻老》《十过》等即是。

《韩非子》总结了前期法家的经验，形成了以法为中心的法、术、势相结合的政治思想体系。尤可称道的是，韩非子第一次明确提出了"法

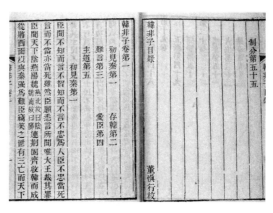

《韩非子》书影

不阿贵"的思想，主张"刑过不避大臣，赏善不遗匹夫"。这是对中国法治思想的重大贡献，对于清除贵族特权、维护法律尊严，产生了积极的影响。

　　韩非子的文章构思精巧，描写大胆，语言幽默，于平实中见奇妙，具有耐人寻味、警策世人的艺术风格。韩非子的文章说理精密，文锋犀利，议论透辟，推证事理，切中要害。韩非子还善于用大量浅显的寓言故事和丰富的历史知识作为论证资料，说明抽象的道理，形象化地体现他的法家思想和他对社会人生的深刻认识。在他的文章中出现的很多寓言故事，因其丰富的内涵，生动的故事，成为脍炙人口的成语典故，至今为人们广泛运用。

第二章 统一时期

一、幅员广阔疆域广，国祚日短无外交

1. 领土面积

秦兼并六国后的疆域到达长江流域以南的地带。秦朝初立便北击匈奴收河套，又派遣屠睢率领 50 万秦军平定百越，疆域面积迅速扩展，达 340 万平方公里左右，全盛疆域东起辽东、西抵高原、南据岭南、北达阴山，为西汉巩固汉地奠定基础。

2. 行政划分

秦朝建立之后，秦始皇采纳丞相李斯的建议，取消西周时期流传下来的分封制，国家管理上推行单一的郡县制，废诸侯，立郡县，分天下为 36 郡；其后南并五岭以南之南越地，置南海、桂林、象郡 3 郡，北取阴山以南地置九原郡，之后陆续分析出东海、恒山、济北、胶东、河内和衡山等郡，数目增加至 48 个。

3. 外交制度

秦朝的政治制度前面已有详细介绍，这里着重谈一谈外交制度。

中国的皇帝制度创于秦始皇。从秦朝起，皇帝拥有至高无上的权力，皇帝就是国家，国家属于皇帝。国家利益，说穿了就是皇家利益。任何国家对外政策是以国家利益为基础的，在封建专制社会，就是以皇家利益为

基础的。纵观自秦至清2000多年的封建君主专制，说对外政策是为统治阶级或剥削阶级服务的过于笼统，说是为民族利益服务的更不科学。对封建社会，民族利益与皇家利益有一致的时候，但这并不能掩盖皇家利益高于民族利益的事实。实际上，"六合之内，皇帝至上"。国家是皇帝的私产。由此可见，封建君主制度下的国家利益与皇帝利益是一致的，而国家利益与民族利益却不尽相同。封建政权的对内对外政策，都是以皇帝利益为基础的。

秦朝，皇帝既是国家元首，又是行政首脑，还是军队总指挥，内政外交一切政务皆由皇帝总揽，"天下事无大小皆决于上"（《史记·秦始皇本纪》）。皇帝的喜怒哀乐，直接影响对外政策的制定，主可怒而兴师致战，亦可喜而柔远和亲。秦始皇统一中原后，本应与民休息，安国图强，但他随心所欲，好大喜功，发30万军队北击匈奴，发50万人修筑长城，再发50万军队南征诸越，害得天下"财匮力尽"，"内外骚乱"，最后使秦"二世而亡"，足见封建社会对外政策的制定存在着制度上固有的缺陷和弊端。

秦设丞相一职，只是皇帝的参谋，丞相只能打着"以皇上社稷江山为重"的旗号劝说皇帝，对外决策权仍然掌握在皇帝手里。相卿等重臣也参与谋策。

秦朝建立了"百官之职"，对外决策机构是以皇帝为主的三公体系。三公都是皇帝的协理，他们是丞相、太尉（军事）、御史大夫（掌群臣奏章）。对外具体事务的分工是：

奉常：掌礼仪。

典客：掌民族事务与诸侯朝聘。

典属国：掌边疆属国（"蛮夷降者"）。

秦朝是短命的朝代，对外交往来不及全面展开。史书没有明显介绍过秦正式派遣使节到境外，秦始皇命徐福、卢生入海，只是为求得仙丹妙药，而无政治动机。

二、三军强大军容盛，青铜兵器说秦剑

1. 军队建制

维持一个大国的统一，还需要强大的军队。秦军以灭六国的余威，驻守全国，南北边塞，是屯兵的重点地区。秦制以铜虎符发兵，虎符剖半，右半由皇帝掌握，左半在领兵者之手，左右合符，才能调动军队。这是保证兵权在皇帝手中的重要制度。秦军是一支前所未有的巨大的震慑力量。发掘的秦始皇陵侧的兵马俑坑，估计其中两坑有武士俑7000件，战车百乘，战骑百匹。武士俑同真人一样高大，所持武器都是实物而非明器。这种车、步、骑兵混合编组的大型军阵，其规模之大，军容之盛，是秦军强大的表征。

秦朝的军队分三个部分，即京师兵、郡县兵、边防兵。京师兵，由于任务不同，分三个系统：郎中令管辖的侍卫官，包括贝（钱财）选、荫任、军功特拜而产生的传中、中郎等，有俸禄，主要负责殿内值勤、从皇帝。卫尉管辖的皇宫警卫兵，由郡尉县尉管辖。平时训练，并兼管地方安全，战时奉调出征、因所处地理环境的不同，又分为材官（步兵）、骑士（骑兵）、楼船士（水军）三类。大体北方、西北方多骑士，山丘陵地带多材官，江淮及沿海多楼船士。有的郡既有材官，又有骑士。

边防兵，指边郡骑士、材官、边郡屯兵和边塞戍卒。边郡骑士或材官，是本地服兵役的止卒。屯兵是集中驻扎的机动作战部队，由朝廷派遣的将军统率，如蒙恬曾长期领兵屯于上郡。戍卒包括轮番服役的各郡正卒和谪发的官吏、商人及农民。除分散担任警戒、候望任务外，还构筑维修军事工程。兵种区分，秦军分为步兵（含弩兵）、车兵、骑兵和水兵种。步兵称材官，有轻装与重装之分，前者无甲，持弓、弩远射兵器；后者上体着甲，持戈、矛、戟之类长兵器。着甲持弓、弩者称弩兵，是步兵的主力。车兵仍然装备单辕双轮四马木质车，每车3人，皆着盔甲，御者居中，甲士2人分立两侧，持戈矛类长兵器。骑兵称骑士，着短甲，执弓箭，所乘之马有鞍，无鞍镫。水军称楼船士，具有一定规模。秦始皇陵兵马俑坑的

布阵表明，步兵数量较多，是主要兵种，车兵仍是重要作战力量，骑兵尚处于从属地位，弩兵具有较大阵容。作战中，车、骑、步、弩大体混编列阵，配合而行。

2. 先进兵器

在那些英武的兵马俑身上，可以看到2000多年前秦国军队的磅礴气势。在冷兵器时代，战争的两大要素一是军队，二是兵器。在秦统一六国中，武器的胜出是攻城略地必不可少的因素之一。

秦兵马俑坑出土的武器绝大多数是青铜兵器，达4万余件。铁兵器数量极少，总共只有铁矛1件，铁镦1件，铁铤铜镞2件，出土的铁质兵器仅占俑坑出土兵器总数的万分之一。这说明战国中晚期后，虽然铁器已在农业生产中广泛使用，但由于武器对铁质的要求过高，依照当时的冶铁水平，还处在块炼铁和生铸铁的阶段，这两种铁的硬度和强度均不够，不宜大规模制作兵器。而青铜在当时使用已经非常广泛，故秦人大量使用改良合金配比的青铜兵器，把中国青铜冶炼工艺推向了一个新的里程碑。

秦军的兵器无论品质或是生产力都比前代有长足的提升，几乎囊括了当时盛行兵器的所有种类，既有以往常见的戈、矛、戟、剑、弩、殳、铍和铜镞等，也有首次发现的长铍和金（吴）钩。有些兵器上还有完整的铭文。按其功能可分三类：第一类是短兵器，有剑、金钩；第二类是长柄兵器，有矛、戈、戟、铍、殳、铍等；第三类是远射程兵器，有弩、弓等。这些兵器都是铸造成型。它们的主要成分是铜、锡、铅，另外还有微量的镍、镁、铝、锌、铁、硅、锰、钛等元素。

古人在长期的青铜冶炼实践中，直观地认识了合金成分、性能和用途之间的关系，总结出了"六齐"规律。所谓"六齐"，是对于六类不同的青铜器物采用六种不同的铜、锡配比。对此，战国末期齐国人所著的《考工记》中关于"六齐"的记述，是世界上最早的合金配比规律的科学总结。人类第一次通过自觉地控制铜、锡成分配比，获得了性能各异并且适合于不同用途的合金材料。从出土的兵马俑各种青铜兵器的合金比分析，与《考工记》中的"六齐"配比基本相符。说明秦国在当时已非常懂得吸收与利用他人的长处为已所用，并把这种配比规范化，如俑坑中出土的青铜剑，含锡量均在18%—21%，很接近中碳钢调质处理后的硬度。

秦国军队当时号称步兵百万，战车千乘，骑万匹，所需兵器数量极为庞大，因而武器制造的保障机制就显得尤为重要。

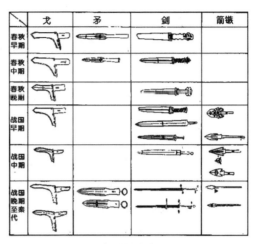

	戈	矛	剑	箭镞
春秋早期				
春秋中期				
春秋晚期				
战国早期				
战国中期				
战国晚期至秦代				

秦兵器演变

秦人的做法，就是让武器生产制度化、模具标准化和工艺流程规范化，并用法律加以约束。《秦律十八种·工律》明确记载："为器同物者，其大小、短长、广亵亦必等。"在秦俑坑中出土的所有同类器物都是如此。如兵器中的铜弩，各个弩机上的同一部件都可以互换。又如青铜镞的头部是三棱形的，三个面和三个棱被加工成抛物线，基本相等。对镞的三个面放大20倍，发现同一个镞的三个面误差小于0.15毫米，不同镞的误差，小于0.2毫米，这样的精度标准是很高的。与法律相配套的是推行"物勒工名，以考其诚"的奖罚办法，要求兵器上都要刻上制作年代、机构、督造者以及具体制作者的名字，这样工匠的聪明才智得到充分的施展和肯定。

俑坑中出土的兵器均未生锈，是因为当时已具备有效的防锈技术。用电子探针和激光技术分析，青铜兵器表面有一层铬盐氧化层，这种现象在兵器中普遍存在，说明这不是偶然因素造成的，而是有意进行工艺处理后形成的，从而起到良好的防锈作用，使兵器光亮如新，锋利无比。正是因为在严格的制度管理下，秦王朝把当时最为纯熟的青铜制造技术运用到兵器生产上，才使统一六国战争有了足够的武器保障，并创造出兵器史上一个又一个奇迹。

3. 锋利秦剑

秦始皇兵马俑一、二号坑所出土的青铜兵器，最让人着迷的——首先要数锋利坚韧的秦青铜长剑。柳叶状剑身的秦剑，又细又长又尖，长度均在81—94.8厘米，远远超出战国时期其他诸侯国的宝剑（长度一般在50—65厘米）。

回顾中原铜剑的发展历程，剑身不断地加长。当其初起之时，剑长只有二三十厘米；至春秋战国之际，长度普遍达到50—60厘米左右；战国晚期，一些剑超出了70厘米，最长达75、76厘米，秦代，关中秦剑的长度更上新台阶，超过了80厘米，最长者将近95厘米。

秦剑的造型是一个宽、窄、宽、窄、束腰的造型，前面是剑尖儿，呈阶段性的，由厚、薄、加厚、薄到剑尖，阶段性递减，这种设计使秦剑受力部分得到加强，而又保持一定的弹性，同时剑身又不过于沉重。

青铜剑在技击格斗中，首要功能是刺杀敌人、穿透对方的铠甲，劈砍、划拉只是辅助功能而居于其次。比对手的剑长出近30厘米的秦剑，在格斗中显然更容易刺到对方，这很可能是秦剑加长的主要原因。但是，这毕竟是青铜剑，秦人用什么方法让长剑不易折断呢？

在青铜时代，铸剑的关键是在冶炼时，向铜里加入多少锡。锡少了，剑太软；锡多了，剑硬，但容易折断。对秦剑做的化学定量分析显示：它的铜锡配比让青铜剑的硬度和韧性结合得恰到好处。作为青铜剑铸造工艺的最后巅峰，秦剑的长度、硬度和韧性达到了几乎完美的结合，攻击性能也因此大大增加。

秦式铜剑不仅长，而且很锋利。一些剑出土时毫无锈蚀，光洁如新，锋刃

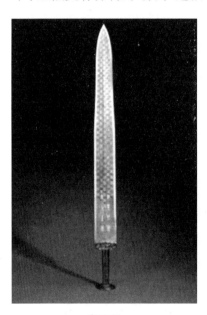

秦国剑

锐利。经试验，一次尚能划透 18 层纸。这些剑表面都呈灰黄色，组织细密，没有砂眼。而且剑身表面都进行了精细的锉磨、抛光，故极为平整光亮。

秦剑剑身特长，剑茎（柄）也相对很长。秦俑一、二号坑出土的青铜剑，其剑茎长度多在 17—20 厘米左右。根据秦剑的长度、重量和技击实用功能推测，秦剑多数为双手使用（双手剑在某些时候单手使用亦可）；少数剑茎较短者可能是单手剑。

三、秦都栎阳徙咸阳，法天象地宫庙群

1. 秦都咸阳城

秦都咸阳最初兴建于今咸阳市东渭城区窑店镇，其后扩展到渭河南岸的今西安市范围。从位置上看，咸阳较栎阳偏西。秦人都城由栎阳向西转移到咸阳，是经过认真比较后做出的重要选择，咸阳在地理条件、交通位置、军事形胜方面较栎阳确实具有很大的优势。

从地理条件上分析，栎阳处于石川河西岸，地势稍低，周围多"泽卤之地"，生活生产条件不甚理想。而咸阳位于关中平原的中心地带，倚北山而临渭水，原隰相间，田野开阔，河川环绕，水源丰沛，有营造大都市的优越自然条件；渭水南岸更有大片早已开发的良田沃土，是一个物产富饶的天府之国，更兼山川秀丽，草木繁盛，可供游乐，为咸阳后来的发展提供了广阔的空间地理条件。咸阳初建于泾渭之间，而后扩展到渭河南岸，东有灞浐，南有潏滈，西有沣涝，八水分流，横贯环绕。咸阳原与龙首原南北夹峙渭水，高敞宽广，对咸阳城的营建与布局影响很大。咸阳原位于渭河与泾河之间，据《元和郡县图志》，"原南北数十里，东西二三百里"，原面开阔。龙首原又叫龙首山，长 60 里，呈南北走向，南起樊川，北至渭水南岸，《水经注》谓秦时有条黑龙从终南山出来，到渭河边饮水，其经过的地方形成了一条土山，形状如龙。龙首原由多条横向土岗组成，最北侧的一条土岗似龙头高昂，在今西安市北部，故又有单指此为龙首原者。秦时宫殿盛行高台基址，故咸阳原与龙首原就成为秦都咸阳宫殿建筑的密

栎阳城遗址

集之处，咸阳原上分布有咸阳宫、仿六国宫、兰池宫，龙首原上建筑有章台、兴乐、甘泉、信宫及阿房诸宫。

从交通位置上分析，栎阳处于渭水以北，距离渭水还有一段距离，无法控制渭河航运，固然它正当东越黄河通往三晋的大道上，北趋戎翟也很便利，可是由栎阳去函谷关却不那么便当，东南去武关则更显得迂远。随着对魏争夺河西之地重要性的下降，时过境迁，栎阳难以保持都城的地位是理所当然的。咸阳正位于东出函谷与西去雍陇大道的渭河渡口上，直接控制着贯通关中平原东西的主干道，东出函谷关，与诸雄逐鹿中原更加近便，这条交通线对秦统一全国具有决定性意义。咸阳还控制着东南翻越秦岭到达荆楚的武关大道，可以与强楚争夺中南的战略要地，对其统一全国有重要作用。与此同时，咸阳在东向三晋与北通戎狄两方面的交通优势并没有削弱，在渭北跨黄河至三晋的蒲关道是经过咸阳附近的，而北越泾河趋向鄂尔多斯也很方便。后来秦始皇为北逐匈奴，修建北至九原（今内蒙古包头市西）的道路名曰直道，南面直通咸阳城。还应看到，沿渭河东下黄河的漕运码头也在咸阳附近，因咸阳上游的渭河水浅沙多，已不太适于航行。总之，咸阳正当水陆津要，为关中的交通枢纽，"天下辐辏，并会而至"，具备有进退战守的军事意义和立国守城的政治作用，无疑符合营建照顾全局的大都市的条件。

在军事形胜方面，栎阳位居平原，近郊少险可凭。而咸阳山环水绕，平原与河流构成一道道天然军事防线，如东南近郊骊山、铜人原、白鹿原与戏水、灞水等自然川原，其旁的戏亭、鸿门、芷阳、灞上等皆成为屯军御敌的重要场所。论其近郊攻防地形条件，整个关中内部无出其右者。

还应看到，咸阳在西周旧都丰镐近旁，周人以丰镐为根据地统一天下，并建都于此，治理全国数百年，秦人也认为"此帝王之都也"，建都于此处有一种心理优势。还有，从秦孝公与商鞅这些变法革新者的角度思考，雍都是贵族旧势力盘踞的旧都，又偏处关中西部，而栎阳是献公东争河西营建的临时都邑，建立新都咸阳可以完全摆脱旧势力，避免其干扰，减少改革的阻力，更便于新法的迅速推广。更为重要的是变法者标新立异，希望营建一个新型的地主阶级都市，而这种宏伟的都市蓝图应该放在崭新的土地上进行设计描绘，正可谓一张白纸好画最新最美的图画。确实，商鞅在咸阳大筑冀阙，营建高台宫殿，进行里亭规划，都与雍都、栎阳完全不同。可以说，迁都咸阳不仅是秦人变法自强的结果，更是商鞅继续深入变法的一个环节。

由于咸阳所在地区的自然环境在关中最为优越，故秦人在变法图强、有志中原之时把都城选定于此。这与周人有志东进灭商由周原迁居丰镐所走过的路线基本相同。稍有不同的是周人直接迁往渭河南岸的丰，而秦人初以渭北为建都基础，其后才逐渐扩向渭河南岸。这当然是与秦人迁都咸阳时的历史背景有关。当时秦人虽走上变法富强之路，在对魏国的战争中居于主动进攻的有利位置，但魏国占据的河西大片领土仍未夺回。秦在关中仍有强敌驻扎于东北方的渭河北岸，时刻要对这些魏军有所攻防准备，定都渭北和栎阳一样可以照应黄河西岸，故不能贸然渡渭。而周人之所以直接迁居渭南乃因为其关中的敌对势力主要集中于渭水南岸，如此更容易直接对敌。

2. 咸阳宫庙建筑群

皇帝居住、处理朝政与礼制性事务的宫庙建筑是秦都咸阳的主体，其中见于典籍而又有大致位置可考者为咸阳宫、章台、兴乐宫、甘泉宫、仿六国宫、兰池宫、极庙（信宫）、阿房宫等。它们坐落于渭水南北，形成三个成群分布的宫庙建筑区，即渭北以咸阳宫为中心的北阪宫殿区，渭桥南侧章台、兴乐宫、甘泉宫、极庙等组成的宫庙区，渭南上林苑中新建的阿房宫宫殿区。咸阳宫庙的整体布局基本是按照"法天象地"的思想来设

咸阳宫

计的，而其内部结构又是封闭的。本节论述咸阳宫庙的整体布局思想、结构特征，并以在各宫庙中发生的重大事件说明其历史地位。

（1）"法天象地"的宫庙布局。

秦都咸阳宫庙的布局完全是按照"法天象地"的思想来设计的，根据《史记·秦始皇本纪》，秦始皇二十七年（公元前220年），"作信宫渭南，已更名信宫为极庙，象天极"。极庙为始皇帝生前的宫庙，象征着天上的天极星座。天极星即北极星，群星拱卫而最为尊贵，故《史记·六国年表》又称极庙为"太极庙"。秦始皇采用邹衍的阴阳五行说，开始把天上的星座与地上的君臣相比附。按《史记·天官书》，"中宫，天极星"。《索隐》引《文耀绚》："中宫大帝，其精北极星。"天极星在天球的中央，是中宫大帝之精，也是世俗皇帝在天宫的代表。

秦始皇三十五年（公元前212年），作阿房宫。《史记·秦始皇本纪》载："为复道，自阿房渡渭属之咸阳，以象天极阁道绝汉抵营室也。"《三辅黄图》也说：秦始皇筑咸阳宫，"以则紫宫，象帝居。渭水贯都，以象天汉；横桥南渡，以法牵牛"。以2200年前夏历十月傍晚6—8时的今西安市顶120度视角的天象印证，秦都咸阳附近的宫庙阁道建筑与天河星象在平面上极为相近，说明上述记载并不虚妄。

在咸阳城的规划中，咸阳宫象征着天上的"紫宫"，也是天极所在。"紫宫"即紫微垣，位处北天中央位置，故又称中宫，北极居其中，众星四布以拱之，也可称作天极。冬夜，以北极星为中心的紫宫在银河北部，为大之中央。《晋书·天文志》曰："紫宫，大帝之座也，天子常居也，主命主度也"，是主宰宇宙的"天帝"所居；地面上，咸阳宫在渭水北岸，为主宰人间的天之骄子——皇帝所居，以其为中心，各宫庙环列周围形成拱卫之势，构成"为政以德，譬如北极，居其所而众星拱之"的格局，与天上的"紫宫"遥相对应。其后中国历代的皇宫皆有"紫宫"之称，又因皇宫有城垣且禁人出入，故人们常称之为"紫禁城"。

渭河象征着天上的银河。银河又称天河、天汉。冬季初夜，横亘天际，各个星座分布于河中及其两岸，璀璨夺目。地面上，渭河东西横穿咸阳，南北两岸宫庙台苑建筑错落有序，与天上群星上下交辉，垂直相映。

渭桥象征着天上的阁道星。据《史记·天官书》："紫宫……后六星绝汉抵营室，曰阁道。"阁道六星位于紫微宫之后，在银河中南北排成一条直线，横跨银河。位于咸阳宫南部渭河上的桥梁，后代称横桥，秦昭襄王时创建，始皇帝又有扩建，横贯南北，并通过复道、阁道建筑把地面上的咸阳宫与阿房宫连接起来，正像天上的阁道星连接紫宫与营室一样。《晋书·天文志》谓："阁道星，天子游别宫之道也。"明确说明了阁道星的性质，也正与上述史籍所载形势相符。

阿房宫象征着天上的营室星。营室在飞马星座内，在银河以南，阁道南偏西处，也是帝王之居。《晋书·天文志》："营室二星，天子之宫也。一曰玄宫，一曰清庙。离宫六星，天子之别宫。"地面上的阿房宫位于渭河南岸，渭桥南偏西处，与天上的营室垂直相对。

每年十月的黄昏时分，营室星正当南中天，北极星巍然不动，银河居中东西横贯其间。此时天空中的星象格局正好对应于地上渭水两岸的咸阳宫殿布局，紫微垣对应咸阳宫，银河对应渭水，营室对应阿房宫，天上的

西安渭桥

阁道星对应横跨渭水的横桥与复道，周围的宫殿也灿若群星，拱卫皇居。此时天地融为一体，天上的群星与地上的宫殿交相辉映，时空达到最完美的结合。这种法天布局使秦都咸阳成为具有磅礴气势与瑰丽景象的宇宙之都，充分表现出大一统秦帝国与日月同辉，与天地同在的不可一世的绝世风范。

（2）北阪宫殿区。

渭水以北咸阳原南部边缘地带现在仍存在着二三十处秦代夯土建筑基址。分布范围西自窑店镇毛王沟，东至柏家嘴，长约12里；北起高干渠，南至咸铜铁路，宽约4里。这里是秦都咸阳的北阪宫殿区，名著史册的咸阳宫、仿六国宫、兰池宫等构成了本宫殿区的主体。

咸阳宫是最早兴修的"先王宫廷"，历代秦君尤其是始皇帝都对其进行过维修与扩建，使其成为一个庞大的宫殿建筑群。其结构是大宫套小宫，至少要包括帝王举行朝仪的朝宫、寝宫，后妃居住的宫室，内廷官署及府库等附属性建筑。此外，秦昭襄王接见赵主父的六英宫、秦始皇经常处理政务的曲台宫，宫殿重要而位置不明，有学者推测也可能为咸阳宫的宫中之宫。在今咸阳市渭城区窑店镇东北侧，考古人员探测出一个长方形的宫城，西墙紧压在窑店去韩家湾的13号公路上，东墙在姬家道，南北墙分别位于牛羊沟的原上与原下。南墙长 902 米，北墙残长 843 米，西墙长 576 米，周长为 2956 米，墙基宽 5.5—7.6 米，距地表深 1.4—2.2 米。咸阳宫宫城内分布有 8 外大型的宫殿建筑基址，已经发掘了其中的 3 个，从地理位置、建筑布局和出土器物的特征看，这三处宫殿建筑似为咸阳宫的一部分，但还不是主体建筑，还没有见到足以容纳百人议事的大型殿堂。多数遗址尚未发掘，原下基址已夷为良田，无遗迹可寻，看来要恢复咸阳宫的全貌是不容易的。

咸阳宫是秦都咸阳最重要的宫殿。秦定都咸阳，它就一直作为历代国君的大朝之地，秦统一前后许多重大政治活动就发生在这里。据《史记·刺客列传》，秦王政二十五年（公元前 222 年），燕太子丹派壮士荆轲入秦，以献督亢之地图诈降。"秦王闻之，大喜，乃朝服，设九宾，见燕使者咸阳宫。"荆轲上殿奉图奏秦王，"图穷匕首见"，荆轲右手持匕首左手把秦王之袖，欲劫之使还六国之土。秦王挣脱，拔腰中宝剑，却因剑长无法拔出，只得绕殿中铜柱而逃，荆轲追之。满朝群臣惊慌失措，按秦法，侍殿上之臣不得持尺寸之兵器，而武装卫士皆在殿下，非有诏不得上殿。是时侍医夏无且以其所携药囊击荆轲，而秦王听从左右的提醒，从背后把剑拔出，砍断荆轲左腿。荆轲掷匕首以刺秦王，可惜未中，乃倚柱而笑，英雄就义。咸阳宫正殿上演出的这场惊心动魄的荆轲刺秦王的历史剧，令人回肠荡气。

秦统一全国初期，秦王政尚较为开明，能实行所谓的廷议制度，一些国家大事先由以丞相为首的群臣与博士反复讨论，然后由秦王裁定。当时一系列巩固大一统局面的中央集权制度都是在咸阳宫朝廷上这样制定出来的。据《史记·秦始皇本纪》，秦始皇二十六年（公元前 221 年），秦初并天下，令臣下曰："今名号不更，无以称成功，传后世。其议帝号。"丞相、御史大夫、廷尉"等谨与博士议曰：古有天皇，有地皇，有泰皇。泰皇最贵。臣等昧死上尊号：王为泰皇。命为制，令为诏，天子自称曰朕"。秦王政自谓功过三皇，德超五帝，裁定改泰皇为皇帝，且除谥法：

"朕为始皇帝，后世以计数，二世三世至于万世，传之无穷。"其后不久，丞相王绾因诸侯初破，燕齐楚地远，建议"请立诸子"，实行封邦建国之制，始皇帝并未独裁，而是"下其议于群臣，群臣皆以为便"。独廷尉李斯不以为然。秦始皇以为"廷尉议是。分天下以为三十六郡，郡置守尉监"，完全废除了分封制，在全国实行郡县制。皇帝制与郡县制就这样在咸阳宫中诞生了，也奠定了中国2000余年中央集权国家政治体制的基础。

秦始皇晚年陶醉于一连串的胜利之中，"以为自古莫及己……天下之事无小大皆决于上"，在政治与文化上开始转变为极端专制。咸阳宫廷也成为焚书坑儒等残暴事件的指挥部。秦始皇三十四年（公元前213年），"始皇置酒咸阳宫，博士七十人前为寿"，仆射周青臣当面歌功颂德，以为始皇帝"以诸侯为郡县，人人自安乐，无战争之患，传之万世。自上古不及陛下威德"。博得始皇帝龙颜大悦。而博士齐人淳于越不仅看不惯这种阿谀奉承，而且当廷非议所实行的郡县制度，谓"事不师古而能长久者，非所闻也"。始皇令群臣讨论并听从李斯建议，颁布了"焚书令"与"挟书令"，即"史官非秦纪皆烧之，非博士官所职，天下敢有藏诗书百家语者，悉诣守、尉杂烧之。有敢偶语诗书者弃市。以古非今者族。吏见知不举者与同罪。令下三十日不烧，黥为城旦。所不去者，医药卜筮种树之书"。这就是中国历史上著名的焚书事件。次年，始皇用卢生计策，把各宫殿用封闭的复道、甬道、阁道连接起来，其行踪绝不许向外人泄露，"自是后莫知行之所在。听事，群臣受决事，悉于咸阳宫"。后来因为在咸阳城的文学诸生非议朝政，而术士又求仙药不成，秦始皇大怒，"于是使御史悉案问诸生，诸生传相告引，乃自除。犯禁者四百六十余人，皆坑之咸阳，使天下知之，以惩后"。这就是骇人听闻的坑儒事件。焚书坑儒开了专制王朝摧残文化、迫害知识分子的先例，给我国古代文化事业造成了巨大损失。

秦始皇死后，秦二世利用阴谋手段篡取皇权，不仅昏庸无能，而且更加专制残暴。其滥杀功臣，诛灭宗室公子、公主，"以杀人众者为忠臣"，弄得人人自危。又"尽征其材士五万人为屯卫咸阳，令教射狗马禽兽。当食者多，度不足，卜调郡县转输菽粟刍稿，皆令自赍粮食，咸阳三百里内不得食其谷。用法益深刻"。见《史记·秦始皇本纪》。

二世二年（公元前 208 年），秦二世听信赵高谗言，很少去朝廷与公卿会商军国大事，常居禁中，一切听赵高专权。右丞相去疾、左丞相李斯、将军冯劫进谏，反遭其治罪，或自杀或就刑。次年，章邯等秦将在关东屡吃败仗，派司马欣回咸阳向朝廷汇报。赵高恐其上达二世，留其居咸阳宫之司马门多日也不通告。司马欣被迫返回军中，章邯等只得率大军降项羽，秦军主力被彻底消灭。

秦灭亡之前，咸阳宫还发生一出赵高"指鹿为马"的闹剧。赵高欲篡权，恐别人不服，乃令人牵来一匹鹿，却硬说成是马。二世怪之，问左右群臣。群臣迫于赵高的淫威，多附和说是马。二世惊惑，以为是自己斋戒不明而致眼睛昏花，却不知是阴谋家赵高残害异己者的诡计。

秦二世的残暴无能终致天下分崩离析，秦王朝毁于一旦，也给辉煌的咸阳宫留下了巨大的永远无法抹掉的黑暗。

仿六国宫是秦始皇修建的，一方面是为了让掳掠而来的六国嫔妃有个居住之所，另一方面也有纪念其"削平群雄"丰功伟绩之意。它可能为六处各自独立的宫殿组成，但各宫殿不是关东六国王室宫殿的原样照搬，而是模仿其各自王宫建筑风格而重新修建起来的，代表着不同形式的建筑艺术在咸阳城的融合与发展。各具特色的宫殿荟萃于咸阳北阪，无疑是建筑史上的一件盛事，惜史书语焉不详，宫室遗迹未能确认，其各自特色至今尚无法探明。

兰池宫因筑在兰池之旁而得名，是一座游览兰池时用来休憩的离宫。秦始皇整治渭水河道，引水建成兰池，又在其中筑山刻石，建成游乐场所。据《三秦记》："秦始皇作长池，引渭水，东西二百里，南北二十里，筑土为蓬莱，刻石为鲸鱼，长二百丈，亦曰兰池阪。"长池是 200 里拓宽加固

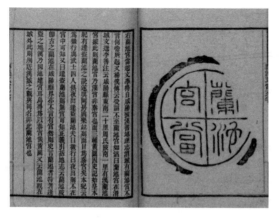

兰池宫瓦当文字

的渭水河道，兰池则是长池系统中的一个人工湖泊，故《三秦记》又云："兰池阪即古之兰池。"秦始皇常游兰池，有时也夜宿兰池宫。《史记·秦始皇本纪》载，始皇三十一年（公元前216年）"始皇微行咸阳，与武士四人俱，夜出逢盗兰池，见窘，武士击杀盗。关中大索二十日"。这一事件说明秦王朝后期的社会矛盾十分尖锐，连皇家禁地都发生了治安问题。

四、千古一帝始皇陵，规模巨大世称奇

秦始皇陵，中国历史上第一位皇帝嬴政的陵寝，中国第一批世界文化遗产、第一批全国重点文物保护单位、第一批国家AAAA级旅游景区，位于陕西省西安市临潼区城东5千米处的骊山北麓。

秦始皇陵建于秦王政元年（公元前246年）至秦二世二年（公元前208年），历时39年，是中国历史上第一座规模庞大、设计完善的帝王陵寝。有内外两重夯土城垣，象征着帝都咸阳的皇城和宫城。陵冢位于内城南部，呈覆斗形，现高51米，底边周长1700余米。据史料记载，秦陵中还建有各式宫殿，陈列着许多奇异珍宝。秦陵四周分布着大量形制不同、内涵各异的陪葬坑和墓葬，现已探明的有400多个，其中包括举世闻名的"世界第八大奇迹"兵马俑坑。

1. 选址骊山

出于现实和心理的双重需要，古人常选择地势较高、环境优美的地方来设置陵寝，特别是帝王陵。秦始皇执政于都城咸阳，但陵园却选在远离咸阳的骊山之阿。之所以这样做，据北魏时期的郦道元解释："秦始皇大兴

厚葬，营建冢圹于骊戎之山，一名蓝田，其阴多金，其阳多美玉，始皇贪其美名，因而葬焉。"

2. 营建人员

丞相李斯为陵墓的设计者，少府令章邯监工。共征集了72万人力，动用修陵人数最多时近于80万，几乎相当于修建胡夫金字塔人数的8倍。

3. 营建过程

秦始皇陵工程之浩大、用工人数之多、持续时间之久都是前所未有的。

陵园工程的修建伴随着秦始皇一生的政治生涯。当他13岁刚刚登上王位时的秦王政元年（公元前246年），陵园营建工程就随之开始了。古代帝王生前造陵并非秦始皇的首创，早在战国时期诸侯国王生前造陵已蔚然成风。如赵肃侯"十五年起寿陵"，还有平山县中山国王的陵墓也是生前营造的。但秦始皇把国君生前造陵的时间提前到即位初期，这是秦始皇的一点改进。陵园工程修造了39年，一直至秦始皇临死之际尚未竣工，二世皇帝胡亥继位，接着又修建了一年多才基本完工。

纵观陵园工程，前后可分为三个施工阶段。

（1）初期阶段。自秦王即位开始到统一全国的26年，这一阶段先后

秦始皇陵

展开了陵园工程的设计和主体工程的施工，初步奠定了陵园工程的规模和基本格局。

（2）中期阶段。从统一全国到秦始皇三十五年（公元前212年），历时9年，为陵园工程的大规模修建时期。最多72万囚徒来大规模的修建，基本完成了陵园的主体工程。

（3）最后阶段。自秦始皇三十五年到秦二世二年（公元前208年）冬，历时3年多，这一阶段主要是陵园的收尾工程与覆土任务。在这一阶段爆发了陈胜、吴广起义，打到了距陵园不足数华里的戏水附近（今临潼县新丰镇附近），秦帝国危在旦夕。此时已擢升少府令的章邯建议："盗已至，众强，今发近县不及矣，骊山徒多，请赦之，授兵以击之。"二世当即准奏，命章邯率领修陵大军回击起义军，尚未完全竣工的陵园工程不得不草草完工。

4. 布局结构

秦始皇陵陵区分陵园区和从葬区两部分，陵园占地近8平方千米。

陵墓近似方形，顶部平坦，腰略呈阶梯形，高76米，东西长345米，南北宽350米，占地120750平方米。陵园以封土堆为中心，四周陪葬分布众多。

5. 仿建咸阳

秦始皇陵是中国历史上第一个皇帝陵园，陵园按照"事死如事生"的原则，仿照秦国都城咸阳的布局建造，大体呈回字形。

以封土为核心，秦始皇陵有内外两重城垣，城垣四面设置高大的门阙，形制为三出阙的属天子之礼，是帝国颁布政教法令的地方。

宏伟壮观的门阙和寝殿建筑群，以及600多座陪葬墓、陪葬坑，一起构成地面上秦始皇陵的完整形态，而这种形态，显然模仿的是秦都咸阳的宫殿和都城格局。

6. 构造特点

整个陵园可分为四个层次，即地下宫城（地宫）为核心部位，其他依次为内城、外城和外城以外，各个主次分明。

陵园的核心是地宫。秦陵地宫位于内城南半部的封土之下，相当于秦始皇生前的"宫城"。

其次是内城。内城是秦陵园的重点建设区，内城垣内的地面地下设施最多，尤其是内城的南半部较为密集。内城北半部的西区是便殿附属建筑区，东区是后宫人员的陪葬墓区。这种布局清晰地说明：内城南部为重点区，北部为附属区。而南北两部设施的内涵，均属于宫廷的范围。

再次是外城，即内外城垣之间的外廓城部分，其西区的地面和地下设施最为密集，南、北两区尚未发现遗迹、遗物。这种布局说明外廓城的西区是重点区，其内涵为象征京城内的厩苑、囿苑及园寺吏舍。与内城相比，显然居于附属地位。

最后是外城垣之外的地区。有三处修陵人员的墓地、砖瓦窑址和打石场等，北边发现有陵园督造人员的官署及郦邑建筑遗址，属于最次级边缘的地位。

7 陵区布局

整个陵园由南北两个狭长的长方形城垣构成。内城中部发现一道东西向夹墙，正好将内城分为南北两部分。高大的封冢坐落在内城的南半部，是整个陵园的核心。陵园的地面建筑集中在封土北侧，陵园的陪葬坑都分布在封冢的东西两侧。形成了以地宫和封冢为中心，布局合理，形制规范的帝王陵园。

秦始皇陵是世界上规模最大、结构最奇特、内涵最丰富的帝王陵墓之一，充分表现了 2000 多年前中国古代汉族劳动人民的艺术才能，是中华民族的骄傲和宝贵财富。

五、举世无双兵马俑，青铜之冠铜车马

秦始皇陵位于西安市临潼区，距西安市城区约 37 公里，南倚骊山，北临渭水。1974 年以来，在陵园东 1.5 公里处发现从葬兵马俑坑三处，呈"品"字形排列，面积共达 2 万平方米以上，出土陶俑 8000 多件、战

车百乘以及数万件实物兵器等文物。其中一号坑埋葬着和真人、真马同大的陶俑、陶马约 6000 件；二号坑有陶俑、陶马 1300 余件，战车 89 辆；三号坑有武士俑 68 个，战车 1 辆，陶马 4 匹。1980 年又在陵园西侧出土青铜铸大型车马 2 乘。这组彩绘铜车马高车和安车，是迄今中国发现的体形最大、装饰最华丽、结构和系驾最逼真、最完整的古代铜车马，被誉为"青铜之冠"。

1. 秦兵马俑

1974 年以来，考古工作者在陕西临潼秦始皇陵园东 1.5 公里处发现秦始皇陵从葬兵马俑坑三处，从中出土陶俑 8000 多件。这些陶俑与真人大小相同，每个个体面相、表情、发式、衣着等均不相同，集中排列在一起，气势宏大，被誉为"世界第八大奇迹"。由于被氧化，颜色消失，现在能看到的只是残留的彩绘痕迹。秦兵马俑的车兵、步兵、骑兵列成各种阵势。整体风格浑厚、健美、洗练。仔细观察，俑的脸型、发型、面部表情、神态均有差异；陶马有的双耳竖立，有的张嘴嘶鸣，有的闭嘴静立。

秦兵马俑是写实性的雕塑作品。俑坑中的兵俑平均身高 1.80 米左右，最高的 1.90 米以上。我们据此可以作这样两种推断：一是秦代的兵役制度规定应征入伍者身高必须在 1.80 米以上，这对凭借"力气"战胜对手的古代将士是十分重要的；二是秦兵马俑中雕塑的几千将士系秦始皇的"王牌"师或卫戍部队，其中每个人都是百里挑一的勇士，因此其身高都在 1.80 米以上。

以写实手法制作的兵马俑脸型、胖瘦、表情、眉毛、眼睛和年龄均有差异。纵观这千百个将士俑，其雕塑艺术水平达到了一种完美的高度。无论是千百个形神兼备的官兵形象，还是那一匹匹跃跃欲试的战马，都不是机械的模仿，而是着力显现它们"内在的生气、动力、情感灵魂、风骨和精神"。绝大部分陶俑形象都富有个性特征，显得逼真、自然而富有生气。

秦兵马俑的人物形象栩栩如生。这些人物俑的神态各异：有的表情温和，内心安宁；有的面带愁容，似有心事；有的抿嘴凝神，若有所思；有的面带怒色，似有怒气。能够将几千件作品雕刻得互有差异，个性特征十分突出，的确是人类雕塑史上的奇迹。

秦兵马俑的人物俑主要有将军俑、立射俑、跪射俑、武士俑、军史俑和骑兵俑等。

（1）将军俑

将军俑，学界称为高级军吏俑，在秦俑坑中数量极少。一、二号坑中共出土7件，三号坑中没有发现。将军俑分为战袍将军俑和铠甲将军俑两类。铠甲将军俑穿的铠甲的主要特征是甲片小，制作精致，色彩艳丽。甲衣周围的花边在白色的底上绘着绚丽的几何形图案花纹。前胸及后背、双肩有几朵彩色花结，色彩华丽，显示了等级的尊贵。战袍将军俑着装朴素，但胸口有花结装饰。

将军俑

将军俑和军吏俑、一般士兵俑的主要区别：将军俑头戴鹖冠，军吏俑头戴板冠，一般士卒则没有以上两种帽子，戴介帻或束发挽髻。将军俑除以上特点外，身材还很魁伟、高大，上身戴有领花、肩花。

一号兵马俑坑出土的一件将军俑身穿双重长衣，外披彩色鱼鳞甲，双肩有短小的披膊（即护肩甲），胫部缚护腿，足穿方口齐头翘尖履，头戴鹖冠。双手交垂于腹前作拄剑状，其附近伴出青铜长剑一柄。身体强壮，长方面庞，两颊各有一撮浓胡，面容严肃，气质威武。

出土于一号俑坑的一件将军俑。俑高1.95米，身穿交领右衽内外两重长衣，腰束革带，腿缚护腿，头戴鹖冠，没穿铠甲，是轻装的将军俑。左手作拄剑状，右手半握拳，持物不明。

（2）立射俑

立射俑在秦俑中是一个较为特殊的兵种，出土于二号坑东部，所持武器为弓弩，与跪射俑一起组成弩兵军阵。其姿势是左足向左前方斜出半步，双足呈"丁"字形，左腿微弓，右腿后绷；左臂向左侧半举，右臂曲举于胸前。头和身体微向左侧转，昂首凝视左前方。这种立姿当为持弩发射的预备动作。《吴越春秋》记载：（越王对陈音说）"愿复闻正射之道。陈音对曰：臣闻射之道，左足纵，右足横；左手若扶枝，右手若抱儿。右手发，左手不知，此正射持弩之道也。"文献与实物两相对照，基本吻合。其足法、手法、身法都合理合度，非常科学，反映了秦始皇时代的射击技艺已达到很高的水平，形成了一套规范的模式，并为后代所继承。

立射俑

（3）跪射俑

跪射俑与立射俑一样，出土于二号坑东部，所持武器为弓弩，与立射俑一起组成弩兵军阵。立射俑位于阵表，而跪射俑位于阵心。跪射俑身穿战袍，外披铠甲，头顶左侧绾一发髻，脚蹬方口齐头翘尖履，左腿蹲曲，右膝着地，上体微向左侧转，双手在身体右侧一上一下作握弓状，表现出一个持弓的单兵操练动作。在跪射俑的雕塑艺术中，有一点非常可贵，那就是鞋底，疏密有致的针脚被工匠细致地刻画出来，反映出

跪射俑

极其严格的写实精神，让后世的观看者从秦代武士身上感受到一股十分浓郁的生活气息。

（4）武士俑

武士俑即普通士兵俑，平均身高 1.80 米左右。作为军阵主体，在秦俑坑中出土数量最多。可依着装有异分为两类，即战袍武士和铠甲武士。他们作为主要的作战力量分布于整个军阵之中。战袍武士俑大多分布于阵表，灵活机动；铠甲武士俑则分布于阵中。两类武士皆持实战兵器，气质昂扬，静中寓动。

（5）军吏俑

军吏俑从身份上讲低于将军俑，有中级、下级之分。从外形上看，头戴双板长冠或单板长冠，身穿的甲衣有几种不同的形式。军吏俑出土的数量较多，依其装束的不同，可分为三种：第一种是身穿齐膝长襦，外披带彩色背带和彩色花边的前胸甲（无背甲），下穿长裤，足蹬翘尖履，头戴长冠。左手按剑，右手持物不明。神情肃穆，有一种威严的魅力。第二种是身穿前后摆下缘平齐的彩色鱼鳞甲，头戴长冠。左手按剑，右手持戈、矛兵器，立于步兵俑之中。神态威猛，说明他是位身先士卒的中级军吏。第三种是不穿铠甲的轻装军吏俑，身穿长襦，下穿短裤，腿扎行縢，头戴长冠，位于轻装步兵俑行列中。

出土于一号坑的中级军吏俑。通高 1.89 米。身穿带彩色花边、下摆平齐的彩色鱼鳞甲，足蹬履，头戴双板长冠。左手作握剑柄状，右手持物不明。出土于一号坑的下级军吏俑。通高 1.88 米。身穿交领右衽齐膝长衣，腰束革带，下穿短裤，腿缠裹腿，头戴长冠，是个轻装的下级军吏。兵马俑坑出土的中级和下级军吏俑均戴长冠，二者的区别是中级军吏的冠板上有条纵线分割，成为双板长冠，下级军吏戴单板长冠。一号坑出土的下级军吏俑通高 1.85 米。身穿齐膝长衣，外披铠甲，下穿短裤，腿缚裹腿，足蹬短靴，头戴长冠。右臂前曲作持戈、矛等兵器状；左手半握拳，手腕扭曲拳心向下，持物不明。

（6）骑兵俑

秦兵马俑坑二号坑内出土了一批骑兵俑及马，计有陶质鞍马 116 匹，

骑兵俑

每匹马前立有牵马的骑兵俑 1 个。骑兵俑上身着短甲，下身着紧口裤，足蹬长筒马靴，一手牵拉马缰，一手提弓，陶马背上塑鞍鞯，头上戴着络头、衔、缰。俑和马的大小与真人、真马相同，造型准确，形象逼真。

鞍马骑兵俑马身长约 2 米，通高 1.72 米。骑兵俑身高 1.80 米，立于马前，一手牵拉马缰，一手作提弓状。骑兵俑的铠甲比步兵和车兵的甲衣短，长度仅及腰际，双肩无护肩甲，这样便于骑马和操持弓弩。上衣为窄袖口，双襟交掩于胸前，长度及膝，这样抬腿上马比较方便。下身穿长裤，足蹬短靴，头戴圆形小帽，帽上有带扣结额下。

总的来看，秦兵马俑以场面宏大、震撼人心、工艺精湛、审美性强而令世人叹为观止。首先，秦兵马俑的策划、设计、制作者在一万多平方米的范围内，采用了写实的手法直观地再现了秦国军队的严整阵容，场面宏大，气势壮观。用如此大的场面、采用艺术群雕的形式表现一个军事题材的主题，在世界上是绝无仅有的。其次，秦俑形体高大、数量可观。秦俑平均身高 1.80 米，陶马平均身高 1.70 米、身长 2 米，这在世界上是十分罕见的；秦俑数量多——三个坑出土近 8000 件陶俑、陶马，这在世界雕塑史上也是罕见的。正是这两个原因，秦兵马俑给人一种强烈的震撼力。最后，秦俑的制作技术精湛，艺术性很强，每件陶俑大到身体结构，小到须、眉，都精雕细刻，一丝不苟，互有差异，很少雷同。

2. 秦铜车马

1980 年冬，在秦始皇陵西侧 20 米处 7.8 米深的地下出土了两乘大型铜车马。铜车马主体为青铜所铸，一些零部件为金银饰品。各个部件分别铸造，然后用嵌铸、焊接、粘接、铆接、子母扣、纽环扣接、销钉连接等多种机械连接工艺，将众多的部件组装为一体。通体彩绘，马为白色，彩绘时所用颜料均为用胶调和的矿物颜料，利用胶的浓度塑造出立体线条。车、马和俑的大小约相当于真车、真马、真人的1/2。它完全仿实物精心制作，真实地再现了秦始皇帝车驾的风采。

一号铜车马重1061公斤，每件马个体重230公斤，配件3064个。尺寸大小是按真车马的1/2比例缩小的。舆为横长方形，进深48.5厘米，舆广74厘米，舆中部竖一独杆圆形伞盖，盖径1.22米，御官俑立于伞下偏右处，手执六辔，身佩长剑。在车舆左前阑板上有承放弓弩的承弓器一副，同时在舆内前阑板内侧还置有一个彩绘铜质箭箙，箙内尚存50支三棱带羽铜镞和4支平头带羽铜镞。此外，车舆内还发现一件制作精美、形状完整的铜盾牌，盾牌为"出"字形，四周彩绘几何纹，中间绘变形龙纹。车马装饰物和一些小型构件由金银制成。车上的驭手面部被敷以白色，但唇与双颊是粉红的，白色的领子上还绘有朱红色的菱形花纹。

二号铜车马通长3.17米，高1.06米，相当于真车马的一半。总重量为1241公斤（其中金铸件3公斤多，银铸件4公斤多），由大小3462个零部件组装而成。其中青铜制件1742个，黄金制件737个，白银制件983个。其形体之大，堪称"青铜之冠"。

二号车是一种带有篷盖的豪华车，车舆接近正方形，它宽78厘米，进深88重米，其宽度仅比一号车长4厘米，可进深较之一号车长40厘米。舆上罩着一块类似于龟盖状的篷

一号铜车马

二号铜车马

盖。大篷盖不仅将车舆全部罩了起来，甚至连车舆前边的"驾驶室"也遮盖起来，形成封闭式的车舆。二号铜车属于小轿车类型。车主既可以坐乘，也可以卧息。

两乘车加起来不少于 5000 个零部件，所有零部件全部是铸造成型。其工艺水平之高，世所罕见。就拿篷盖与伞盖的铸造来说，它不仅面积大，而且薄厚不一，厚的地方为 0.4 厘米，薄的地方仅有 0.1 厘米，再加上篷盖、伞盖，都有一定的弧度，这样难度大的篷盖、伞盖能一次性浇铸成功，不要说在 2200 年前的秦代，就是在科技发达、设备齐全的今天也并非易事。总之，铜车马的铸造工艺堪称古代青铜冶铸方面了不起的奇迹。